国家社会科学基金资助项目

项目批准号：16XFX011

鉴定等级：优秀

YUNEI ZUIFAN QUANLI JIUJI
ZHIDU YANJIU

狱内罪犯权利救济制度研究

柴晓宇 著

人民出版社

目　　录

序

吴宗宪①

　　罪犯法律地位的确立和法律权利的增加,是人类文明进步的重要体现,也是人类社会发展的普遍趋势。狱内服刑罪犯除了不能行使依法被剥夺和限制行使的权利之外,其作为一国公民仍然享有宪法和法律所规定的基本权利。我国《宪法》关于"国家尊重和保障人权"的规定,适用于所有中国公民,自然也包含尊重和保障罪犯人权的内容。因此,保障狱内罪犯权利是我国人权事业的重要组成部分。不过,由于监狱是一个独特而封闭的小社会,其工作的特殊性等因素导致监狱长期以来被蒙上了一层神秘的色彩,狱内罪犯的基本权利保障状况以及权利救济机制不为外界所知悉。监狱行刑关系的性质是什么? 狱内罪犯的法律地位如何? 其享有哪些权利? 狱内罪犯权利救济机制是否健全? 都是一些需要认真探讨的重要问题,对于这些问题,不仅需要通过观察监狱运行的实践去思考和认识,更需要从理论学说的高度进行深

---

　　① 北京师范大学法学院暨刑事法律科学研究院二级教授、犯罪与矫正研究所所长,北京师范大学法学院学术委员会主任。

入探讨和研究。

呈现在读者面前的《狱内罪犯权利救济制度研究》是柴晓宇教授主持的国家社会科学基金项目的结项成果,也是其长期关注并研究刑事司法领域人权保障问题的一部力作。作者以狱内罪犯权利救济为主线,从规范和实证两个层面展开论证分析并提出了建构方案。通读全部书稿后,我有以下几点感想:

第一,视角独特,意义重大。涉及罪犯、监狱等主题的课题研究较少受人关注,而且实证调研难度较大,顺利完成课题研究任务存在一定困难。作者选取狱内罪犯权利救济制度这一主题进行研究,体现出不畏艰难的学术勇气和可贵的探索精神。狱内罪犯人权保障问题是监狱事业的核心问题之一,而狱内罪犯权利救济又是狱内罪犯人权保障问题的核心。作者将研究的核心聚焦于鲜有人涉猎的"狱内罪犯权利救济"问题上,综合运用实体法和程序法的理论知识展开研究,选题视角独到,研究视角开阔,凸显了该项研究的重要理论价值。

从实践层面来看,本书研究的内容十分重要,不仅涉及罪犯权利的保护,也涉及监狱秩序的维护以及监狱罪犯和监狱干警权利的保护。因为从监狱的实践来看,如果没有一套行之有效的罪犯权利救济制度,罪犯的冤屈得不到适当解决,就有可能使罪犯对我国监狱制度及其运行产生消极看法,在极端情况下,甚至有可能引发罪犯的泄愤型、报复型暴力行为,对监狱秩序、监狱设施、其他罪犯与监狱警察的人身等造成损害和危害。因此,本书的研究结论对于完善我国监狱制度、保障监狱安全运行等,具有重大意义。

第二,立意明确,观点新颖。该书的主旨是提出规范层面的我国狱内罪犯权利救济制度的建构方案。围绕这一主题,作者在厘清监狱与监狱行刑关系、狱内罪犯法律地位和权利义务等基本理论的基础上,分析论证了建构狱内罪犯权利救济制度的必要性和正当性,系统地提出了我国狱内罪犯权利救济制度的建构方案。作为本书的核心内容,作者对狱内罪犯权利救济制度的体系、基本特征、价值分析、适用范围、基本原则、基本构成、运作程序等内容进行了重点论述。

就制度创新而言,作者分别从内部视角和外部视角出发提出了狱内罪犯权利救济的内部程序和外部程序的设计思路。关于如何设置狱内罪犯权利救济外部程序,作者提出了"设置监狱视察委员会调查处理程序、探索人大监督监狱执法工作的新路径、把监管活动检察程序改造为驻监检察机构主导的狱内罪犯权利救济程序、把狱内罪犯权利救济纳入行政诉讼程序依法处理"等十分具体又富有创见的新观点,这些都值得肯定。

第三,论证充分,融会贯通。作者熟练运用了实证研究、规范分析、比较研究等多种研究方法,从多角度对狱内罪犯权利救济制度的核心问题展开系统深入的论证。就实证研究方法的运用而言,作者采取了问卷调查、案例检索、座谈访谈等多种方式,全面掌握了狱内罪犯权利救济现状的第一手资料。作者还注重通过价值评判和逻辑思辨研究,厘清狱内罪犯权利救济制度的概念内涵、基本原则、一般模式等基础理论,提出应然层面的狱内罪犯权利救济制度范本。此外,作者还系统梳理了相关立法和规定,并注意吸收借鉴国际社会有关这方面的成熟做法和基本经验,在消化、吸收的基础上进行了必要借鉴。由于狱内罪犯权利保障和权利救济问题是兼具实体和程序的问题,作者还采用学科交叉的研究方法,融合法理学、宪法和行政法学、刑法学、民法学、诉讼法学等法学二级学科知识,从公法和私法、实体法和程序法等多重视角对狱内罪犯权利救济制度进行了创造性的全面研究,提出了适合我国国情的、较为完备的狱内罪犯权利救济制度建构方案。

从总体上看,全书问题意识强烈,研究内容表述准确,语言表达流畅,说理论证透彻,资料引证规范,研究结论可信并具有可操作性,是一项具有较高理论价值和实用价值的研究成果。

监狱系统从封闭走向开放、罪犯权利保障和权利救济得到应有关注和重视,是现代社会监狱事业发展的必然趋势。希望有更多的学者关注监狱发展和罪犯权利保障及权利救济的问题并展开研究,不断促进我国监狱制度和实践的完善,推动我国人权制度和人权保障事业的进步。

是为序。

2023 年 7 月 16 日

绪　　论

监狱是国家的刑罚执行机关。① 在我国,狱内罪犯是指被判处死刑缓期二年执行、无期徒刑、有期徒刑而被剥夺自由并在监狱内接受劳动、教育和改造的服刑人员。狱内罪犯虽然由于其特殊身份被剥夺了自由和部分权利,但仍不失其作为本国公民而应当享有的基本人权,这是世界各国所公认的。狱内罪犯权利保护状况和权利受损的救济问题因监狱的高度封闭性和刑罚执行的特殊性而经常被主流社会所忽视或遗忘。

申言之,观察和衡量一个国家的人权保障水平,不但要关注纸面上的立法条文所规定的公民基本权利的种类和数量,而且要关注这些权利的行使状况以及执法机关在执法过程中对公民基本人权的保障水平。徒法不足以自行,因此,不论立法条文对罪犯权利规定得多么完善,如果没有完备的机制保障罪犯依法行使或救济权利,"尊重和保障罪犯基本人权"终究是一句空话。

改革开放 40 多年来,随着我国社会转型的加速推进,社会矛盾纠纷

---

① 《中华人民共和国监狱法》第 2 条第 1 款。

急剧增加,化解处理社会矛盾纠纷的理念和手段适应现实需求亦不断更新。党的十八届三中全会将推进国家治理体系和治理能力现代化作为全面深化改革的总目标,监狱工作作为全面工作的组成部分,同样面临着转型发展、推进治理体系和治理能力现代化的迫切问题。从历史沿革来看,我国监狱经历了从"传统监狱"到"现代监狱"的转型过程。随着全面依法治国战略的深入推进和司法行政体制改革向"深水区"迈进,监狱体制改革和监管模式创新面临新机遇和新挑战。总的趋势是:在坚持总体国家安全观的前提下,始终把监狱安全稳定放在首要位置,促进监狱管理从粗放走向精细、从传统走向现代、从经验走向规范的发展模式转型。在这一转型过程中,监狱社会化进程方兴未艾,监狱管理活动从封闭走向开放。党的十八届四中全会通过的《中共中央关于全面推进依法治国若干重大问题的决定》明确提出:"增强全社会尊重和保障人权意识,健全公民权利救济渠道和方式;推进狱务公开,杜绝暗箱操作;完善多元化纠纷解决机制。""推进狱务公开",这是推动监狱主动接受监督、规范执法行为、提升执法水平、树立严格规范公正文明的执法形象的重要举措。"健全公民权利救济渠道和方式",这是对新时代包括监狱工作在内的全局工作提出的新要求。

狱内罪犯权利救济的实体规则和运作程序是狱务公开的重要内容,狱内罪犯受到不公平对待后的申诉或投诉及处理制度也是社会矛盾多元化解决机制的重要一环。这是因为,狱内罪犯在监狱这个高度封闭的"小社会"里接受教育改造、从事生产劳动等活动,必然要与监狱及其工作人员之间产生被管理和管理的关系,以及与其他罪犯交往而产生人际关系,矛盾、冲突和纠纷在所难免。这些矛盾、冲突和纠纷需要一套完善的机制来预防、化解和消除。罪犯作为一国公民享有基本的权利,有权利必有救济,其在监狱中受损的权利应当通过合法的途径予以救济。针对监狱执法人员在狱政管理和刑罚执行过程中侵犯罪犯合法权利的行为,西方许多国家都明确赋予狱内罪犯"诉冤"的权利,并规定了相对完备的"诉冤"程序来保障狱内罪犯的合法权益。然而,就我国的现状而言,无论从立法规定还是实践操作来看,对罪犯基本权利的救济都是远远不够的。作为狱政管理和监狱执法基本依据的《监狱法》①在最近一次修正后仍然缺乏狱内罪犯"诉冤"权利的明晰规定,相关的程序性条款更是付之阙如。在司法部等部门出台的有关监狱执法和监狱管理等方面的 70 多件规章和规范性文件中,仅有司法部出台的两个政策性文件对罪犯就"分级处遇、考评、奖惩结果和监狱行政处罚决定"提出异议的处理程序等问题作出了粗略规定,这些规定不仅效力层级不高、规范性不强,而且救济渠道单一、完备性较差。狱内罪犯权利救济机制运行中的一些非正常现象,不仅危及监狱管理秩序的安全稳定运行,而且也不利于罪犯改造。因此,研究和探索狱内罪犯权利救济机制、畅通狱内罪犯权利救济途径,不仅是一个重大的理论命题,而且是一个迫切的现实问题。

国内学者对罪犯权利的研究始于 20 世纪 90 年代初,多数研究成果主要集中于实体法层面。相比之下,从程序法视角专门研究狱内罪犯权利救济制度的成果极其薄弱,目前没有公开出版的专著。对这一问题进行专门研究的期刊论文仅有 2 篇,其中一篇是本书作者与复旦大学马贵翔教授等合著的《论罪犯诉冤制度的建构》(《兰州学刊》2012 年第 4 期),另一篇是任卓冉、贺葸葸合著的《美国犯人诉冤解决机制及其启示》

---

① 《中华人民共和国监狱法》于 1994 年 12 月 29 日第八届全国人民代表大会常务委员会第十一次会议通过,自公布之日起施行。2012 年 10 月 26 日第十一届全国人民代表大会常务委员会第二十九次会议对《监狱法》进行了第一次修正,并于 2013 年 1 月 1 日起施行。

（《求索》2015年第5期）。《论罪犯诉冤制度的建构》是国内第一篇系统提出建构我国罪犯诉冤制度的论文,该文在严谨论证罪犯诉冤制度一般模式和深刻反思我国现有相关规定缺陷的基础上,提出了建构我国罪犯诉冤运作程序和配套措施的初步设想,为深化和拓展这一领域的研究奠定了基础。《美国犯人诉冤解决机制及其启示》一文则从比较借鉴的视角提出建构我国犯人诉冤解决机制的思路。即:建立犯人诉冤解决多元机制,规范诉冤解决程序,完善配套措施。在我国早期出版的其他相关著作中,学者们对罪犯诉冤的问题有所论述。吴宗宪教授的《中国现代化文明监狱研究》(警官教育出版社1996年版)一书,从改善监狱内部社会心理环境的角度提出建立罪犯诉冤制度的设想,具体内容包括"机构设置与人员组成,诉冤机构的作用、性质与工作程序"等。鲁加伦(1998)、冯建仓(2008)、赵运恒(2008)、金川(2008)和王传敏(2013)等学者撰写的专著从不同角度对罪犯权利的司法救济和行政救济问题进行了有益探讨,其中也涉及了罪犯权利救济机制的建构问题,但这些著作都不是狱内罪犯权利救济问题的专门研究成果。目前以专著形式对狱内罪犯权利救济制度进行系统研究的成果仍属空白。总体而言,国内研究主要存在如下不足:研究力量投入不足,研究成果无论是数量还是质量都极为单薄,尤其是缺乏专门针对该问题进行系统研究而取得的高水平成果。即便现有的对这一问题有所涉及的研究成果,其研究结论也零散片面,系统性和深入性不够。对"监狱与服刑罪犯之间的关系、特别权力关系理论对罪犯权利救济制度构建的影响、监狱执法行为的可诉性"等重大基础理论问题鲜有人进行系统深入的研究。因此,关于狱内罪犯权利救济制度的研究尚有深化拓展的广阔空间。

本书研究尝试在分析论证监狱与监狱行刑关系性质、狱内罪犯的法律地位和权利义务等基础理论的基础上,深刻阐述狱内罪犯权利救济制度的理论基础,比较借鉴域外国家狱内罪犯权利救济制度的成熟理论和制度经验,提出规范层面的狱内罪犯权利救济制度的一般模式。此外,在实践层面,分析检讨我国狱内罪犯权利救济的立法和执法现状,依据狱内罪犯权利救济制度建构的基本原理,系统提出我国狱内罪犯权利救济制度的建构方案,为立法部门完善法律、执法部门规范执法行为提供富有价值的草案或建议。

研究的基本思路是:以狱内罪犯权利救济为主线,从规范和实证两个层面展开,图示如下:

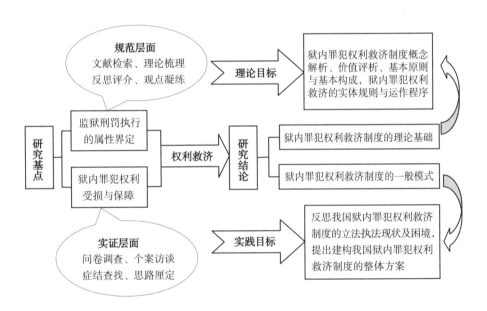

图 0-1　《狱内罪犯权利救济制度研究》思路

狱内罪犯权利救济制度的建构是一项兼具理论创新和实践运用的课题。我国相关立法的疏漏和制度建设的"短板"更加凸显了构建狱内罪犯权利救济制度的必要性和紧迫性,本书开展的研究正是对这一重大现实问题的理论回应。其最终研究成果将系统提出我国狱内罪犯权利救济制度建构的整体方案,相关内容可为立法机关完善相关法律提供参考,这对于完善我国监狱法治、保护罪犯合法权益、化解狱内矛盾冲突、调动罪犯改造的积极性和自觉性、提高罪犯改造质量并降低"再犯率",必将产生积极的促进作用;对于提高监狱法治水平,推进全面依法治国进程也具有重大的现实意义。

第一章　监狱与监狱行刑关系的基本理论

监狱的性质及功能是研究狱内罪犯权利救济制度的逻辑起点。监狱行刑是监狱工作的主要内容。监狱行刑关系的内涵丰富,外延广泛。在准确界定监狱性质及其功能定位的基础上,对监狱行刑关系进行类型化分析,并对其性质展开辨析,有助于深化对监狱行刑关系本质的认识,从而设计科学合理的罪犯权利救济方案。

第一节　监狱的性质及其功能定位

一、监狱的性质

监狱是人类社会发展到一定历史阶段的产物,它随着阶级的出现和国家的产生而产生,是构成国家机器的重要组成部分。

监狱是关押和矫正罪犯的场所。对监狱性质的认识属于本体论的范畴,它要解决的是监狱是什么的问题。在我国,对监狱性质的认识也经历了不断深化的过程。自20世纪50年代中期到现在,我国学界和实务部门对监狱性质的认识大致有以下几种观点:(1)"专政工具说"。该观点认为包括监狱在内的劳动改造机关是人民民主专政的工具之一,是对一切反革命犯和其他刑事犯实施惩罚和改造的机关。其直接依据是政务院于1954年9月颁布的《中华人民共和国劳动改造条例》第2条。① (2)"三位一体说"。该观点认为劳改机关既是人民民主专政的工具,又是特殊企业、特殊学校。(3)我国监狱的性质应当是"人民民主专政的刑事惩罚和改造机关"。② (4)监狱是国家的刑罚执行机关。对这一性质的认识来源于1994年12月29日颁布实施的《中华人民共和国监狱法》第2条的明文规定。有学者在评析上述观点的基础上,提出了我国现代监狱的应然定位:监狱是刑罚的执行机关;监狱是监禁刑的执行机关;监狱应当是"国家"的。最后得出结论认为,监狱是国家监禁刑的执行机关,是人民民主专政的工具。③ (5)监狱是改造人的机关。我国的监狱工作方针是:"惩罚与改造相结合,以改造人为宗旨。"明确指出了我国监狱的根本性质——"以改造人为宗旨",改造人既是监狱机关的核心职能,也是广

---

① 中华人民共和国政务院于1954年9月7日颁布的《中华人民共和国劳动改造条例》第2条规定:"中华人民共和国的劳动改造机关,是人民民主专政的工具之一,是对一切反革命犯和其他刑事犯实施惩罚和改造的机关。"该条例已被国务院2001年10月6日发布的《国务院关于废止2000年底以前发布的部分行政法规的决定》所废止,原因是:已被1994年12月29日全国人大常委会通过并公布的《中华人民共和国监狱法》、1990年3月17日国务院发布的《中华人民共和国看守所条例》代替。

② 参见柳忠卫:《监禁刑执行基本问题研究》,中国人民公安大学出版社2008年版,第210—212页。

③ 参见柳忠卫:《监禁刑执行基本问题研究》,中国人民公安大学出版社2008年版,第213—222页。

大人民群众和服刑人员亲属对监狱机关的最大期望。① (6)监狱是社会公共组织。监狱是执行自由刑,限制服刑人员的自由,与外界共同努力,对其加以教化辅导,并使其能够改过迁善,适于社会生活的社会公共组织。②

综上,学界对我国监狱是人民民主专政的工具的这一性质已经形成共识。事实上,从经济基础和上层建筑之间的关系来分析我国监狱的性质,上述结论是正确的。因为,我国《宪法》第1条明确规定:"中华人民共和国是工人阶级领导的、以工农联盟为基础的人民民主专政的社会主义国家。"监狱作为上层建筑的重要组成部分,决定了其必然是人民民主专政的工具之一,是维护广大人民群众根本利益,并对一切危害国家和人民利益的罪犯进行惩罚和改造的场所。监狱是人民民主专政的工具,这是监狱的根本性质。

监狱性质的"三位一体说"观点的提出有其特殊的历史背景,新中国成立初期国家经济较为困难,为了供养数以百万计的罪犯,监狱组织服刑罪犯在监狱企业从事生产劳动,一方面减轻了监狱的经费负担,养活了罪犯,另一方面通过生产劳动改造罪犯。由此,在认为监狱是人民民主专政工具这一性质的基础上,增加了监狱是"特殊的企业"的性质的认识。改革开放后尤其是20世纪90年代以后,随着现代监狱制度、现代化文明监狱、法治监狱理念的提出及相关制度建设,传统监狱向现代监狱转型稳步推进,监狱经费得到了充分的保障,生产劳动已经不再是监狱的主要任务。目前,狱内罪犯从事一定的劳动生产任务,是为了改造矫正的需要,其目的是将其改造为出狱后能够自食其力的劳动者,减少或杜绝再犯的

---

① 吉春华等主编:《心的呼唤:服刑人员亲属亲情关怀指南》,中国法制出版社2016年版,第7页。

② 宋立军:《监狱社会化:中国监狱的角色转向》,知识产权出版社2019年版,第6页。

可能性。因此,再把监狱的性质定位为"特殊的企业",显然是不合时宜的。

把监狱的性质定位为"特殊的学校",这是从监狱承担改造罪犯功能的角度得出的结论,监狱是一所"特殊的学校"是一种比喻的说法,不能因为监狱承担了教育、改造功能而认为监狱的性质或本质是"特殊的学校"。是监狱的性质决定了监狱的功能,而不是监狱的功能决定了监狱的性质。因此,可以谈"监狱是一所特殊的学校"的提法,但"特殊的学校"绝不是监狱的性质。

监狱是社会公共组织的观点是从监狱社会化的视角分析后得出的结论。所谓监狱社会化,是指监狱作为社会公共组织与其他社会组成部分广泛平等交往,塑造特定社会角色,发挥特定社会职能,成长为"社会监狱"的过程。[①] 监狱社会化主要包括行刑社会化和监狱工作的社会化。监狱行刑社会化的理念最早出现于当代西方国家并被付诸实践,主张综合运用各种矫正手段构建符合罪犯改造规律的监狱行刑体系。监狱工作社会化,就是监狱工作在坚持监狱工作者为主的基础上,充分利用各种社会资源和社会力量,齐心协力做好监狱工作,提升服刑人员改造质量,以便其刑满释放后顺利重返社会。监狱社会化理念的提出和践行,使监狱工作从"经验"走向"规范",从"封闭"走向"开放"。因此,监狱是社会公共组织的观点,仅仅是从社会化的视角对监狱的观察和认知,反映了监狱的转型过程,并不是对监狱本质的认识,也不能视其为监狱的根本性质。

监狱是国家的刑罚执行机关,这一判断是对监狱性质的准确界定。在我国,刑事公诉案件通常要经历"立案、侦查、起诉、审判和执行"五个

---

① 宋立军:《监狱社会化:中国监狱的角色转向》,知识产权出版社 2019 年版,第 18 页。

诉讼阶段,刑事执行是刑事诉讼的最后一个阶段,即所谓的"工序流转关系"的"流水线"上的"最后一道工序",拉丁法谚里的"执行乃法律之终局及果实"正是此意。监狱是刑罚执行机关之一,国家刑罚执行机关的性质反映了监狱与其他国家机关相比之下的不同之处。因此,将监狱的性质定位为国家的刑罚执行机关,能够准确地表达监狱的特殊性及其承担的特殊任务。

二、监狱的功能定位

监狱的功能与性质密切相关,或者说,监狱的性质决定其应当承担的功能。对监狱性质的认识和定位决定了监狱所承担的功能。从历史沿革来看,监狱的功能定位并非一成不变,其经历了发展演变的历史过程。在古代,占统治地位的刑罚思想是惩罚和威慑,因而生命刑和身体刑就成为刑罚的主要方式,监狱不过是暂时囚禁罪犯的场所。18 世纪西方国家进入自由资本主义时期,对劳动力的大量需求使得自由与时间的价值显现,监禁成为刑罚的主要方式,因而监狱就成为单纯的监禁罪犯的场所。18 世纪末 19 世纪初,刑事古典学派勃兴,认为刑罚的本质是对犯罪的报应,内容是惩罚。在 19 世纪中叶以前,报应主义占主宰地位。在报应主义成为主流的刑罚哲学时代,行刑模式采取的是报复模式,即对罪犯进行报复和惩罚,使其忍受身体上、精神上的痛苦和折磨。[①] 受此影响,这一时期监狱行刑的主要内容是对罪犯进行监禁和控制,刑罚的执行中并没有对罪犯进行改造的内涵。19 世纪末 20 世纪初,刑事近代学派开始兴起,主

[①]　姜金兵主编:《罪犯分类与处遇研究》,法律出版社 2015 年版,第 28 页。

张决定论,认为刑罚的目的在于预防犯罪,并提出了人身危险性的概念。① 刑罚目的刑论的代表人物李斯特认为,刑罚是以预防再犯防卫社会为目的。② "矫正可以矫正的罪犯,不能矫正的罪犯不使为害。"③目的主义的刑罚观认为,刑罚的目的在于改造和教育犯罪人,消除其危险性,使其重返社会。目的刑罚观关注的重点是犯罪人的"个性"与社会复归,强调对罪犯人格的教育改善。④ 在目的刑罚观的影响下,改造和教育罪犯成为刑罚的目的之一,由此影响到了监狱功能的完善和发展。

可见,监狱功能的变化与刑罚思想从报应刑向目的刑刑罚观的转化密切相关。监狱的功能也实现了从单纯的剥夺自由、实施惩罚到矫正改造的转变。法国思想家福柯认为,监狱从一开始就是一种负有附加的教养任务的"合法拘留"形式,或者是一种在法律体系中剥夺自由以改造人的机构。⑤ 另一位法国学者克洛德·福格隆认为监狱具有监禁功能、恢复功能和维护功能。美国学者迪安·钱皮恩认为监狱具有"保护社会、惩罚犯罪人、改造犯罪人和重新整合犯罪人"的功能和目标。我国学者吴宗宪教授认为,无论是西方国家的监狱,还是世界上其他国家的监狱,都具有控制功能、改造功能、惩罚功能和维护功能。所谓控制功能,是指监狱在监禁犯罪人,不使他们继续危害社会方面的功能;监狱的改造功能是指监狱在采取多种措施转变和重新整合犯罪人方面的功能;监狱的惩罚功能是指监狱在通过剥夺犯罪人的人身自由给犯罪人以惩罚方面的功

---

① 柳忠卫:《监禁刑执行基本问题研究》,中国人民公安大学出版社 2008 年版,第 208 页。
② 马克昌:《论刑罚的本质》,《法学评论》1995 年第 5 期,第 3 页。
③ 陈兴良:《刑罚的启蒙》,法律出版社 1998 年版,第 257 页。
④ 姜金兵主编:《罪犯分类与处遇研究》,法律出版社 2015 年版,第 29 页。
⑤ [法]米歇尔·福柯:《规训与惩罚:监狱的诞生》,刘北成、杨远婴译,生活·读书·新知三联书店 2003 年版,第 261 页。

能;监狱的维护功能是指监狱在维持自身正常运行方面的功能。①

　　概括及评析上述学者关于监狱功能的观点,监狱的核心功能应当定位为惩罚功能和改造功能。首先,监狱具有惩罚功能。监狱是具有特殊物质设施和特定人员组织的制度性存在物。监狱的特殊性体现在它是对服刑人员实施惩罚与改造的场所。古今中外,监狱的惩罚功能从未被否定过。刑罚本身就体现了对犯罪人的惩罚。被投入监狱服刑的罪犯被剥夺了人身自由和一定的权益,不能与家人团聚,由于物理空间的隔绝不能从事正常的社会交往活动,等等,这些都是监狱惩罚功能的体现。当然,需要指出的是,将犯罪人送进监狱"就是惩罚,而不是为了惩罚"。这意味着,除了根据法律规定进行的限制和剥夺之外,监狱管理人员或者其他任何部门不得对犯人施加另外的惩罚和痛苦,例如,不得强迫犯人进行超体力的劳动,不得克扣犯人的食物,不得对犯人进行体罚虐待等。② 其次,监狱具有改造功能。对罪犯实施惩罚不是刑罚的目的,也不是监狱行刑的目的,惩罚只是手段而非目的。监狱行刑的目的是改造罪犯,与之相对应,监狱具有改造功能。监狱及其监管活动通过对罪犯的教育和改造,促使罪犯的不轨思想得到转化,扭曲心理得到治疗,不良行为得到矫正,并获得必要的谋生技能,最终在刑满释放后重新融入社会,成为守法的合格公民。监狱对罪犯的改造形式和手段是多种多样的,生产劳动、思想教育、文化教育和技术教育是常见的改造形式。必要时,心理学家、社会学家、咨询员、精神病专家和社会工作者等人员也可以参与到对罪犯的心理和行为矫正工作中来,以取得良好的改造效果。

---

① 吴宗宪:《当代西方监狱学》,法律出版社 2005 年版,第 31—34 页。
② 吴宗宪:《当代西方监狱学》,法律出版社 2005 年版,第 33 页。

第二节　监狱行刑关系的概念解析

一、监狱行刑及监狱行刑关系的含义

行刑即刑罚执行,属于刑事执行的范畴。监狱行刑是指监狱将生效刑事判决或者裁定对罪犯适用的刑罚内容付诸实施的活动。① 监狱行刑是监狱工作的主要内容。在我国,监狱行刑有狭义和广义之分。狭义的监狱行刑,仅限于具有诉讼意义的执行活动,包括交付执行,刑罚执行过程中的变更执行以及人民检察院对执行的监督等内容。具体而言,狭义的行刑主要指《监狱法》第三章"刑罚的执行"的内容,包括"收监、'对罪犯提出的申诉、控告、检举的处理'、监外执行、'减刑、假释'、释放和安置"等内容。广义的监狱行刑,是指监狱机关将已经发生法律效力的适用于狱内罪犯的刑事制裁付诸实施的全部活动,包括上文狭义上的行刑内容,以及监狱及其工作人员对罪犯以实施惩罚、奖励、管理、教育、改造等为主要内容的司法行政活动。

监狱行刑关系是指监狱法律规范所调整的在刑罚执行过程中形成的监狱与罪犯、监狱工作人员与罪犯之间的权利义务关系。监狱法律关系包括程序法意义上的法律关系和实体法意义上的法律关系。前者具体包括监狱刑事执行中因"交付执行、变更执行、执行终结"而产生的法律关系,是一种程序法意义上的法律关系,也是一种刑事法律关系;后者具体

---

① 张秀夫主编:《中国监狱法实施问题研究》,法律出版社 2000 年版,第 89—90 页。

包括监狱及其工作人员行使行刑权对罪犯实施监管、教育、矫正、改造等过程中所产生的法律关系,是一种实体法意义上的法律关系。

监狱行刑关系具有以下特征:(1)监狱行刑关系发生在监狱及监狱工作人员行使行刑权的过程中。(2)监狱行刑关系包括两重法律关系:实体法意义上的法律关系和程序法意义上的法律关系。(3)监狱行刑关系的参加者包括监狱及其工作人员、狱内服刑罪犯。(4)监狱行刑关系是一种权利义务关系。

二、实体法意义上的监狱行刑关系的学说及评析

关于实体法意义上的监狱行刑关系的观点,主要有:(1)传统二分法。这种方法基本上是基于对"刑罚的本质是惩罚和报应,但其目的是矫正改造"的传统理解,将自由刑的内容本身和自由刑的执行内容予以区别,把惩罚和报应视为自由刑的内容,而把矫正改造(即所谓"处遇")视为自由刑的执行内容,在此基础上将监狱中所有行刑活动分为属于拘禁关系和属于处遇关系两个部分。(2)新二分法。该观点将监狱行刑简单地分为拘禁关系和人权关系。该理论以20世纪70年代以后的美国等西方国家的一部分监狱为代表,其前提是否认国家对受刑人有进行矫正改造的权力,否认受刑人负有进行改造或接受矫正的义务。该种观点认为,监狱行刑关系除了拘禁关系外,监狱中的受刑人和国家的关系与一般公民和国家的关系一样,是一种人权关系,有关保障人权的宪法、法律及其他规定也完全适用于监狱受刑人。(3)三分法。监狱行刑关系分为三种性质不同的关系,即拘禁关系、矫正改造关系及人权关系。这种方法见诸20世纪以来的日本并成为日本行刑学界的主流见解。(4)四分法。

"四分法"是美国解释监狱行刑关系的理论,也是最为传统、最为流行的划分方法。它将监狱行刑分为"报应(Retribution)""预防(Deterrence)""复归社会(Rehabilitation)"和"无犯罪能力化(Incapacitation)"四种关系(性质或目的)。(5)五分法。监狱行刑包括拘禁关系、处遇关系、秩序关系、人际关系、社会关系等。①

撇开"传统二分法"将监狱行刑关系划分的基础定位为"刑罚的本质是惩罚和报应,其目的是矫正改造"是否妥适不谈,单就其将自由刑的内容和自由刑的执行内容进行区分这一点来说,具有一定的合理性。在"传统二分法"下,惩罚和报应对应的是拘禁关系,矫正改造对应的是处遇关系。自由刑是以剥夺受刑人的自由为主要内容的刑罚,其主要执行方式是拘禁。拘禁即是惩罚,监狱的高墙、电网、戒备森严的安保、严格的作息时间、强制性的劳动和教育等,无不体现着对狱内服刑人员的规训和惩罚,由此产生的行刑关系就是拘禁关系。处遇关系是从自由刑矫正改造的自身内容的视角来看待行刑关系的。传统二分法将拘禁关系视为法律性质的关系,强调通过法律具体明示拘禁对受刑人的自由予以剥夺或限制的范围和界限,明确国家与受刑人之间的具体权利义务关系,排斥非法律的自由裁量权的行使,做到严格依法实施拘禁。② 就此一点,它有利于保障狱内服刑罪犯的基本人权。但"传统二分法"把处遇关系视为政策性质的关系,似有不妥。事实上,监狱法律通常会对服刑罪犯的处遇作出原则性的规定,具体的分级处遇需要根据矫正改造的需要,通过制定内部规章制度来加以确定和实施,但这并不能否认监狱及其工作人员与服刑罪犯之间产生一种管理与被管理的行政法意义上的法律关系。就此而

---

① 王云海:《监狱行刑的法理》,中国人民大学出版社 2010 年版,第 10—17 页。
② 王云海:《监狱行刑的法理》,中国人民大学出版社 2010 年版,第 10—11 页。

言,处遇关系也是一种行政法律关系,而不是一种政策性质的关系。

　　"新二分法"过多地强调了对监狱服刑罪犯人权的保护而忽视了其狱内服刑期间部分权利受限或剥夺的实际。"新二分法"也否认受刑人负有进行改造或接受矫正的义务,这与现代监狱的功能定位和刑罚的目的格格不入。狱内罪犯享有作为一国公民所享有的基本人权,这一点不容否认。同样不可否认的是,狱内罪犯因犯罪而被判处刑罚,亦被剥夺或限制了某些权利。狱内行刑的目的是惩罚和改造罪犯,通过教育改造,将罪犯改造成守法的公民。因此,狱内罪犯负有接受改造或矫正的义务。

　　"三分法"在肯认监狱行刑关系具有人权关系属性的同时,并不否认监狱行刑关系还体现为拘禁关系和矫正改造关系,"三分法"强调三种不同性质关系之间的平衡,强调对三者给予同等的关注。与"新二分法"的观点相比,"三分法"主张"矫正改造"关系亦属监狱行刑关系。这样,"三分法"的观点比较全面地概括了监狱行刑关系的内容。

　　"四分法"所包含的"报应""预防""复归社会"和"无犯罪能力化"等要素,与其说它体现的是监狱行刑关系,不如说它们是监狱行刑的性质或目的。在"四分法"的划分方法中,"报应"对应的是"拘禁关系",体现的是对受刑人过去所实施犯罪的惩罚;"复归社会"和"无犯罪能力化"大致对应的是"矫正改造关系"。"复归社会"是通过治疗矫正,消除受刑人身上的"犯罪"之疾病,使其主观上不再去想犯罪,客观上也不去实施犯罪。[1]"复归社会"目的下的监狱行刑关系契合恢复性司法的理念,体现了监狱行刑理念的进步。

---

[1]　王云海:《监狱行刑的法理》,中国人民大学出版社2010年版,第15页。

"五分法"比较全面地概括了监狱行刑关系的主要内容,有利于对监狱行刑关系的准确把握。但该种划分方法把"人际关系"和"社会关系"也纳入到监狱行刑关系的认知范畴,未能体现出监狱行刑关系的特殊性,其界定范围过于宽泛。

三、实体法意义上的监狱行刑关系分类

基于上文对监狱行刑和监狱行刑关系内涵和外延的界定,实体法意义上的监狱行刑关系可以划分为以下几类:

1. 监管关系

监狱是自由刑的主要执行机关。被判处自由刑且在监狱服刑的罪犯,其与监狱及其工作人员之间的关系是一种被监管与监管的关系。相应地,监狱行刑关系首先表现为监管关系。监狱及其执法人员对罪犯实施监管,有明确的法律依据。例如,我国《监狱法》第4条规定:"监狱对罪犯应当依法监管,根据改造罪犯的需要,组织罪犯从事生产劳动,对罪犯进行思想教育、文化教育、技术教育。"《监狱法》第5条规定:"监狱的人民警察依法管理监狱、执行刑罚、对罪犯进行教育改造等活动,受法律保护。"通过剥夺罪犯的人身自由,依据相应的法律和制度对被监禁的罪犯实施管理,一方面,这体现了刑罚本身的惩罚性;另一方面,也是矫正改造罪犯、预防其重新犯罪的需要。高墙、电网等戒备森严的安保措施,服刑人员行为规范、严格的作息时间、严厉的纪律和规整的秩序,对罪犯通信、会见和生活卫生等事项的管理,这些都无不体现着监狱行刑关系首先是一种监管关系的本质。

2.处遇关系

罪犯处遇是指在监狱行刑过程中,对服刑罪犯的处置及其所受的待遇。[①] 由此形成的监狱及其工作人员与服刑罪犯之间的关系,就是处遇关系。处遇关系主要包括横向的分类处遇关系和纵向的分级处遇关系。分类处遇关系是指根据罪犯分类调查结果对罪犯实施分类关押并实施相应的处遇而形成的处遇关系。在分类处遇关系中,同一类别的罪犯实施同一类处遇。分级处遇关系是指根据罪犯的罪行、刑期、改造表现、现实危险性等要素将罪犯划分为不同的等级,不同等级的罪犯给予相应待遇,由此形成的处遇关系。监狱在刑罚执行过程中,针对不同处遇级别的服刑罪犯,在看押警戒、活动范围、通信、会见、接受物品、生活待遇、文体活动、劳动报酬等方面给予不同的待遇。例如,对改造表现积极的服刑罪犯给予表扬、物质奖励、记功、加分及荣誉激励;增加购买物品的种类、数量、数额和次数;增加会见通信的时间和频率等。对抗拒改造、恶习程度较深的服刑罪犯,实施从严管理,严格限制监内活动范围,加强武装看押和监控,严禁单独行动;在通信、会见、接受物品等生活待遇方面实施严格管理或严格检查等。

3.矫正关系

对狱内服刑罪犯进行教育改造是监狱刑罚执行工作的重要内容和改造罪犯的基本手段,由此形成了监狱及其工作人员与罪犯之间的矫正关系。对罪犯的教育包括思想教育、文化教育和技术教育。组织有劳动能

---

① 姜金兵主编:《罪犯分类与处遇研究》,法律出版社 2015 年版,第 20 页。

力的罪犯从事生产劳动是改造罪犯的根本途径,它有助于矫正罪犯的心理和行为恶习,促其养成良好的行为习惯,最终将其改造为出狱后能够自食其力的守法公民。监狱及其工作人员对罪犯实施教育和组织生产劳动,体现的是一种矫正关系。

4.秩序关系

稳定的监管改造秩序是监狱运行的根本保障,也是监狱刑罚执行追求的重要目标。监狱是个"小社会",服刑罪犯在监狱内的生活、消费、劳动、接受教育改造、人际交往等行为,同样具有社会性。监狱内服刑罪犯的越轨行为、一般违法行为和违反监规纪律的行为,需要监狱及其工作人员予以处罚和矫正,以维持正常的监管改造秩序。从这一层意义上讲,监狱行刑关系也是一种秩序关系。

第三节　监狱行刑关系的性质辨析

一、监狱刑罚执行权的性质辨析

1.监狱行刑权的学说及评析

通说认为,刑罚权可分为制刑权、求刑权、量刑权与行刑权四个方面的内容。[①] 行刑权是刑罚权的下位概念,指的是执行刑罚的权利。申言之,监狱行刑权,又称监狱刑罚执行权,是指监狱将生效刑事裁判所确定

---

① 参见邱兴隆、许章润:《刑罚学》,群众出版社 1988 年版,第 61 页。

的刑罚内容付诸实施的权力。在我国,监狱的刑罚执行权通过《监狱法》所规定的监狱执法权的形式体现出来。根据监狱刑罚执行权的内容,我国监狱刑罚执行权的范围包括:(1)与刑事执行相关的具有程序法意义的收押权、释放权、减刑建议权、假释建议权和提出暂予监外执行书面意见权;(2)刑罚执行过程中具有实体法意义的监禁权、强制教育权、劳动改造权、行政处罚权、许可权和奖惩权等。

刑事执行权的外延要大于行刑权,它不仅包括刑罚执行权,还包括非刑罚制裁方法的执行权。[①] 关于刑事执行权的性质,我国学界主要有四种观点:(1)司法权说。持这种观点的学者认为执行行为是一种司法行为,执行权属于司法权。主要理由在于执行行为由法院发动、执行程序是刑事诉讼法的组成部分。(2)行政权说。此说认为,作出司法判决是司法行为,执行司法判决是行政行为。理由在于,法院作出的裁判是由行政机关来执行的。(3)综合说。该说认为,执行行为包括单纯的执行行为和执行救济行为,前者在性质上属于行政行为,后者属于司法行为。行使单纯执行行为的权力属于行政权,行使执行救济行为的权力属于司法权。(4)双重属性说。该说认为,刑事执行权的本质属性是司法和行政相结合的强制权。执行权具有司法权的部分属性,又有行政权的部分属性,是一种司法权与行政权的有机结合。执行权是复合的、相对独立的、完整的强制执行权。[②]

关于监狱行刑权的性质,主要有以下四种观点:(1)司法权说。该说认为,监狱对罪犯执行刑罚,是现代行刑活动的核心,行刑权在法律性质

[①]　柳忠卫:《监禁刑执行基本问题研究》,中国人民公安大学出版社 2008 年版,第 66 页。

[②]　参见柳忠卫:《监禁刑执行基本问题研究》,中国人民公安大学出版社 2008 年版,第 67—68 页。

上属于司法权,是国家刑罚权的一个有机组成部分,行刑权是刑事司法权的最后一个环节,是刑罚权的实践性环节。① (2)行政权说。该说认为,行刑权在权能的运行特征上具有行政权的一些主要特征,其法律地位应当定位于行政权。行刑权具有主动性、双方性和单方制裁性,所以行刑权在本质上为行政权。② (3)司法行政权说。该说认为,行刑权兼有行政权和司法权的特点,所以其性质为司法行政权。理由如下:一是行刑权直接属性是国家的一种司法权,但是由于行刑活动是一个将法院的判决和裁定交付执行的过程,具有一定的时间持续性,必定涉及对犯罪人的日常生活管理,这时行刑权就具有一定的行政管理的性质,所以行刑权也包含着行政权。③ 二是由于监狱在国家机关里的性质根据监狱法的规定为国家刑罚执行机关,归口到国家的司法行政机关的管理,所以监狱的行刑活动就是司法行政活动,行刑权就是司法行政权。三是从方法论看,司法行政权兼顾了司法权和行政权的属性,两者并不冲突。④ 如著名刑法学家陈兴良教授认为:"行刑是一种司法行政活动,因而行刑权属于行政权的范畴而不具有司法权的性质,这也是行刑活动与定罪量刑审判活动的根本区别之所在。"⑤(4)刑事行政权说。该说认为,行刑权在直接属性上属于行政权,但是它又不同于一般的行政权,是一种特殊的行政权,即刑事行政权。例如,有学者认为,刑事执行权直接脱胎于刑事裁判权,通过自身要素的不断整合,具有行刑权的特征;但其与犯罪相关,以国家施加刑事制裁为基本内容,运作结果是对犯罪人的生命和财产的剥夺,所以可以

① 参见张绍彦:《刑罚权与行刑权的运行机制探析》,《法学评论》1999 年第 3 期,第92 页。
② 刘崇亮:《制度性需求下〈监狱法〉修改研究》,中国法制出版社 2018 年版,第 123 页。
③ 夏宗素:《狱政法律问题研究》,法律出版社 1997 年版,第 68 页。
④ 刘崇亮:《制度性需求下〈监狱法〉修改研究》,中国法制出版社 2018 年版,第 123 页。
⑤ 转引自王辉:《监狱刑罚执行性质的多维度思索》,《河北法学》2010 年第 3 期。

称之为刑事行政权;行刑权除具有鲜明的行政属性外,还突出了国家的刑事权属性,把之认定为刑事行政权,可以较为准确和全面地反映刑事执行权的性质和特征。①

上述关于刑事执行权和监狱行刑权性质的观点,要么是从刑事诉讼程序的视角、要么是从权力运行的特征视角、要么是从监狱的隶属关系视角对刑事执行权或监狱行刑权进行具体分析后得出的结论,各自具有一定合理性。但各种观点的认识不太全面或者理由并不充分,需要进一步厘清和论证。

2. 监狱行刑权的二元分析

监狱行刑权属于刑事执行权的一种,对此不应持有异议。因此,对刑事执行权性质的认识也可以扩展至对监狱行刑权性质的认识。考虑到本书研究主题的需要,这里仅对监狱行刑权的性质作一厘清。监狱行刑权是个复合概念,也是收押权、释放权、减刑建议权、假释建议权、提出暂予监外执行书面意见权、监禁权、强制教育权、劳动改造权、行政处罚权、许可权和奖惩权等监狱执法权力的上位概念。对监狱具体行使的执法权力应当作二元分析,大体上可以把监狱行刑权划分为程序法意义上的行刑权和实体法意义上的行刑权。

(1)程序法意义上的监狱行刑权是司法权

程序法意义上的监狱行刑权的行使以具有程序意义的监狱执法行为为载体,这些具有程序意义的监狱执法行为主要包括对罪犯的收监行为、对罪犯提出的申诉或控告以及检举的处理行为、提出暂予监外执行书面

---

① 邵名正、于同志:《刑事执行权理性配置》,《中国监狱学刊》2002 年第 5 期;转引自刘崇亮:《制度性需求下〈监狱法〉修改研究》,中国法制出版社 2018 年版,第 123—124 页。

意见的行为、提请减刑和假释的行为、释放罪犯行为等。

拉丁法谚有云：执行乃法律之终局及果实。刑事执行是刑事司法活动的组成部分，也是刑事诉讼程序的最后一个环节。因此，收押权、释放权、减刑建议权、假释建议权和提出暂予监外执行书面意见权等监狱执法权力是程序法意义上的权力，可以视作是刑事司法权力在执行阶段的延伸，此种监狱执法权力应当属于司法权的范畴。

（2）实体法意义上的监狱行刑权是行政权

实体法意义上的监狱行刑权主要通过监狱对罪犯实施日常的狱政管理和教育改造等活动体现出来。一般认为，行政权具有主动性、倾向性、实质性、应变性、可转授性、行政性、先定性、主导性、层级性和效率优先性①等特征。监狱在刑罚执行过程中所行使的监禁权、强制教育权、劳动改造权、行政处罚权、许可权和奖惩权等权力具有鲜明的行政权特征。第一，对狱内罪犯的监禁、强制教育、劳动改造、行政处罚、许可和奖惩等，是由监狱及其工作人员主动实施的，不必征得罪犯的同意，其效力的发生也不以罪犯的意志为转移，狱内服刑罪犯必须服从。因此，监狱行刑权体现出行政权运行的单方意志性和命令服从性的典型特征。第二，监狱行刑权具有鲜明的倾向性，注重权力运行结果的实质性，它以维持正常监管秩序、取得实质改造效果为目标和导向。第三，监狱行刑权在运行过程中还会针对情势的变化而作出相应的调整。第四，监狱行刑权的效力具有先定性。监狱在行刑过程中对罪犯的强制教育和改造、许可、奖惩等行为，一经作出，在没有被依法宣布撤销或变更之前，对监狱及罪犯都具有拘束力。非经法定程序，不得撤销或变更。第五，监狱行刑权的运行方式具有

---

① 参见孙笑侠：《司法权的本质是判断权——司法权与行政权的十大区别》，《法学》1998年第8期，第34—36页。

主导性。监狱行刑权的运行方式总是以监狱为中心,监狱行刑权的作用对象是作为相对人的服刑罪犯及其行为。监狱及其工作人员对罪犯的考核、奖惩、教育改造、劳动管理以及日常生活卫生管理等,无不体现着监狱行刑权运行的主导性特征。第六,监狱行刑权的运行还呈现出科层制的特点。从监狱的内部组织体系和架构来看,监狱一般设分队及分队长、分监区及分监区长、监区及监区长、监狱及监狱长等层级和职位,相应层级和职位分别行使不同的行刑权力。因此,监狱行刑权体现出明显的官僚层级性。第七,监狱行刑权运行以效率优先为导向。综上,实体法意义上的监狱行刑权的运行完全符合行政权运行的特征。因此,此种执法权力应当属于行政权的范畴。亦即:实体法意义上的监狱行刑权是行政权。

3. 实体法意义上的监狱行刑权行使的表现形式

实体法意义上的监狱行刑权的行使主要以监狱的执法行为表现出来,主要包括监狱强制、监狱许可、监狱奖励和监狱处罚。

（1）监狱强制

监狱强制是行政强制的一种,是指监狱为了实现刑罚实施目的,对服刑罪犯的财产、身体及自由等予以强制而采取的措施。在监狱强制中,人身自由的剥夺是强制得以实现的基础和条件。监狱及其执法人员对服刑罪犯的关押、行为约束、强制劳动、教育等是监狱强制的主要表现形式。收监执法、刑期执法和出监执法,是监狱强制在时间上的表现形式。以刑期执法为例,监狱对服刑罪犯的强制执法行为主要有:①罪犯生活行为管束。包括:日常生活行为管束、被服使用行为管束、个人钱款收支行为管束、消费行为管束、就餐行为管束、作息行为管束等;②罪犯卫生、医疗行为管束。包括:监舍卫生行为管束、个人卫生行为管束、就医行为管束、用药行为管束等。③监狱的安全警戒。包括:武装警戒、狱内警戒、社区联防、武器装备和警械装备等。① 矫正执法也是监狱强制的表现形式,具体包括:罪犯行为矫正、罪犯劳动矫正和罪犯教育矫正。②

具体来说,狱内服刑罪犯自从被收押的那一刻起,其在监狱内的活动自由也要被进一步地限制,罪犯不得在监狱内随意走动,不得逾越生活、劳动、学习现场的区域隔离设施和警戒线,必须被纳入联号、小组、监区等组织群体中。此外,基于道德考量和安全控制,服刑罪犯的个人财产处分权受到限制或禁止,例如,监狱一般不允许罪犯之间相互赠送物品、伙吃伙喝。罪犯的生活消费额度被严格限定,不允许高消费。在劳动强制方面,罪犯没有劳动的职业(工种)选择权、辞职权、薪酬谈判权、参加工会权等权利。③ 在身体强制方面,监狱禁止服刑罪犯自伤、自残、自杀等自由处分自己身体和生命的违规行为,若有违反,必受惩戒。

(2)监狱许可

监狱许可从性质上讲也是监狱行政行为的一种,是指监狱基于法律的规定和罪犯的改造表现,根据罪犯的申请或依照职权,依法赋予罪犯从事某种活动或实施某种行为的权利和资格的行政行为。监狱许可主要包括罪犯通信许可、会见许可、分级处遇、特许离监等。监狱许可可以由服刑罪犯申请而引起,也可以由监狱依照职权主动实施,属于监狱执法裁量权的范畴。例如,在分类处遇给予方面,根据罪犯的表现通过考核、分类、定级,给予相应的待遇,一般把伙食、自由活动时间、活动空间、文化娱乐、监内消费额度等作为处遇区分的主要内容。监狱对符合处遇升级条件的

---

① 参见乔成杰主编:《监狱执法实务》,化学工业出版社 2012 年版,第 55—60 页。
② 参见乔成杰主编:《监狱执法实务》,化学工业出版社 2012 年版,第 65—71 页。
③ 参见乔成杰主编:《监狱执法实务》,化学工业出版社 2012 年版,第 16—18 页。

罪犯,主动给予其相应待遇。①

（3）监狱奖励

监狱奖励,是指监狱为了表彰服刑罪犯中的改造积极分子、激励后进,充分调动和激发服刑罪犯改造的积极性,依照法定条件和程序,对模范遵守监规纪律或作出一定贡献的服刑罪犯,给予物质的或精神的奖励的执法行为。我国《监狱法》规定的监狱奖励主要有:表扬、物质奖励、记功和离监探亲。其他非法定性奖励包括:对改造表现良好或者在矫正教育中学习优异的服刑罪犯给予监狱改造积极分子、改造标兵、活动积极分子、技术能手、优秀学员等称号;对改造表现良好的服刑罪犯给予"劳动奖金、实物奖励、加餐"等物质奖励。

（4）监狱处罚

监狱处罚,是指监狱对违反监狱法规、破坏监管秩序的服刑罪犯实施的制裁。监狱处罚的目的在于:惩戒实施违法行为的服刑罪犯,促使其以后不再犯,维护正常的监管秩序。根据我国《监狱法》的规定,监狱处罚的种类主要有警告、记过和禁闭。警告和记过处罚会影响服刑罪犯申请减刑或假释的权利和机会。禁闭是监狱处罚中最为严厉的一种。对实施禁闭的服刑罪犯实施单独关押和特殊管制,禁闭的期限、禁闭期间的放风次数和时间均有严格规定,禁闭期间剥夺其通信、会见的权利。此外,监狱根据法律规定可以在自由裁量的范围内对服刑罪犯采取"停止会见和拨打亲情电话等处遇、实施临时管制、强化管控措施和手段"等处罚措施。

---

① 乔成杰主编:《监狱执法实务》,化学工业出版社 2012 年版,第 18 页。

二、监狱特别权力关系理论概述及评析

1.监狱特别权力关系理论概述

"特别权力"关系一词,译自德文 besondere Gewaltverhaltnissc,系由德国行政法学者 Otto Mayer 所建构而来。① 德国行政法学者 Otto Mayer 对于"特别权力关系"作如下定义:"经由行政权之单方措施,国家可合法地要求负担特别之义务""为有利于行政上特定目的的达成,使加入特别关系的个人,处于更加附属的地位。"②日本学者田中二郎认为:特别权力关系系指基于特别之法律上原因(法律规定或本人同意等),为达成公法上特定目的,于必要范围内,一方取得支配他方之权能,他方对之负有服从之义务,以此为内容之关系。③ 日本学者室井力认为:特别权力关系是指人基于特别原因,即(1)法律的直接规定,或(2)自主同意,服从于国家或公共团体的特别支配权这样一种关系。④ 长期以来,特别权力关系理论是大陆法系国家行政法上盛行的理论,它与以"保留原则"为内容的立法对国家权力和一般公民之间关系进行调整后形成的"一般权力关系"理论相对应。"特别权力关系"是指:由于某种"特殊理由",公民和国家权

① 林纪东:《行政法》,三民书局 1977 年版,第 193 页。转引自吴万得:《德日两国特别权力关系理论之探讨》,《政法论坛》2001 年第 5 期,第 131 页。
② 吴庚:《行政法之理论与实用》,著者自刊 1999 年版,第 204 页。转引自吴万得:《德日两国特别权力关系理论之探讨》,《政法论坛》2001 年第 5 期,第 131 页。
③ [日]田中二郎:《行政法》(上卷)1983 年版,第 89 页。转引自吴万得:《德日两国特别权力关系理论之探讨》,《政法论坛》2001 年第 5 期,第 131 页。
④ [日]室井力主编:《日本现代行政法》,吴微译,中国政法大学出版社 1995 年版,第 39 页。转引自吴万得:《德日两国特别权力关系理论之探讨》,《政法论坛》2001 年第 5 期,第 131 页。

力之间的关系变为一种与"一般权力关系"相反的关系;该公民被推定完全或部分丧失其所有的人权及其他权利,完全或部分地变为国家权力统治尤其是行政行为的客体;其法律及实际的权益和待遇完全由国家权力尤其是行政机关裁量决定;对于国家权力对自己人权及其他权利的限制或剥夺不服时其也不得诉诸司法、不得申请司法救济。① 依据德国、日本等国的特别权力关系理论,以下公法上的关系属于特别权力关系:(1)公法上之勤务关系。公务员与机关之间、公立学校教职员工与学校之间的关系即属此类。(2)公法上之营造物②利用关系。公立学校与学生之间、公立医院与住院患者之间、监狱与受刑人之间的关系即属此类。(3)公法上之特别监督关系。国家对公共团体、特许企业或行政事务之受任人的监督关系属于此类。(4)公法上之社团关系。公共团体与会员之间属于此类。③

特别权力关系理论的核心要义在于:在特定的领域内,基于特定行政目的的需要,公权力主体可以行使适用法律保留原则之外的概括性命令权,从而对相对人的权利作出较多限制或克减。同时,因行使特别权力而引发的争议或纠纷,排斥司法审查原则的适用。按照特别权力关系理论,以下关系均属于特别权力关系:公务员与国家机关、军人与军队、学生与公立学校、公立医院与住院患者、监狱与受刑人之间的关系等。对特别权

① 参见[日]室井力:《受刑人的收容关系与特别权力关系理论》,《行政》第 74 卷 5 号,第13 页。转引自王云海:《监狱行刑的法理》,中国人民大学出版社 2010 年版,第 57 页。

② 关于营造物的概念,我国台湾学者吴庚教授将其界定为:行政主体为达成公共行政上之特定目的,将人与物功能上之结合,以制定法规作为组织之依据所设之组织体,与公众或特定人之间发生法律上之利用关系。营造物在组织上是独立的,在法律上则属于其他行政主体的一部分,如中小学为教育局的下级机关,图书馆为文化局的下级机关。参见刘青峰、嵇焕飞:《论内部行政行为的司法审查》,《山东审判》2004 年第 2 期,第 35 页,脚注③。

③ 参见吴万得:《德日两国特别权力关系理论之探讨》,《政法论坛》2001 年第 5 期,第134 页。

力关系理论中的"概括性命令权"的理解,它主要是指特别权力主体集"'立法'、裁断与执行"权力于一体,规则的制定、权力的裁量适用、决定的执行等权力均由特别权力主体来行使,排除法律保留原则和司法审查原则在特别权力关系影响领域的适用。特别权力关系中"特别"一词,意味着对受其影响的相对人的权利义务较一般公民而言受到更多的限制。在特别权力关系中,排斥行政法上的法律保留原则的适用。因特别权力行使引发的纠纷,也排斥司法审查原则的适用。换句话说,在受特别权力调整的关系中,相对人权益受损后,只能寻求内部申诉的渠道来解决,而不能通过诉诸诉讼的方式来寻求救济。

在德、日等国的特别权力关系理论中,这种特殊权力关系是基于"特殊理由"而形成的,尤以监狱与服刑罪犯之间的特别权力关系的形成"理由"最为特殊。因此,监狱与服刑罪犯之间的关系是最为典型的特别权力关系。在监狱特别权力关系中,"基于有罪而被判处刑罚(拘禁及死刑)的事实足以使一般公民与国家权力的关系全面、彻底地转变为'特别权力关系'。也就是说,受刑人完全丧失了作为公民应被保留的所有的人权及其他权利,完全沦为国家权力的统治客体,完全丧失了诉诸司法、请求司法予以保护或救济的权利和手段,其所有权益和待遇完全取决于国家权力尤其是行政机关的自由裁量。"[1]

在监狱特别权力关系中,其"特殊"目的指的是刑罚实现目的和矫正目的。将监狱与服刑罪犯之间的关系视为特别权力关系,这意味着:(1)监狱与服刑人员之间的法律地位不对等。监狱作为特别权力主体具有优越地位,享有对服刑罪犯命令、强制、奖惩等专断的权力。服刑罪犯作为

---

[1]　王云海:《监狱行刑的法理》,中国人民大学出版社 2010 年版,第 58 页。

特别权力指向的相对人,始终处于服从、遵守的地位。(2)作为特别权力行使指向的相对人——服刑罪犯,其所承受的义务是不确定的。在监狱特别权力关系中,监狱对服刑罪犯享有总括性命令支配权,只要是出于实现刑罚实施和监管秩序维持的需要,其有权为服刑罪犯设定各种义务或对其权利进行克减,服刑罪犯负有作为或者不作为的义务。(3)监狱有权制定特别规则来管束服刑罪犯。调整监狱法律关系的规范除了国家法律、行政法规和部门规章之外,监狱也可以根据实际需要而制定特别规则,并要求服刑罪犯遵守和执行。(4)基于特别权力关系,监狱为了维持内部秩序和正常刑罚执行及监管秩序,其有权对服刑罪犯违反法律、法规、规章及特别规则的行为实施惩戒。(5)排斥司法审查原则在监狱与服刑罪犯之间争议和纠纷中的适用。针对监狱刑罚执行而引发的争议和纠纷,服刑罪犯只能在监狱内部通过申诉等渠道来寻求解决,无权提起行政诉讼来寻求救济。(6)与一般公权力的运行相比,在监狱与服刑罪犯之间的特别权力关系中,监狱及其工作人员的刑罚执行行为和监管行为等较少接受来自于外部力量的监督和制约。

2. 监狱特别权力关系理论的评析

德、日等国特别权力关系理论的产生和继受有其特定的历史背景和理论基础。德国的特别权力关系理论产生于 19 世纪君主立宪时期,发展成熟于帝制时代的"警察国时期",其理论基础是 19 世纪的宪政国家法和行政法理论。日本对特别权力关系理论继受时正处于 19 世纪末封建色彩浓厚的明治宪法时期,明治宪法轻视对公民基本权利的保护,适应中央集权和军国主义发展需要,日本引入并全盘接受了德国的特别权力关系理论并有了新的发展。第二次世界大战后,随着"人权、平等、民主、法治"理念的倡兴和对纳粹德国反动思想的清算,特别权力关系理论作为一种过时的理论,已经不符合现代法治发展目标的要求。德、日等国纷纷摒弃或大幅修正了特别权力关系理论。主要表现是:特别权力关系影响范围的缩小、特别权力主体自由裁量权的限制,以及法院司法审查原则的引入等。

第二次世界大战后,特别权力关系理论日渐式微。其主要原因在于:随着人权保障理念深入人心,各国普遍重视对公民基本权利的保障,作为一国公民的服刑罪犯亦不例外。一味坚持特别权力关系理论,这对全体公民尤其是受特别权力关系影响的公民的基本权利保障极为不利。这是因为,对受特别权力关系影响的相对人而言,其合法权益的保障就缺少了通过司法维护公平正义的这最后一道防线,即剥夺了受特别权力关系影响的相对人通过提起诉讼来救济自己合法权益的机会。因此,对特别权力关系理论进行修正或者直接摒弃,已势在必行。基于对特别权力关系理论固有缺陷的反思,德国的乌勒教授提出了特别权力关系的"基础关系"和"管理关系"理论。[1] 根据该理论,特别权力关系中的"基础关系"是指涉及特别权力关系产生、变更及消灭的事项,例如公务员、学生身份资格的取得以及降级、撤职等,均属"基础关系"所涉及的事项,可以提起司法救济。所谓"管理关系",是指为了达到行政目的,权力人一切所为之措施。如公务员、学生的考试考核的评定、仪表规范、宿舍规则,等等。此类规则措施,视为行政内部的指示,不视为行政决定,故不可提起司法救济。[2] 根据乌勒教授的理论,对公民权利影响较大的因"基础关系"而产生的事项,可以提起司法救济;对公民权利影响较小的因"管理关系"

---

① 参见陈新民:《中国行政法原理》,中国政法大学出版社 2002 年版,第 66 页。
② 刘青峰、嵇焕飞:《论内部行政行为的司法审查》,《山东审判》2004 年第 2 期,第 35 页。

而产生的事项,不可以提起司法救济。这一界分存在一定不足,主要是实践中有时对"基础关系"和"管理关系"难以做到准确区分,某些理论上被视为"管理关系"的事项,其实际上对公民权益保护影响甚巨,例如,公务员的调职行为对公民权益影响较大,如果按照乌勒所提出的理论,这种调职行为被视为因"管理关系"而产生的事项,不得提起司法救济,这对当事人而言显失公平。因此,在反思上述理论的基础上,德国又形成了"重要性理论"。"重要性理论"认为,公务员及学生在任何情况下均属权利主体,其宪法上的基本权利应受保障,故凡涉及相对人之基本权利者,无论是秩序行政还是服务行政,均不应排除法律保留原则的适用。① 在1972年德国宪法法院裁判的监狱服刑案中,德国宪法法院判决认为,"监狱当局对于受监人之通讯自由,不可再依传统的特别权力关系,而径以监狱管理规则来限制。必须比照对一般人民的通讯自由之限制,须有法律之明白限制规定时,方可为之。若监狱管理规则未获有关法律,如监狱行刑法之授权,则不可限制受刑人之通讯自由权。"②

在日本,第二次世界大战后对特别权力关系理论进行了大幅度的修正。受德国对特别权力关系理论修正的影响,日本将特别权力关系划分为内部行为和外部行为,承认司法权对特别权力关系作适当干预的权力。除了内部行为之外,法院对于涉及相对人身份的权利义务而引发的纠纷和争议,有权实施司法审查。在监狱特别权力关系所涉纠纷中,以1958年8月20日大阪地方法院作出的"平峰判决"为标志,实务中承认了被拘禁人对拘禁所基于"特别权力关系"的行为申请司法审查和司法救济的权利。大阪地方法院在该判决中认为,"即使是基于'特别权力关系'的

---

① 刘青峰、嵇焕飞:《论内部行政行为的司法审查》,《山东审判》2004年第2期,第35页。
② 吴万得:《德日两国特别权力关系理论之探讨》,《政法论坛》2001年第5期,第135页。

行为,如其违反法律或者超越了从行为的目的来说属于合理的范围,从社会观念上来看显然不当,也就是说违法地侵害了基本人权时,受刑人可以诉诸法院,寻求司法救济。"①此后,随着 1982 年 6 月 22 日日本最高法院"淀号飞机劫持案件判决"的作出,日本法院的态度发生了明显变化,暗中放弃了"特别权力关系"理论,主张对监狱施加于受刑人的人权限制的必要性和合理性进行司法审查。在该判例中,一方面,日本最高法院承认监狱对被拘禁人的身体自由及其他行为自由进行一定程度限制的必要性。另一方面提出,对照"维持监狱内部正常的纪律和秩序"的目的,需要对"上述限制的必要程度、被限制的自由的内容和性质以及具体的限制方式及程度",在上述诸利益或要素之间进行比较衡量而确定这种限制是否能够作为"必要合理"的措施正当化。此种理论和方法后来被称作"诸利益比较衡量法"。② 该方法成为当今日本法院处理受刑人就行刑纠纷提起诉讼的裁判方法,反映了日本法院对监狱侵犯受刑人基本人权案件进行司法审查和司法救济的积极态度。

我国行政法学界和立法及实务部门虽未明确承认特别权力关系理论,但一般认为外部行政行为和内部行政行为的划分,显然受到了特别权力关系理论的影响。我国《行政诉讼法》将内部行政行为排除于行政诉讼的受案范围之外,拒绝相对人通过行政诉讼手段来救济受损的权益。"内部行政行为不可诉,外部行政行为方可诉"是学界和实务部门长期以来奉行和坚守的理论。值得指出的是,在我国,内部行政行为不可诉理论及实务操作亦非"铁板一块",其"坚冰"早已"松动"。

为了切实保障服刑罪犯的合法权益,提升我国人权保障的总体水平,

---

① 王云海:《监狱行刑的法理》,中国人民大学出版社 2010 年版,第 58—59 页。
② 王云海:《监狱行刑的法理》,中国人民大学出版社 2010 年版,第 60—61 页。

规范和监督监狱执法权力的行使,应当缩小内部行政法律关系所涉事项的范围,限制监狱的裁量权。与此同时,还应当重新审视和反思我国"内部行政行为不可诉,外部行政行为方可诉"的理论,借鉴德国特别权力关系中的"重要性理论",对于那些涉及服刑罪犯基本权利的"重要性"事项,应当适用司法审查原则,即当监狱作出关乎服刑罪犯基本权利的行政行为而服刑罪犯不服时,服刑罪犯有权依法提起行政诉讼予以救济。申言之,当监狱滥用自由裁量权侵犯服刑罪犯的宪法规定的基本权利时,或者违反法律上的正当程序时,法院可以进行司法审查并对监狱的执法行为是否构成违法进行评价。对于那些非重要的事项,不再适用法律保留原则和司法审查原则,以最大限度地平衡监狱行政执法权力行使与服刑罪犯权利保障之间的平衡。

三、实体法意义上的监狱行刑关系的性质辨析

1. 监狱行刑关系的学说观点

关于监狱行刑关系的性质,主要有以下几种观点:

(1)监狱行刑关系是刑事法律关系。该观点认为,监狱的性质决定了监狱法规范的监狱活动都属于刑罚执行的范畴,监狱对服刑罪犯实施的狱政管理等事务性活动,都是刑罚执行活动,由此形成的法律关系是刑事法律关系。有学者认为,监狱刑罚执行法律关系是由《刑法》《刑事诉讼法》和《监狱法》等刑事法律规范确认和调整的,因此,从形式上来看,监狱刑罚执行法律关系属于刑事法律关系的范畴。①

---

① 王辉:《监狱刑罚执行性质的多维度思索》,《河北法学》2010 年第 3 期,第 194 页。

（2）监狱行刑关系是行政法律关系。该观点认为,监狱对服刑罪犯实施的狱政管理、强制劳动、强制教育和强制改造活动等均属于事务性管理活动,具有典型的"行政管理"特征。因此,监狱行刑关系是一种行政法律关系。

（3）监狱行刑关系是刑事法律关系和行政法律关系的复合关系。该观点基于监狱行刑是兼具司法与行政双重法律性质的执法活动的认识,以及把监狱行刑权划分为实体性行刑权和程序性行刑权的视角出发,作出以上判断。所谓实体性行刑权,主要是指监狱及其工作人员行使的监管、教育、矫正和改造的权力;所谓程序性行刑权,主要是指监狱及其工作人员行使的与刑罚执行、变更等相关的权利,具体包括收押权、释放权、减刑建议权、假释建议权和提出暂予监外执行书面意见权等权利。监狱及其工作人员行使实体性行刑权而与服刑罪犯形成的法律关系是行政法律关系,监狱及其工作人员行使程序性行刑权而与服刑罪犯形成的法律关系是刑事法律关系。

上述几种观点分别从不同的角度,并根据监狱的性质和监狱行刑权的内容对监狱与服刑罪犯之间的法律关系进行了分析,从而得出了不同的结论。关于监狱行刑关系的性质,尚需在限定范围的基础上进一步深化认识。

2. 实体法意义上的监狱行刑关系是一种行政法律关系

监狱法律关系是指监狱法律规范在调整监狱行刑和狱政管理活动过程中所形成的监狱工作者和罪犯之间的权利义务关系。监狱法律关系的基本要素包括监狱法律关系的主体、监狱法律关系客体和监狱法律关系的内容。监狱法律关系的主体是指监狱法律关系的参加者,即在监狱法律关系中享有权利或承担义务的人,具体指执行刑罚和实施狱政管理的监狱工作者和接受教育改造的罪犯。监狱法律关系的客体是指监狱法律关系主体之间权利和义务所指向的对象。监狱法律关系的内容是指监狱法律关系主体间在一定条件下依照法律规定所享有的权利和所承担的义务。与其他法律关系内容产生方式略有不同的是,监狱法律关系的内容只能是法律明确规定的,而不能由监狱法律关系的主体自行约定。

　　监狱行刑关系是监狱法律关系的下位概念,是指监狱及监狱工作人员在行使行刑权的过程中与服刑罪犯之间产生的一定范围的权利义务关系。从上文对监狱行刑关系和监狱刑罚执行权的论述可知,实体法意义上的监狱行刑关系本质上是一种行政法律关系。理由在于:(1)监狱的性质决定了监狱行刑关系的行政法律关系性质。监狱是国家刑罚执行机关。在我国,监狱隶属于监狱管理局和作为上级主管部门的司法行政部门——司法厅(司法局)和司法部主管。除了刑罚执行变更等具有诉讼法意义的法律关系之外,监狱与服刑罪犯之间的行刑关系在大多数情形下是一种行政法律关系。(2)监狱行刑权的运行体现出典型的行政权运行特征,行刑权具有主动性、单方意志性、效率优先性等行政权所具备的鲜明特征。因此,因监狱及其工作人员行使行刑权而在监狱与服刑罪犯之间产生的法律关系,是一种行政法律关系。(3)监狱行刑活动的主要内容是监狱及其工作人员对服刑罪犯的监管、强制劳动、教育、改造和奖惩等司法行政活动,基于上述活动在监狱和服刑罪犯之间形成的法律关系是行政法律关系。换句话说,监狱在刑罚执行过程中与罪犯之间产生的监管关系、处遇关系、矫正关系和秩序关系本身就是各种行政法律关系,这一点不言自明。

　　监狱行刑关系的含义和性质表明:(1)监狱行刑关系是由监狱法所

确认和调整的一种特殊社会关系。监狱法调整的社会关系与一般社会关系有所不同,其特殊性主要体现在参与主体、参与主体的权利义务内容、权利义务指向的对象等几个方面。(2)监狱行刑关系发生在监狱刑罚执行过程中。具体体现在监狱作为刑罚执行机关行使行刑权而对服刑罪犯实施的监管、教育、矫正和改造过程中。(3)监狱行刑关系发生于监狱及其工作人员与服刑罪犯等监狱行刑活动的参加者之间。在监狱行刑关系中,监狱及其工作人员代表国家行使行刑权,狱内服刑罪犯负有接受矫正、改造的义务。(4)监狱行刑关系是监狱行刑活动参加者之间的权利、义务关系。具体来讲,是监狱行刑权主体与服刑罪犯之间惩罚与被惩罚、改造与被改造的权利、义务关系。

第二章 狱内罪犯的法律
地位和权利义务

第二次世界大战后,世界范围内的人权保护运动风起云涌。1948 年联合国大会通过的《世界人权宣言》、1966 年联合国大会通过的《公民权利和政治权利国际公约》和《经济、社会及文化权利国际公约》等构成了人权保护的重要基石和国际法准则文件。与此同时,1955 年在第一届联合国防止犯罪和罪犯待遇大会通过的《囚犯待遇最低限度标准规则》、1984 年联合国全体会议通过的《禁止酷刑和其他残忍、不人道或有辱人格的待遇或处罚公约》、1990 年联合国大会通过的《囚犯待遇基本原则》等国际公约和规则是罪犯法律地位的国际人权法依据,也是罪犯人权国际保护的国际法依据。罪犯人权保障引起各国重视并在各国国内立法中有所体现并付诸实施。

放眼世界,罪犯的主体法律地位和罪犯人权保障事业经历了否定、确立和完善的历史发展过程。在早期,罪犯被视为刑罚执行的对象和客体,几无什么权利可言。随着人类司法文明的进步和人道主义思想的传播,罪犯被逐渐赋予了一定的权利。文艺复兴运动后启蒙思想家提出的"自然状态""天赋人权""社会契约"等观点为罪犯权利保障提供了扎实的思想养料。意大利古典刑法学家贝卡利亚的刑罚思想在推动明确罪犯主体法律地位、理性人道对待罪犯方面起了重要作用。时至今日,联合国防止犯罪和罪犯待遇大会1955年8月30日通过的《囚犯待遇最低限度标准规则》已经成为确定罪犯法律地位、保障最低限度处遇的重要指导性文献。在我国,罪犯法律地位和法律权利内涵的变化,也经历了一个不断变化、完善的过程。早在革命根据地时期,尊重罪犯人格和教育感化是刑罚执行指导思想和工作方针,提出了"犯人也是人,不能把犯人不当人看待"的朴素观点。① 改革开放以来,我国学界对罪犯法律地位和罪犯法律权利的认识得到了进一步深化。值得一提的是,我国著名法学家李步云先生于1979年发表在《人民日报》的《论我国罪犯的法律地位》和1980年发表在《法学杂志》上的《再论我国罪犯的法律地位》,对于准确认识罪犯的法律地位起了启蒙作用。此后,我国相关法律中出现了体现罪犯法律地位的权利义务的规定,罪犯的主体法律地位得到明确,关于罪犯享有的权利和承担的义务方面的内容不断丰富完善。

第一节　狱内罪犯的法律地位

法律地位,是指法律主体在法律关系中的位置,法律规定法律主体享有权利和承担义务的实际状态决定了其在法律关系中的位置。罪犯法律

---

① 转引自赵运恒:《罪犯权利保障论》,法律出版社2008年版,第23页。

地位是指罪犯在监狱法律关系中所处的位置。① 监狱法律关系是指监狱法调整的规定监狱机关及监狱工作者和罪犯之间的权利义务关系。作为监狱法律关系一方的狱内罪犯所享有的权利和承担的义务决定了其在监狱法律关系中所处的位置。

明确狱内罪犯的法律地位,其意义在于:首先,它决定着是否承认狱内罪犯是一国公民和是否承认其仍然享有宪法和法律保护的权利,还能够进一步明确狱内罪犯还享有哪些尚未被剥夺和限制的权利以及应当承担的法定义务。其次,明确狱内罪犯的法律地位和其享有宪法和法律上的权利,这意味着狱内罪犯受宪法法律保护的权利受损时,其有权通过申诉或投诉渠道以及司法途径寻求救济。再次,明确狱内罪犯的法律地位和权利义务,可以为狱内罪犯申诉或投诉受理机构处理申诉或投诉以及为法院司法审查提供裁断基准。

一、狱内罪犯是作为享有最基本权利的"人"的存在的法律关系主体

狱内罪犯首先是作为一个"人"的存在,应该享有作为"人"所享有的最基本权利。狱内罪犯是监狱法律关系的主体而不是客体。狱内罪犯虽然因实施犯罪被判处刑罚并在监狱内服刑,但其作为"人"所享有的生命、健康等权利不容限制和剥夺。"一个国家是否有真正的自由,试金石之一是看它如何对待那些为有罪之人、为世人不耻之徒辩护的律师。"②

---

① 吴宗宪:《监狱学导论》,法律出版社 2012 年版,第 266 页。

② 〔美〕艾伦・德肖维茨:《最好的辩护》,唐交东译,法律出版社 2014 年版,第 335 页。

对于那些所谓的"为世人所唾弃的不耻之徒",其正常享有的最基本权利不仅不应当被予以剥夺或限制,而且在此类权利受损时,其应当有委托律师辩护的权利,还应当善待那些接受委托为服刑罪犯辩护的律师。因此,罪犯因犯罪所受刑罚不应成为对其给予不公平处遇的理由和依据,也不应当剥夺其接受法律帮助的权利。

狱内罪犯作为"人"所享有的最基本权利,有着深厚的哲学根基。首先,人是目的不是手段,狱内罪犯不是法律规范所调整的物化的客体物和对象物。伟大的古典哲学家康德认为,"人是生活在目的的王国中。人是自身目的,不是工具。人是自己立法自己遵守的自由人。人也是自然的立法者"①。

其次,人权的普遍性决定了狱内罪犯作为"人"享有维护尊严和人格、体现人的价值的最基本的权利。英国学者米尔恩认为,"不仅仅是要有社会就要有权利,而且是若要遵从普遍的低度道德标准的要求,就必须让每个人类成员都享有权利。""共同道德原则里包含了每个人类成员必须享有的权利,即普遍道德权利,或者,就是严格意义上的人权。"②"一切人,或至少是一个国家的一切公民,或一个社会的一切成员都应当有平等的政治地位和社会地位。"③可见,人权的普遍性要求必须赋予全体社会成员人皆有之、全民共享的基本权利,狱内罪犯作为全体社会成员的一份子,自然概莫能外。

再次,坚持监狱工作的人道主义原则,就必须承认狱内罪犯作为"人"的法律地位,赋予狱内罪犯最基本权利,保障其未被刑罚剥夺的权

---

① [德]康德:《实践理性批判》,韩水法译,商务印书馆2003年版,第95页。
② [英]A.J.M.米尔恩:《人的权利与人的多样性——人权哲学》,夏勇、张志铭译,中国大百科全书出版社1995年版,第154页。
③ 《马克思恩格斯选集》第3卷,人民出版社1995年版,第444页。

利的行使。

二、狱内罪犯是权利受限但具有公民资格的服刑人员

狱内罪犯因判处刑罚而在监狱内服刑,因而失去了人身自由,但法律和刑罚并未剥夺其公民资格。作为具有公民资格的服刑人员,狱内罪犯的生命权、健康权、继承权、休息权、控告检举权、申诉权等基本权利未被限制和剥夺。除此之外,以下权利是被剥夺或受到限制的:首先,狱内罪犯的人身自由被剥夺,其只能在监狱管辖的监区内接受教育、劳动和改造,在监狱监区内从事娱乐、有限的消费、生病就医和与其他罪犯进行人际交往等活动。其次,某些狱内罪犯被判处剥夺政治权利。因此,其在监狱服刑期间就不能行使政治权利。再次,狱内罪犯行使某些权利是受限制的。狱内罪犯即使未被判处剥夺政治权利,但为了保证剥夺自由刑罚的安全执行,刑罚执行机关亦会限制其行使包括结社、集会、游行、示威等权利在内的政治权利。因此,由于刑罚判决、狱内服刑、保证刑罚顺利执行等原因,狱内罪犯实际享有并能够行使的权利是不完整、不充分的。但需明确的是,对于狱内罪犯享有的未被限制或剥夺的合法权利,必须确保其能合法行使并不受减损;对于那些法律未赋予的权利和被刑罚判决限制或剥夺的权利,狱内罪犯必须遵守法律和服从判决,并接受监狱管理机关的日常管理和监督。

第二节　确定狱内罪犯法律地位的法律依据

一、确定狱内罪犯法律地位的国际法依据

　　一些重要的国际公约和规则不仅是罪犯人权保护的国际法渊源,而且是确立罪犯法律地位的国际法依据。这些国际法根据其约束力的强弱,可以分为两类:一类是硬法(hard law),一类是软法(soft law)。① 硬法是具有强制性约束力的国际法,主要包括以条约(treaty)、公约(convention)、协定(agreement)、规约(stature)形式体现的国际法文件,一国签署批准之后必须遵守或者转化为内国法之后施行。涉及罪犯法律地位的硬法主要有:《禁止酷刑和其他残忍、不人道或有辱人格的待遇或处罚公约》(又称《联合国反酷刑公约》)、《公民权利和政治权利国际公约》等。例如,《联合国反酷刑公约》第 11 条规定:"每一缔约国应经常审查对在其管辖的领土内遭到任何形式的逮捕、扣押或监禁的人的拘留和处理的审讯规则、指示、方法、做法和安排,以避免发生任何酷刑事件。"《联合国反酷刑公约》第 16 条之 1 规定:"每一缔约国应保证防止公职人员或以官方身份行使职权的其他人在该国管辖的领土内施加、唆使、同意或默许未达到第 1 条所述酷刑程度的其他残忍、不人道或有辱人格的待遇或处罚的行为。"我国全国人民代表大会常务委员会于 1988 年 9 月 5 日批准了《联合国反酷刑公约》,同时声明对《联合国反酷刑公约》第 20 条和第 30

---

　　① 　参见吴宗宪:《监狱学导论》,法律出版社 2012 年版,第 268 页。

条第 1 款予以保留。除了声明保留的条款外,该公约的其他条款对我国
具有约束力,是明确罪犯法律地位和保护罪犯合法权利的国际法依据。
《公民权利和政治权利国际公约》①第 7 条规定:"任何人均不得加以酷刑
或施以残忍的、不人道的或侮辱性的待遇或刑罚。"该公约第 10 条之一规
定:"所有被剥夺自由的人应给予人道及尊重其固有的人格尊严的
待遇。"

　　软法是号召有关国家和地区遵守但不具有强制性约束力的规则
(rules)、准则(norms)、原则(principles)、宣言(declaration)、指南(guide-
lines)等。② 涉及罪犯法律地位的软法主要有《世界人权宣言》《联合国囚
犯待遇最低限度标准规则》[又称《纳尔逊·曼德拉规则》(2015 年)]
等。③ 例如,《世界人权宣言》第 5 条规定:"任何人不得加以酷刑,或施
以残忍的、不人道的或侮辱性的待遇或刑罚。"《纳尔逊·曼德拉规则》
由"序言、一般适用的规则、适用于特殊类别的规则"三个部分组成,共
122 条规则。《纳尔逊·曼德拉规则》对"囚犯档案管理、按类隔离、住
宿、个人卫生、衣服和被褥、饮食、锻炼和运动、医疗保健服务、'限制、纪
律和惩罚'、戒具、搜查囚犯和囚室、囚犯获得资料及提出申诉、同外界
的接触、书籍、宗教、囚犯财产的保管、通知、调查、囚犯的迁移、监所人
事、内部和外部检查、服刑中的囚犯、待遇、分类和个性化、优待、工作、
教育和娱乐、社会关系和善后照顾、有精神残疾和(或)健康问题的囚

---

① 我国于 1998 年 10 月 5 日签署了该公约,但全国人大常委会至今未予批准该公约。
② 吴宗宪:《监狱学导论》,法律出版社 2012 年版,第 269 页。
③ 联合国《囚犯待遇最低限度标准规则》是联合国制定的在司法领域内保护囚犯的基本
权利的重要法律文件之一,发布于 1957 年。联合国大会在第 A/RES/70/175 号决议中,不仅通
过了经修订的联合国《囚犯待遇最低限度标准规则》,而且还批准将其称为《纳尔逊·曼德拉规
则》,以纪念这位在狱中为囚犯待遇抗争了 27 年之久的已故南非总统。

犯、在押或等候审讯的囚犯、民事囚犯、未经指控而被逮捕或拘留的人"等事项作出了详尽规定。《纳尔逊·曼德拉规则》的规则 1 规定："对待所有囚犯,均应尊重其作为人所固有的尊严和价值。任何囚犯均不应遭受——且所有囚犯均应得到保护以免遭受——酷刑和其他残忍、不人道或有辱人格的待遇或处罚,对此,不得援引任何情形为例外理由。"上述软法对各国虽不具有强制性的约束力,但也是各国国内立法规定罪犯法律地位和处遇的重要参考,有助于各国持续改进罪犯的人道待遇。

二、确定狱内罪犯法律地位的国内法依据

在我国,规定和体现罪犯法律地位的国内法依据主要有宪法、法律、法规、部门规章、地方性法规和规章等。例如,我国《宪法》第 33 条规定:"具有中华人民共和国国籍的人都是中华人民共和国公民。中华人民共和国公民在法律面前一律平等。国家尊重和保障人权。任何公民享有宪法和法律规定的权利,同时必须履行宪法和法律规定的义务。"该条规定是确定罪犯法律地位和保护罪犯人权的宪法依据。我国《刑法》《刑事诉讼法》的一些条款也规定了罪犯的法律地位。《监狱法》是调整监狱及监狱工作者和罪犯之间产生的监狱法律关系的重要单行法律。《监狱法》第 7 条规定:"罪犯的人格不受侮辱,其人身安全、合法财产和辩护、申诉、控告、检举以及其他未被依法剥夺或者限制的权利不受侵犯。"

第三节　狱内罪犯权利的基本理论

权利被认为是与法律相一致的为某一行为或占有某物的自由,或者更严格地说,如果侵犯这种为某一行为或占有某物的自由,则将受法律制裁。在最一般的意义上,权利既包括以某种方式作为或不作为的自由(为法律所保护者),也包括迫使特定的人为或不为某一特定行为的权力(为法律所强制者)。①"权利指法律对法律关系主体能够作出或不作出一定行为,以及其要求他人相应作出或不作出一定行为的许可和保障。"②依此,狱内罪犯权利是指法律对狱内服刑罪犯能够作出或不作出一定行为,以及其要求他人相应作出或不作出一定行为的许可和保障。

法律规定或赋予狱内罪犯相应的权利,有其深厚的理论依据,同时应当遵循基本原则。无论是赋予、剥夺或限制狱内服刑罪犯的权利,都应当有正当的理由和宪法法律依据。

一、狱内罪犯权利的理论依据

1. 狱内罪犯享有作为"存在"的人的最基本的权利

人作为一个时限存在的生命体,具有与一般动物一样的生理需求和安全需求等生物属性。马克思认为,"人在本质上是一切社会关系的总

---

① 薛波主编:《元照英美法词典》(缩印版),北京大学出版社 2013 年版,第 1200 页。
② 《中国大百科全书·法学卷》,中国大百科全书出版社 1984 年版,第 458 页。

和"。这反映了人的社会属性。亚里士多德认为,"人是政治的动物",这反映了人的政治属性。罪犯作为人,具有生物属性、社会属性、精神属性和政治属性。随着罪犯主体地位的确立和刑罚人道主义思想的兴起,罪犯不再被视为客体,而是权利的主体。英国学者 A.J.M.米尔恩曾经指出:"将人仅仅作为手段,否定了属于他的一切东西,也就否定了他享有任何权利。如果他不仅仅被视为手段,而是被作为一个其自身具有内在价值的个人来看待,他就必须享有权利。"①与其他动物相区别,作为高等动物的人是一个有尊严、有价值的存在。狱内罪犯首先是作为人而存在的,应当享有作为人所享有的宪法、法律所保护的最基本权利。

2. 狱内罪犯享有未被刑罚剥夺或限制的作为本国公民的权利

狱内服刑罪犯因为犯罪被施以刑罚并在监狱内接受矫正改造,但其公民资格并未丧失,其作为本国公民仍然享有未被刑罚剥夺或限制的权利。这种被剥夺或限制的权利有合法理由和刑罚依据,是公平刑罚(just punishment)的组成部分,也是保护服刑罪犯与监狱工作人员的安全所必需的。② 除了刑罚限制或剥夺的权利之外,狱内服刑罪犯作为本国公民的其他权利不应受到限制或剥夺,监狱应当保障这些权利的行使。狱内服刑罪犯受到限制或剥夺的权利包括:自由权利、财产权利和政治权利等。狱内服刑罪犯不应当受到限制或剥夺,或者说应当保护或保障的权利包括:生命权、健康权、不受酷刑或者其他虐待的权利、人格尊严受到尊重的权利、获得法律帮助权、申诉权、投诉权等。

----

① [英]A.J.M.米尔恩:《人的权利与人的多样性——人权哲学》,夏勇、张志铭译,中国大百科全书出版社 1995 年版,第 154 页。

② 吴宗宪:《当代西方监狱学》,法律出版社 2005 年版,第 435 页。

3. 赋予狱内服刑罪犯相应的权利也是实现刑罚目的的需要

对狱内服刑罪犯实施的自由刑刑罚,除了具有实现刑罚的惩罚目的之外,还有一个重要的目的就是矫正和改造。通过矫正和改造,戒除罪犯的行为恶习,矫正不良心理和思想,最终将其改造成自食其力的合格公民,从而复归社会。

赋予狱内服刑罪犯相应的权利,有利于实现刑罚的矫正改造目的。首先,有利于服刑罪犯知晓自己享有的合法权利,并通过自身努力获得与相应处遇对应的特许权,以及获得减刑、假释的条件和资格。例如,监狱可以根据服刑罪犯的改造表现情况,对服刑罪犯给予相应的处遇,赋予其通信、会见、离监探亲等特许权,有利于调动狱内服刑罪犯改造的积极性,有利于从正面引导、感染和影响其他服刑罪犯。其次,赋予狱内服刑罪犯相应的权利,有利于监督监狱及其工作人员行刑权的行使,实现"以权利监督权力",促进监狱及其工作人员公正执法、规范执法,有效减少因行使行刑权而引发的监狱工作人员与服刑罪犯之间的冲突和纠纷,维持监管和矫正改造秩序的稳定。再次,赋予狱内服刑罪犯相应的权利,尤其是赋予其申诉或投诉、申请复议、提起诉讼等程序性权利,一方面,能够为狱内服刑罪犯受损的权利提供周全的救济保障,使其受损的合法权利得到救济;另一方面,狱内服刑罪犯通过申诉或投诉、申请复议、提起诉讼等途径穷尽权利救济之后,能够使其不满、对抗的情绪在一定程度上得到释放,有利于打消服刑罪犯的各种顾虑甚至妄想,从而安心接受矫正改造。尤其是对服刑罪犯的不合法诉求而言,更是如此。因此,无论是服刑罪犯合法权利的救济还是不合法诉求的驳回,都有利于直接或间接地促进刑罚矫正目的的实现。

二、确定狱内罪犯权利的基本原则

1. 人权保障原则

人权是人之作为人所应当享有的权利。人权依其形态可以分为应有的人权、法定的人权和实有的人权三类。[①] 我国现行《宪法》第 33 条第 3 款明确规定:"国家尊重和保障人权。"《宪法》所规定的"国家尊重和保障人权"内容,是尊重和保障包括服刑罪犯在内的所有公民的人权。我国《刑事诉讼法》也作出了"尊重和保障人权"的规定,《刑事诉讼法》所规定的"尊重和保障人权"的内容,是尊重和保障所有刑事诉讼当事人和服刑罪犯的人权。因此,人权保障原则应当成为确定狱内罪犯权利的首要原则。人权保障原则首先要求立法机关适应客观形势的需要,及时将那些应当纳入法律保障范围的罪犯权利利用法律形式确定下来。[②] 此外,随着刑罚理念的变化、监禁技术和手段的改进以及现代化文明监狱建设的推进,应当根据人权保障原则,把原来受到限制甚至剥夺的罪犯权利在一定范围内予以恢复,并在立法中作出明确规定,从而成为罪犯的法定权利。

2. 权利设定和权力行使法定原则

权利设定和权力行使法定原则是确定狱内罪犯权利的一项基本原则。它包括两层含义:首先,确定或授予狱内罪犯的权利必须符合法律的

---

① 《中国人权百科全书》,中国大百科全书出版社 1998 年版,第 646、116、541 页。
② 赵运恒:《罪犯权利保障论》,法律出版社 2008 年版,第 56 页。

规定,而不能与法律相抵触。其次,剥夺或限制狱内罪犯的权利,也要符合法律的规定。亦即,除了生效裁判确定的被剥夺或限制的权利之外,狱内罪犯所享有的其他未被剥夺或限制的法定权利,一概不能任意剥夺或限制其行使。对此,我国《监狱法》有明确规定,该法第 7 条规定:"罪犯的人格不受侮辱,其人身安全、合法财产和辩护、申诉、控告、检举以及其他未被依法剥夺或者限制的权利不受侵犯。"该条规定体现了对罪犯合法权益的保护。

3. 区别对待原则

"法律面前人人平等",这是一条基本的宪法原则。狱内服刑罪犯是一类特殊主体,是犯了罪接受刑罚改造的公民。因此,为了监管和改造需要,依据区别对待原则设定罪犯权利,并不构成对上述宪法原则的违反。区别对待原则是指根据狱内服刑罪犯的个体情况,赋予其不同的权利。区别对待原则也是对服刑罪犯施以分类处遇和分级处遇的正当性依据。例如,根据我国《监狱法》的规定,对服刑罪犯根据其犯罪类型、刑罚种类、刑期和改造表现等情况实行分别关押,采取不同方式的管理;在生活等方面对女犯、未成年犯和少数民族罪犯予以照顾等。这就意味着对不同类型的罪犯在"生活、会见、通信、劳动"等权益保障方面应当进行区别对待。从我国现行《监狱法》的条文规定来看,确定罪犯权利的区别对待原则仅是一个总括概览式的规定,操作性不强,具体实施细则通常由司法行政部门的部门规章或规范性文件以及监狱内部的规章制度来规定。为了保障狱内罪犯的合法权益和规范监狱执法权力的行使,应当在《监狱法》中对根据区别对待原则设定的罪犯权利作出细化、明晰的规定。

三、狱内罪犯权利的法律基础

狱内罪犯权利的法律基础,是指狱内罪犯行使权利的依据。亦即,狱内罪犯权利的法律来源或法律渊源。根据狱内罪犯权利设定的法定原则,狱内服刑罪犯的权利来自于宪法和法律的明确规定,以及国际法的规定。因此,狱内罪犯的权利既非监狱及其工作人员的任意决定,亦非服刑罪犯的自由选择,而是宪法、法律和国际法明确赋予和规定的。在我国,法规、规章和规范性文件以及监狱内部的规章制度无权设定狱内服刑罪犯所享有的权利,也无权对狱内服刑罪犯的权利施加限制或剥夺。

狱内罪犯权利的法律来源主要有两类:国内法和国际法。国内法主要有:宪法、部门法、行政法规和判例等。例如,美国罪犯权利产生的主要宪法依据是《美国联邦宪法》"第一修正案、第四修正案、第五修正案、第六修正案、第八修正案和第十四修正案"等六个宪法修正案。其中,第一修正案是关于"言论和宗教自由"的规定,美国联邦最高法院和州法院通过判例把言论和宗教自由权利扩展至服刑罪犯身上。第四修正案是"保护不受任意搜查和没收"的规定,美国判例也把该修正案规定的权利扩展适用于服刑罪犯。第五修正案是涉及刑事案件中的反对自我归罪、正当程序、财产权和禁止双重危险等原则的规定,同样适用于服刑罪犯。第六修正案是关于"涉及刑事案件应当迅速和公开审理、被拘留人问题、监狱中的法律服务"等内容的规定。第八修正案是关于"保护免受残忍的和异常的惩罚"的规定,与服刑罪犯的权益保护的联系最为紧密。第十四修正案是关于"获得法律的平等保护"的规定,与服刑罪犯是否受到种族歧视或性别歧视等问题有关。① 我国《宪法》关于"公民在法律面前一律平等、国家尊重和保障人权、任何公民享有宪法和法律规定的权利"的规定,以及关于公民基本权利的规定,也是狱内服刑罪犯权利产生的宪法依据。

刑事诉讼法和监狱法等部门法的规定,也是狱内罪犯权利的重要来源。例如,英国《监狱法》、加拿大《矫正与有条件释放法》、德国《监狱法》、西班牙《感化院法》、瑞典《监狱处遇法》等都对罪犯的权利有专门的规定。② 我国《刑事诉讼法》关于"尊重和保障人权"的规定以及关于刑罚执行中与服刑罪犯权利保护有关的规定,构成了我国服刑罪犯权利的刑事法律依据。此外,我国《监狱法》中"总则"部分第七条关于罪犯权利保护的原则性规定,是我国服刑罪犯权利保护的最直接依据。

域外许多国家监狱管理部门颁布的行政法规、指示、命令、英美法系国家的判例等,涉及罪犯权利问题的,均构成罪犯权利的法律来源。例如,英国就有1999年《监狱规则》和1988年《青少年犯罪人机构规则》。在美国,下级法院在对犯人权利诉讼进行判决时,往往把最高法院的判例或者案例作为依据;美国联邦最高法院的判例在确立犯人权利方面,发挥着极其重要的作用,一些重要的判例,往往会确立一整套原则或者制度、程序。③ 我国是成文法国家,在涉及设定包括服刑罪犯在内的公民基本权利问题时,行政法规、地方性法规和规章无权作出规定。因此,服刑罪犯的权利来源主要包括宪法和法律,以及我国加入批准的国际公约等。

国际法是服刑罪犯权利的又一类重要来源。比较重要的国际公约主

---

① 参见吴宗宪:《当代西方监狱学》,法律出版社2005年版,第431—432页。
② 参见吴宗宪:《当代西方监狱学》,法律出版社2005年版,第432页。
③ 参见吴宗宪:《当代西方监狱学》,法律出版社2005年版,第433页。

要有两类：一类是联合国人权条约或公约；另一类是地区性人权条约或者公约。与罪犯权利有关的联合国人权条约、公约主要包括：《联合国宪章》（1945 年）、《世界人权宣言》（1948 年）、《经济、社会及文化权利国际公约》（1966 年）、《公民权利和政治权利国际公约》（1966 年）、《禁止酷刑和其他残忍、不人道或有辱人格的待遇或处罚公约》（1984 年）、《联合国少年司法最低限度标准规则》（1985 年）、《囚犯待遇基本原则》（1990 年）、《联合国囚犯待遇最低限度标准规则》［又称《纳尔逊·曼德拉规则》（2015 年）]。此外，一些地区性的人权公约或条约也是服刑罪犯权利的重要来源。比较重要的有：《欧洲人权公约》（1950 年）、《美洲人权公约》（1969 年）、《非洲人权宪章》（1981 年）。这些国际性的人权条约或者公约对于罪犯权利的影响，主要体现在两个方面，一是加入和批准公约或条约的国家通过立法把国际公约或条约的规定在国内法中予以规定；二是通过诉讼来影响罪犯的人权。例如，欧洲人权法院有权受理缔约国的个人与国家、缔约国与缔约国之间就人权问题所提交的纠纷，具体包括个人、非政府组织和个别团体针对缔约国违反《欧洲人权公约》保障的人权所提出的申诉，以及缔约国提出的其他缔约国违反《欧洲人权公约》的指控。需要指出的是，欧洲人权法院对个人申诉的管辖权是强制性的。欧洲人权法院的判决或决定虽无强制执行力，但事实上对成员国的影响是十分巨大的。当事国通常会接受欧洲人权法院的判决或决定，并根据判决或决定修改了原有的立法或通过了新的法律，以加强本国人权保护。有的国家还根据判决或决定对本国人权保护机构、制度和程序等作出了相应改革。有些国家还根据欧洲人权法院的判决，对个人受到的损害给予赔偿。

四、狱内罪犯权利的类型

狱内服刑罪犯的权利,可以依据不同的标准作出不同的划分,大体来说,有以下几种类型:

1. 狱内罪犯的一般权利和特许权利

根据狱内罪犯权利行使是否需要监狱许可为标准,可以将狱内罪犯的权利分为一般权利和特许权利。所谓狱内罪犯的一般权利,是指来源于普通的一般人权而无须监狱特别许可即可行使的权利。普遍的一般人权属于每个公民享有,作为特殊主体的狱内服刑罪犯亦不例外。所谓狱内罪犯的特许权利,是指法律明确规定罪犯享有但需监狱许可行使的权利,以及对未成年犯、女犯、少数民族犯、老年犯、残疾犯和外籍犯等特殊类型罪犯给予的特殊权利。对狱内罪犯给予特许权利,主要是出于矫正改造目的的需要或者是因为某些特殊类型罪犯属于弱势群体而需要特殊的对待。

关于狱内罪犯的一般权利,总部设在荷兰海牙的刑罚改革国际(Penal Reform International)在 1995 年发表的一个小册子列举了以下 11 种罪犯享有的一般权利,具体包括:生命和身体完整权、不受酷刑或者其他虐待的权利、健康权、人格尊严受到尊重的权利、受到法律规定的正当程序保护的权利、不受任何种类的歧视的权利、不受奴役的权利、意识和思想自由的权利、宗教自由权、家庭生活受尊重权、自我发展权。[①] 在我

---

① 吴宗宪:《当代西方监狱学》,法律出版社 2005 年版,第 435—436 页。

国,狱内罪犯享有的一般权利包括:平等权、人身安全和健康权、人格权、劳动权、获得劳动报酬权、休息权、受教育权、合法财产权、辩护权、申诉权、控告权和检举权等。

关于罪犯的特许权利,在我国主要包括以下几种:通信权、会见权、娱乐权、离监探亲权、申请减刑的权利、申请假释的权利等。国外学者研究的附条件权利大抵上也属于罪犯的特许权利,罪犯对这些权利的行使因为附加了条件而受到限制,在一定情形下,这些权利的行使需要监狱的特别授权或许可。美国学者弗兰克·施马莱格将罪犯的附条件权利(conditional rights of inmates)概括为以下六大类:宗教自由的权利、言论自由的权利、获得法律帮助的权利、医疗的权利、受保护权、矫正机构惩罚和纪律方面的权利等。[1] 美国判例中确立的探视特许权、报界采访权、通邮权,瑞典《矫正法典》规定的对狱内服刑罪犯的监外执行和短期准假涉及的罪犯权利等[2],均属于罪犯特许权利的范畴。

2. 狱内罪犯的公民权利、政治权利和经济社会文化权利

根据狱内服刑罪犯权利所涉政治、经济和社会领域形式的不同,可以将狱内服刑罪犯的权利分为公民权利、政治权利和经济社会文化权利。分述如下:(1)公民权利是指狱内罪犯作为一国公民应当享有的基本人权,主要包括:生存权、人身权、合法财产权、诉讼权利等。(2)狱内罪犯的政治权利是指其参加政治活动的权利,主要包括:选举权与被选举权;言论、出版、集会、结社、游行、示威自由的权利;担任国家机关职务的权

---

[1] 吴宗宪:《当代西方监狱学》,法律出版社 2005 年版,第 436 页。
[2] 参见杨殿升、张金桑主编:《中国特色监狱制度研究》,法律出版社 1999 年版,第 362—363 页。

利;担任国有公司、企业、事业单位和人民团体领导职务的权利。在我国,那些未被剥夺政治权利的狱内服刑罪犯,可以行使政治权利。但是,需要说明的是,由于狱内服刑罪犯在监狱内服刑,其人身自由被剥夺,其所享有的被选举权和担任国家机关职务及国有公司、企业、事业单位和人民团体领导职务的权利也无法行使。(3)狱内服刑罪犯的经济、社会和文化权利,是指狱内服刑罪犯参与经济、社会和文化事务的权利。主要包括:财产权、继承权、获取劳动报酬权、劳动权、休息权、受教育权、从事文体活动的权利、婚姻家庭权等。

3. 狱内罪犯的应有权利、法定权利和实有权利

根据狱内服刑罪犯的权利状态为标准,可以将狱内服刑罪犯享有的权利分为应有权利、法定权利和实有权利。

所谓狱内罪犯的应有权利,是指狱内罪犯作为"人"应当享有的和基于罪犯特殊身份应当享有的权利。多数学者认为,要具体列明罪犯应有权利是比较困难的,但国际人权公约和有关囚犯待遇的国际公约和文件对罪犯的应有权利作出了最低限度的规定,其所规定的罪犯应有的权利主要包括:人身权利、物质生活待遇权及文化娱乐权、合法财产不受侵犯权、宗教信仰自由的权利、与外界和家庭保持联系的权利、与法庭接触和要求按正当途径处理其案件的权利、与律师接触并接受律师服务的权利、提出请求或申诉权、劳动权和不受苦役的权利、不受任何歧视的待遇的权利。[①]

法定权利(legal right)是指经国家同意并受国家支持的而属于某人

---

① 金川主编:《罪犯权利缺损与救济研究》,清华大学出版社 2008 年版,第34—35 页。

的对他人行为进行控制的能力。① 狱内罪犯的法定权利,是指狱内罪犯在服刑期间依据宪法和法律所享有的权利。在我国,狱内罪犯享有的法定权利包括:平等权、人身权、财产权、政治权利、社会经济和文化教育方面的权利、婚姻家庭权、申诉权、控告权、辩护权以及法律规定的其他权利等。

狱内罪犯的实有权利,是指狱内罪犯在监狱服刑期间实际享有的权利,是法定权利的实际状态。在实践中,监狱及其工作人员在刑罚执行过程中会根据服刑罪犯的犯罪类型、刑罚种类、刑期、改造表现和现实危险性等因素,依法行使自由裁量权,对服刑罪犯的权利进行限制或剥夺,或者对服刑罪犯中表现良好的改造积极分子给予相应的改进待遇,从而形成狱内服刑罪犯享有权利的实际状态。

4. 狱内罪犯的实体性权利和程序性权利

根据狱内罪犯享有权利的法律内容不同,可将狱内罪犯享有的权利分为实体性权利和程序性权利。所谓狱内罪犯的实体性权利,是指狱内罪犯享有的具有实体内容的权利。与之相对,狱内罪犯的程序性权利,是指狱内罪犯享有的具有程序内容的权利。

狱内罪犯的实体性权利通常包括:平等权、基本生活保障权、人格权、人身权、政治权利、财产权、劳动权和获得劳动报酬权、休息权、受教育权、文化娱乐方面的权利、婚姻家庭权等。狱内罪犯的程序性权利一般包括:辩护权、申诉权、投诉权、控告权、检举权、获得律师帮助权、申请复议权、司法救济权和国家赔偿权等。

---

① 薛波主编:《元照英美法词典》(缩印版),北京大学出版社 2013 年版,第 1200 页。

5.狱内罪犯的其他特殊权利

关于狱内服刑罪犯能否享有一些特殊的权利,理论界和实务部门不无争议,这里一并作一简单探讨。这些争议性权利主要包括以下几种:

(1)狱内服刑罪犯的结婚自由权

婚姻自由权是指每一个公民享有自主决定自己婚姻的权利。婚姻自由权包括结婚自由权和离婚自由权。对于狱内服刑罪犯而言,离婚自由权的行使应当不会受到限制。但结婚自由权能否行使? 如何行使? 这一点不无疑问。

婚姻自由包括结婚自由和离婚自由,是一国公民不可剥夺的基本权利。1948 年《世界人权宣言》第 16 条规定:"(一)成年男女,不受种族、国籍或宗教的任何限制,有权婚嫁和成立家庭。在婚姻方面,他们在结婚期间和在解除婚约时,应有平等的权利。(二)只有经配偶双方的自由的和完全的同意,才能缔婚。"1966 年《公民权利和政治权利国际公约》第 23 条规定:"二、已达结婚年龄的男女缔婚和成立家庭的权利应被承认。三、只有经配偶双方的自由的和完全的同意,才能缔婚。四、本公约各国应采取适当步骤以保证缔婚双方在缔婚、结婚期间和解除婚约时的权利和责任平等。"1966 年《经济、社会及文化权利国际公约》第 10 条规定:"……缔婚必须经男女双方自由同意。"以上国际文件和国际公约的规定,是公民婚姻自由权的国际法依据。我国《宪法》第 49 条作出了"禁止破坏婚姻自由"的规定。我国《民法典》对结婚自愿原则和结婚登记制度作出了明确规定。《民法典》第 1046 条规定:"结婚应当男女双方完全自愿";该法典第 1049 条规定:"要求结婚的男女双方应当亲自到婚姻登记机关申请结婚登记"。以上规定是我国公民结婚自由权的宪法和法律依据。

　　我国有学者以"法无禁止即可为"来论证服刑罪犯享有结婚自由的权利,但就狱内服刑罪犯而言,还不能简单地套用私法领域的"法无禁止即可为"理论来解释。狱内服刑罪犯因在监狱内服刑而被剥夺人身自由,其本人的结婚自由权行使存在一定障碍。实际上,早在 1963 年,最高人民法院、最高人民检察院、公安部作出了《关于徒刑缓刑假释监外执行等罪犯的恋爱与结婚问题的联合批复》(以下简称《批复》,现已失效)。该《批复》区分不同情况作出了如下规定:不允许因病保外就医的罪犯结婚;允许被判处徒刑缓刑和假释的罪犯在缓刑或假释期间结婚。1982 年公安部颁发的《监狱、劳改队管教工作细则(试行)》第 85 条规定:"犯人在关押或保外就医、监外执行期间,不准结婚。"民政部于 2004 年发布的《关于贯彻执行〈婚姻登记条例〉若干问题的意见》对服刑人员的婚姻登记问题作出了规定,这等于间接承认了包括狱内服刑罪犯在内的所有服刑人员享有结婚自由的权利。在实践中,绝大部分国家都允许罪犯在服刑期间结婚,我国也已有多例狱内服刑罪犯登记结婚的公开报道。其中,2002 年 5 月 22 日河南省洛阳市洛龙区白马寺镇民政局为尚在河南第二监狱服刑的死缓服刑犯刘景立与其女友办理了结婚登记手续,这是国内首例狱内服刑罪犯登记结婚的事例。① 新闻媒体为该首例服刑罪犯登记结婚的事件作了公开报道,认为这是保障服刑罪犯结婚自由权、刑罚人道化、人性化改造的典型。应当说,从保障狱内服刑罪犯合法权利和提升矫正改造效果的角度考虑,在不妨碍正常矫正改造秩序的前提下,狱内服刑罪犯的结婚自由权不应当被限制或剥夺,监狱应当创造条件保证狱内服刑罪犯结婚自由权的实现。

---

　　① 参见刘伦善:《人性化改造与罪犯的权利》,《检察风云》2005 年第 16 期,第 23 页。

（2）狱内服刑罪犯的同居权

狱内服刑罪犯的同居权,是指已婚的狱内服刑罪犯与配偶同居的权利。关于狱内罪犯在服刑期间是否享有与配偶同居的权利,这也是个非常有争议的问题。婚姻自由权与同居权、生育权相互关联,由婚姻自由权能够派生出同居权和生育权。但这仅仅是理论上的推导,能否实现是另外一回事。即使承认狱内服刑罪犯的同居权,如何实现它也是个难题。

狱内罪犯行使同居权是狱内罪犯性权利的实现方式之一。关于狱内罪犯的性权利,有学者认为,以下联合国文件和国际公约的规定中能够派生出这一权利[①]:(1)《世界人权宣言》第 3 条规定:"人人有权享有生命、自由和人身安全。"(2)《公民权利和政治权利国际公约》第 17 条规定:"任何人的私生活、家庭、住宅或通信不得加以任意或非法干涉,他人的荣誉和名誉不得加以非法攻击。"(3)《经济、社会及文化权利国际公约》第 12 条规定"本公约缔约各国承认人人有权享有能达到的最高的体质和心理健康的标准。"同居权是婚姻自由权派生出的当然权利,合法结婚的夫妻双方均有同居的权利和义务。但就狱内服刑罪犯而言,刑罚只是剥夺了其人身自由,其与合法配偶的同居权并未剥夺。由于狱内服刑罪犯处于被监禁状态,其同居权的实现受到阻碍和限制,实际上处于停止状态。

从应然权利的角度分析,赋予狱内服刑罪犯同居权是其婚姻自由权派生后的应有之义。例如,瑞典、美国、荷兰等国家都有条件地允许罪犯配偶来监会见时同居。我国台湾地区施行的"眷属同住"制度,允许刑期

---

① 冯建仓、陈文彬:《国际人权公约与中国监狱罪犯人权保障》,中国检察出版社 2006 年版,第 150 页。

即将到期或表现优良之受刑人得以与眷属(如父母、兄姐及妻儿)同住。①
应当肯定的是,作为一种奖励手段,监狱对矫正改造表现良好的狱内服刑
罪犯许可其与其配偶同居,这对于减少狱内服刑罪犯的对抗、暴力和抵触
情绪,调动狱内服刑罪犯改造的积极性有积极促进作用。但不可否认的
是,这一制度的实施尚有诸多难题难以克服。例如,一旦保证了狱内服刑
罪犯同居权的实现,能否必然推导出其享有生育权? 尤其是能否必然推
导出狱内服刑的女性罪犯享有了生育权? 如果狱内服刑的女性罪犯享有
生育权,其怀孕、生育、养育孩子的问题与现有监狱管理制度之间的冲突
如何协调? 显然,这些矛盾和冲突在现有的法律框架内是无法协调和解
决的。因此,狱内服刑罪犯的同居权包括引发的生育权等问题必须慎重
对待并加以正视。

　　在我国,赞成狱内服刑罪犯同居权的理由主要有:体现了政府的人道
主义,符合监狱行刑社会化的思潮;有利于稳定罪犯心态和狱内秩序;有
利于促进社会和谐。反对赋予狱内服刑罪犯同居权的理由主要是:赋予
其同居权,必将贬损刑罚的威慑力;夫妻特殊会见是罪犯人身自由被剥夺
后的附随后果,是一种有资格但无能力行使的权利;易造成与无配偶罪犯
之间的不平等;增加监狱管理成本;易发生监管安全事故。②

　　综上所述,罪犯同居权虽然是罪犯的基本权利,但是是一种必须经过
监狱许可后方可行使的权利。对矫正改造中表现良好的服刑罪犯许可其
与配偶同居,属于监狱许可的范畴。权衡正反两方面的利弊之后,可以看

---

① 柳忠卫:《罪犯特许权论——以罪犯与其配偶同居权为分析对象》,《法商研究》2008 年
第 4 期,第 74 页。
② 刘崇亮:《制度性需求下〈监狱法〉修改研究》,中国法制出版社 2018 年版,第 160—
161 页。

出,当下全面施行狱内罪犯夫妻同居制度的时机尚不成熟,一些根本性的难题在目前来说难以解决。因此,目前尚不宜许可狱内服刑罪犯行使同居权。待条件和时机成熟并对监狱法律进行相应修改后,再行考虑保障罪犯与其配偶同居权利的实现问题。

(3)狱内罪犯的生育权

2001 年,浙江某公司罗某因犯故意杀人罪被一审、二审法院判处死刑,在二审期间,罗某的妻子郑雪梨向法院提出借助人工授精怀上罗某孩子的请求,两级法院以“没有法律依据、不属法院受案范围、若满足其请求则对于后出生的孩子成长不利”为由,驳回了罗某妻子郑雪梨的请求。由此引发了罪犯是否享有生育权的讨论。支持狱内服刑罪犯享有生育权利的观点认为,生育是公民的一项权利,现行法律并未剥夺被监禁者的生育权;许可狱内服刑罪犯生育的权利,能够让所有人感受到法律人性化的关怀,有利于对狱内服刑罪犯的改造。基于上述理由,应当许可狱内服刑罪犯行使其生育的权利。从各国监狱行刑实践看,即使已婚服刑人,在监狱服刑期间一般都不被允许行使生育权利。[1] 这主要是考虑到狱内服刑罪犯的生育会对正常的监管秩序造成影响,以及生育后对孩子的健康成长不利。因此,各国一般都对狱内服刑罪犯是否享有生育权利作出了否定回答。当然,有的国家允许通过人工授精的方式实现狱内服刑的男性罪犯的生育权利,例如,以色列高等法院于 2006 年 6 月 14 日作出的一份判决中,允许杀害以色列前总理拉宾的凶手阿米尔以人工授精的方式让妻子受孕。其理由是:尽管阿米尔已被判处终身监禁,但基于人权和以色

---

[1]　冯卫国:《服刑人权利保护中的几个争议问题探析》,《山东警察学院学报》2010 年第 3 期,第 17 页。

列基本法,不应阻止阿米尔以人工授精方式让妻子怀孕。① 意大利的一家法院在 2006 年作出的一份裁定中,允许一名因谋杀罪被判无期徒刑的黑手党头目有权通过人工授精手段让妻子受孕,而且公共医疗服务部门应支付其所需费用。② 英国则在此问题上持保守态度,英国一家法庭拒绝了服刑男性罪犯科克·迪克逊和已释放的女性罪犯罗兰提出的人工授精请求,随后二人向欧洲人权法院提出上诉,2006 年 4 月 18 日欧洲人权法院裁定驳回了上诉,理由是:犯人虽然有结婚和组建家庭的权利,但是无权要求进行人工授精。③ 美国旧金山上诉巡回法庭在 2002 年的格伯诉希克曼案(Gerberv.Hick-man)中,法官以 6 票对 5 票的投票结果否决了服刑犯威廉·格伯在押期间的生育权。④

就我国而言,对于罪犯的生育权,还需要根据刑罚执行的不同情况具体分析。一般来说,对于监外服刑的罪犯而言,无论是男性罪犯还是女性罪犯,其生育权的行使是不受影响的,法律亦未作出明确规定而限制或剥夺其生育的权利。但对于狱内服刑的罪犯而言,则要进行具体分析:如果狱内服刑的是男性罪犯,一旦保证了其同居权的实现,该男性罪犯的生育权是能够得以实现的;如果狱内服刑的是女性罪犯,一旦许可了其与配偶同居的权利,紧接着的问题便是:如果女性罪犯与配偶同居后怀了孕,其能否生育?根据现行法律和监狱管理制度,女性罪犯在狱内服刑期间显然是不允许生育的,也无法从保外就医的"出口"实现其生育的权利,因

---

① 《杀害拉宾凶手获准人工授精让妻受孕》,http://news.sohu.com/20060616/n243766371.shtml,最后访问日期:2021 年 2 月 20 日。

② 《意大利一名服刑黑手党头目获准经人工授精生育》,http://news.sohu.com/20060710/n244175089.shtml,最后访问日期:2021 年 2 月 20 日。

③ 王银泉:《囚犯"拼死"上诉争人工授精权利》,http://news.sina.com.cn/w/2007-01-17/140212063182.shtml,最后访问日期:2021 年 2 月 20 日。

④ 贾敬华:《罪犯生育权的性质和权源分析》,《法学杂志》2008 年第 6 期,第 72 页。

为狱内服刑期间与配偶同居后怀孕这一事实显然不符合我国《刑事诉讼法》第 265 条规定的保外就医的条件。因此,基于与上述"不宜许可狱内服刑罪犯行使同居权"的理由相同,至少在目前,应当不予许可狱内服刑罪犯生育的权利。

(4)狱内罪犯的隐私权

隐私权是指自然人的私人生活安宁和不愿为他人知晓的私密空间、私密活动、私密信息等不被他人以刺探、侵扰、泄露、公开等方式非法侵害的权利。隐私权是自然人依法享有的受法律保护的民事权利,属于人格权的一种,他人不得实施非法侵害。从世界范围来看,隐私权是公民的基本人权,这一点已形成共识。例如,《世界人权宣言》第 12 条规定:"任何人的私生活、家庭、住宅和通信不得任意干涉,他的荣誉和名誉不得加以攻击。人人有权享受法律保护,以免受这种干涉或攻击。"《公民权利和政治权利国际公约》第 17 条规定:"一、任何人的私生活、家庭、住宅或通信不得加以任意或非法干涉,他人的荣誉和名誉不得加以非法攻击。二、人人有权享受法律保护,以免受这种干涉或攻击。"一些区域性的公约中也有隐私权保护的规定,例如,《欧洲人权公约》第 8 条规定:"1.人人有权享有使自己的私人和家庭生活、家庭和通信得到尊重的权利。2.公共机构不得干预上述权利的行使,但是,依照法律规定的干预以及基于在民主社会中为了国家安全、公共安全或者国家的经济福利的利益考虑,为了防止混乱或者犯罪,为了保护健康或者道德,为了保护他人的权利与自由而有必要进行干预的,不受此限。"《美洲人权公约》第 11 条作出了公民"享有私生活的权利"的规定。我国《民法典》第 110 条和第 1032 条明确规定了自然人享有隐私权,这是对自然人隐私权保护的民法依据。根据我国《民法典》的规定,自然人隐私的内容包括私人生活安宁和不愿为他人知晓的私密空间、私密活动、私密信息。

狱内服刑罪犯由于其人身自由被剥夺,其所享有的隐私权十分有限。对此,西方国家的基本观点是:服刑人员只有十分有限的隐私权。美国许多法院,包括最高法院都在判决中认为,被监禁的犯人不能对隐私抱合理的期望。这意味着,这项权利十分有限。[1] 在我国,《监狱法》第47条规定了监狱对罪犯与他人通信的来往信件进行检查的权利;该条同时规定:"罪犯写给监狱的上级机关和司法机关的信件,不受检查。"《监狱法》第49条规定:"罪犯收受物品和钱款,应当经监狱批准、检查。"以上内容是我国对狱内服刑罪犯隐私权行使进行限制的法律依据。总体来看,我国《监狱法》对狱内服刑罪犯隐私权保护和限制的规定比较简单,缺乏细化、全面的规定,操作性不强。对狱内服刑罪犯隐私权的保护,大体上涉及以下内容:监控设施的安装、个人身份信息及肖像的保密、私人日记不受检查、个人健康信息和疾病资料保密、劳动改造等在监狱内的日常活动不受披露等。对于狱内罪犯隐私权的保护问题和克减问题,应当在遵循维持正常监管秩序和保护罪犯隐私权之间利益平衡的前提下,在监狱法中作出明确规定,以做到保护有据、克减有据。

五、狱内罪犯权利的特点

如前所述,作为一国公民的罪犯,仍然享有宪法和法律保护的权利。但与普通公民享有和行使的权利相比,狱内服刑罪犯的权利具有以下特点:

---

① 冯建仓、陈文彬:《国际人权公约与中国监狱罪犯人权保障》,中国检察出版社2006年版,第139页。

1. 狱内罪犯权利的有限性

狱内罪犯权利的有限性,是指狱内罪犯权利的范围受到限制。因此,狱内罪犯权利的有限性,主要指的是其享有的实体权利的范围受到了限缩。普通公民的权利具有广泛性,狱内罪犯不能像普通公民那样完整地享有宪法和法律规定的公民权利。例如,狱内服刑罪犯的人身自由权是被剥夺的,狱内服刑罪犯不能享有普通公民享有的受教育权。在我国,被刑罚判决附加剥夺政治权利的狱内服刑罪犯,不享有以下具体权利:(1)选举权和被选举权;(2)言论、出版、集会、结社、游行、示威自由的权利;(3)担任国家机关职务的权利;(4)担任国有公司、企业、事业单位和人民团体领导职务的权利。

在美国,根据学者的论述,作为有罪判决的附带后果而失去的权利主要包括下列权利:选举权、司法权、财产权、家庭权利、担任公职权、不能拥有枪支、隐私权。①《联合国囚犯待遇最低限度标准规则》[又称《纳尔逊·曼德拉规则》(2015 年)]规则 3 规定:"监禁和将人同外界隔绝的其他措施因剥夺人的自由而致其不能享有自决权利。"因此,对狱内罪犯权利的范围进行限缩,不仅是世界各国普遍的实践,也是基本的客观现实。

2. 狱内罪犯权利的受限性

狱内服刑罪犯虽然享有一定的实体权利,但在多数情况下,这些实体权利的行使受到一定的限制,或者要经过监狱的许可方可行使。例如,狱内服刑罪犯的通信权和会见权的实现要经过监狱的批准,狱内服刑罪犯

---

① 吴宗宪:《当代西方监狱学》,法律出版社 2005 年版,第 422—423 页。

与他人通信的来往信件要接受监狱的检查;同理,即使承认狱内服刑罪犯的结婚权利,其行使也要经过监狱的批准;狱内服刑罪犯不能直接行使财产权;即使那些未被刑罚判决附加剥夺政治权利的狱内服刑罪犯,由于其人身自由被剥夺,其政治权利的行使也处于"暂停状态"而无法实现。

3. 狱内罪犯权利的特定性

狱内罪犯权利的特定性,是指作为特殊身份的公民,某些权利只能由狱内服刑罪犯享有,由此体现出特定性的特征。最为典型的是狱内罪犯的申请减刑、假释的权利,服刑期满按期被释放的权利,以及对生效判决不服的申诉权和对监狱执法行为的投诉权等。符合特殊情形的狱内服刑罪犯,有申请暂予监外执行的权利。我国《刑事诉讼法》第265条规定:"对被判处有期徒刑或者拘役的罪犯,有下列情形之一的,可以暂予监外执行:(一)有严重疾病需要保外就医的;(二)怀孕或者正在哺乳自己婴儿的妇女;(三)生活不能自理,适用暂予监外执行不致危害社会的。对被判处无期徒刑的罪犯,有前款第二项规定情形的,可以暂予监外执行。"以上权利,有些权利是包括狱内服刑罪犯在内的所有罪犯享有的,有些是专属于狱内服刑罪犯所享有的。总之,均体现出特定性的特征。

4. 狱内罪犯权利的变化性

狱内罪犯权利的变化性,是指狱内罪犯享有的权利具有不稳定性和处于发展变化之中。具体而言,其变化性特征具有两层含义:

一方面,对于狱内服刑罪犯实际享有的权利而言,其具有不稳定性。例如,狱内服刑罪犯既有可能因为改造积极而被给予一定的奖励,或者在某些权利的限制方面予以放宽,或者给予某些特许权等;狱内服刑罪犯也有可能因为违反监规纪律,其原先享有的权利被施加一定限制或剥夺。因此,狱内服刑罪犯实际享有的权利体现出动态调整的特征。

另一方面,随着刑罚理念的变化、监管技术和条件以及矫正改造方法的改进,狱内罪犯原来享有的权利内容有可能被赋予新的内涵,原来受到限制或不被许可的权利有可能被取消限制而给予许可。例如,同居权和生育权的问题,将来时机成熟了,依法赋予狱内服刑罪犯也不是没有可能。

第四节　我国狱内罪犯法定权利的基本内容

明确并列举狱内服刑罪犯的法定权利清单,不仅可以为狱内服刑罪犯权利行使和权利救济提供法律依据,而且可以为监狱保障和实现这些权利提供法律依据,监狱不得违法剥夺狱内服刑罪犯的合法权利,也不得对狱内罪犯行使权利施加种种不合理的限制。根据我国《宪法》《监狱法》及其他法律的规定,狱内罪犯享有的法定权利如下:

一、人身方面的权利

狱内罪犯的人身权利是指狱内罪犯的生命权以及与生命权直接相关的其他无直接经济内容的权利。具体包括:生命权、健康权、人格不受侮辱的权利、人身不受刑讯逼供和体罚的权利等。分述如下:(1)生命权是公民生存的权利,也是最基本的人权。除了判处死刑立即执行的罪犯之外,其他任何罪犯都享有生命权,禁止非法剥夺。狱内罪犯在服刑期间享有生命权及维持生存必需的权利。(2)狱内罪犯的健康权,是指狱内服刑的罪犯有维护和保证身体健康的权利。包括维持健康所必需的衣、食、住、医疗卫生等方面的生活待遇和休息权利。对此,我国《监狱法》第50条至第54条对狱内服刑罪犯的"生活、卫生"待遇作出了明确规定。(3)狱内罪犯的人格不受侮辱,其享有作为人应当享有的尊严。禁止任何歧视、侮辱、谩骂、体罚、殴打罪犯的行为。对此,我国《监狱法》从规范监狱执法人员执法行为的角度作出了规定,以保障狱内服刑罪犯的人格不受侮辱。(4)狱内罪犯享有人身不受刑讯逼供和体罚的权利。我国《监狱法》第14条明确规定"监狱人民警察不得刑讯逼供或者体罚、虐待罪犯,不得殴打或者纵容他人殴打罪犯。"《监狱法》第14条的规定,也是我国履行《联合国反酷刑公约》国际法义务的必然要求。

二、财产方面的权利

狱内服刑罪犯的财产权是一项受法律保护的民事权利。根据我国《监狱法》第7条规定,狱内罪犯的合法财产权利不受侵犯;《监狱法》第14条规定,监狱人民警察不得"索要、收受、侵占罪犯及其亲属的财物"。此外,狱内服刑罪犯的继承权并未因受到刑罚处罚而被剥夺。因此,其合法享有的继承权不得非法剥夺。

三、宗教和政治权利

狱内服刑罪犯享有宗教信仰自由的权利。根据我国相关规定和官方文件的解读,我国狱内服刑罪犯在宗教信仰自由方面的权利,主要表现在：信仰宗教的罪犯在监狱服刑期间有保持原有宗教信仰的权利。但为了维护监狱正常的监管和改造秩序，一般禁止在监狱内举行宗教活动，不得宣传教义和进行宗教传教活动。

根据我国法律规定，刑罚判决未被剥夺政治权利的罪犯，其政治权利的行使不应受到限制或剥夺，但由于狱内服刑罪犯处于被羁押状态，除了在狱内服刑期间可以行使选举权之外，其所享有的被选举权，以及担任国家机关职务及国有公司、企事业单位和人民团体领导职务的权利，由于人身自由被剥夺，实际上处于中止行使的状态，只有待其刑满释放出狱后，方可恢复行使。

四、与外界交往的权利

狱内罪犯与外界交往的权利，主要指通信权、会见权以及与律师接触的权利。关于狱内罪犯的会见权和通信权，我国《监狱法》第47条和第49条作出了明确规定。关于与律师接触的权利，《监狱法》虽然没有明确规定，但是根据其他法律规定，包括狱内罪犯的公民的合法权益受损时，其享有委托包括律师在内的他人代为维护其合法权益的权利。

五、社会经济和文化教育权利

狱内服刑罪犯在社会经济和文化教育方面的权利，具体包括：劳动权、休息权、获得劳动报酬权、受教育权以及文化娱乐活动方面的权利等。对此，我国《监狱法》在第五章"对罪犯的教育改造"中作出了明确规定。《监狱法》第69条规定："有劳动能力的罪犯必须参加劳动。"劳动，既是狱内罪犯的权利也是其义务。《监狱法》第71条对狱内罪犯的劳动时间和休息的权利作出了规定,第72条和第73条分别对狱内罪犯的获得劳动报酬权和劳动保险等问题作出了规定。《监狱法》第61条至第67条对狱内罪犯的受教育权、参加文化娱乐活动的权利作出了规定。

六、婚姻家庭权利

狱内罪犯婚姻家庭方面的权利,主要包括婚姻自由、监护、生育等方面的权利。根据现行有关法律的规定,狱内服刑罪犯的离婚自由权不受限制和剥夺。关于结婚自由的权利,《监狱法》并未明确作出限制或剥夺的规定,实践中做法不一。狱内罪犯的监护权并未剥夺,但由于其人身自由被剥夺,监护权行使受限。关于狱内罪犯的生育权,尚无法律对此作出明确规定,实践中一般禁止狱内罪犯行使生育权,这一权利也处于停止状态。

七、权利救济方面的权利

狱内服刑罪犯在权利救济方面的权利,主要包括申诉权、辩护权、控告权和检举权等。狱内服刑罪犯的申诉权指的是狱内服刑罪犯对生效判决不服进行申诉的权利。狱内服刑罪犯的控告权,是指狱内罪犯认为监狱及其工作人员侵犯了自己的合法权益时,向有关机关揭发、指控的权利。狱内服刑罪犯的检举权,是指狱内罪犯对于监狱及其工作人员的违法失职行为向有关机关揭发、举报的权利。对此,我国《监狱法》第7条、第21条至第24条对此作出了明确规定。

八、其他方面的权利

狱内罪犯在其他方面享有的法定权利,主要包括依法获得减刑、假释的权利,获得监狱行政奖励(包括表扬、记功、物质奖励和离监探亲等)的权利,受教育权,参加文化、体育、娱乐活动的权利,刑满依法被释放权,申请国家赔偿的权利,女性罪犯、未成年罪犯和少数民族罪犯享有的特殊权利等。对此,我国《监狱法》和其他法律都作出了明确规定。

第五节　狱内罪犯的义务及特点

一、狱内罪犯的义务

"没有无义务的权利,也没有无权利的义务。"①狱内服刑罪犯在享有权利的同时,还应当承担法定的义务。狱内罪犯在监狱服刑期间所承担的法定义务主要有:(1)遵守国家法律、法规和监规纪律的义务。我国《监狱法》第7条第2款规定:"罪犯必须严格遵守法律、法规和监规纪律,服从管理,接受教育,参加劳动。"例如,狱内罪犯必须遵守监狱制定的劳动、作业和休息时间;狱内服刑罪犯未经许可不得擅自离开指定地点前往他处。(2)服从监狱及其工作人员依法管理的义务(《监狱法》第7条第2款)。狱内服刑罪犯必须尊重监狱工作人员,做到行为举止端正,

---

① 《马克思恩格斯选集》第1卷,人民出版社1972年版,第18页。

严格服从监狱工作人员的作出的合法指示和命令等。(3)参加劳动的义务(《监狱法》第7条、第69条)。我国《监狱法》第69条规定:"有劳动能力的罪犯,必须参加劳动。"劳动不仅是一种改造手段,而且是狱内有劳动能力罪犯必须履行的义务。(4)接受思想、文化和技术教育的义务。这是将狱内服刑罪犯改造成能够自食其力的守法公民之必需,狱内罪犯必须接受,不得抗拒和拒绝。(5)爱护国家财产、保护公共设施的义务(《监狱法》第58条)。(6)维护正常改造秩序、自觉接受改造的义务(《监狱法》第58条)。(7)法律法规和监狱规章制度规定的其他义务。例如,保持衣着整洁和监舍卫生环境整洁,使其符合监狱要求,维持个人卫生和维护公共环境卫生的义务等。以上义务,在我国《监狱法》及相关法规、监狱内部规章制度中都有明确规定。

二、狱内罪犯义务的特点

1. 义务的法定性

狱内罪犯的义务,是指狱内罪犯必须履行一定作为或不作为之法律约束。狱内罪犯的义务是由宪法和监狱法等明确规定的。狱内罪犯除了履行宪法和其他法律规定的义务之外,还应当履行《监狱法》这一特别法明确规定的义务。狱内罪犯履行义务不仅是其行使法定权利之必需,也是接受矫正改造、维持正常的监管秩序之必需。需要指出的是,监狱及其工作人员根据监管和矫正改造需要,对狱内罪犯行使的权利施加一定限制或者剥夺,在法律规定的范围内要求罪犯履行一定的义务,总体上属于狱内罪犯履行法定义务的范畴,不构成对狱内罪犯义务法定性原则的违反。

2.义务范围的扩张性

狱内罪犯的权利具有有限性、受限性和不完整性的特征,这也意味着狱内罪犯所负担义务范围的扩大,体现出义务的扩张性特征。亦即,狱内罪犯负担的法定义务较之于普通公民而言,其范围要更为广泛。狱内罪犯负担的某些义务具有特定性,这是由刑罚的目的所决定的,狱内罪犯因为其犯罪行为必须承担接受惩罚的法律后果,必须履行接受矫正改造的强制义务。

3.义务履行的受限性

狱内罪犯由于其人身自由被剥夺而处于被监禁状态,其无法履行作为普通公民负担的一些义务,例如,赡养老人和抚养孩子的义务等。对于普通公民而言,不履行上述义务,要承担相应的法律责任。但对于在狱内服刑的罪犯而言,不履行上述义务,并不必然要承担相应的法律责任。

4.义务的强制性

法定义务具有强制履行的性质,对于狱内罪犯负有的法定义务而言,亦不例外。狱内罪犯义务的强制性体现在,其所承担的义务内容不可随意转让和违反。具体包括两个方面:(1)狱内罪犯必须根据权利的内容作出一定的行为,此为狱内罪犯的"作为义务"或"积极义务"。例如,强制劳动的义务,接受思想、文化和技术教育的义务等。(2)狱内罪犯不得作出一定行为的义务,此为狱内罪犯所负的"不作为义务"或"消极义务"，例如，不得破坏监狱内的国家财产和公共设施，不得打架斗殴等。狱内罪犯负有的法定义务具有强制性，其在狱内服刑期间必须无条件地履行，否则，将会面临监狱执法人员对其使用戒具和武器等约束性手段；在法律后果上，将会受到扣分、行政处罚直至刑事法律责任的追究。

第三章　狱内罪犯权利救济
制度的概念解析

　　古人云:"名不正,则言不顺;言不顺,则事不成。"在科学研究领域,名分不正或名实不符,概念不统一或概念不清晰,将会对研究工作造成很大困扰,研究的问题会偏离研究的核心命题和研究方向,甚至得出错误的结论。因此,欲研究狱内罪犯权利救济制度,首先应当对狱内罪犯权利救济制度的概念进行准确解析,在此基础上,对狱内罪犯申诉、投诉、狱内罪犯权利救济程序、狱内罪犯权利救济制度等关键术语进行准确界定,限定研究范围,并对狱内罪犯权利救济制度与相关制度的关系进行辨析。最后,还需要对狱内罪犯权利救济制度的体系、基本特征、价值和适用范围等重要理论问题一并予以阐述和论证,以窥狱内罪犯权利救济制度之全貌。

第一节　狱内罪犯权利救济制度的概念界定

一、制度的概念及分类

按照《现代汉语词典》的解释,"制度"一词具有两层含义:第一层含义的"制度",是指"要求大家共同遵守的办事规程或行动准则",例如工作制度、财政制度等;第二层含义的"制度",是指"在一定历史条件下形成的政治、经济、文化等方面的体系",例如,社会主义制度、封建宗法制度。① 大体来看,第一层含义的"制度"是从微观层面对"制度"内涵所作的界定;第二层含义的"制度"是从宏观层面对"制度"内涵所作的界定。

从最一般的意义上讲,制度可以被理解为社会中个人遵循的一套行为规则。② 上述微观层面的制度还可以再作细分,大体上分为岗位性制度和法规性制度两种类型。前者指适用于某一岗位上的要求共同遵守的办事规程或行动准则;后者是指针对某方面工作或事项规定的带有法令性质的规程或准则。法律、法规中规定的制度都是法规性制度,是管束人们行为的一系列规则的总和,对参与的当事人具有普遍的约束力。狱内罪犯权利救济制度就是一种法规性制度。

---

① 中国社会科学院语言研究所词典编辑室编:《现代汉语词典》(第5版),商务印书馆2005年,第1756页。

② 盛洪主编:《现代制度经济学》(下卷),北京大学出版社2003年版,第255页。

二、诉冤的概念与刑事申诉的界分

国内学者将英文中的"grievance"译为"诉冤"一词。"诉冤",从字面意思看,是指诉说冤屈,即将冤抑之事或受到的不公平待遇向他人或第三方机构诉说、倾诉或投诉,并请求公平处理。《布莱克法律词典》对"grievance"一词的解释是:(1)可能成为投诉理由的某一伤害、不公正或错误的,纠正冤情的诉求;(2)申诉本身,指客户将冤情诉诸州律师委员会;(3)劳动法上的术语,指雇员或其所属的工会的代表就工作条件等违反集体合同而提出的申诉;(4)认为自己受到了不公平或非法对待的信念。[①] 关于罪犯的诉冤,美国司法部在其《联邦条例汇编》(Code of Federal Regulation,Vol.28,sec.40.1d)中,曾对"诉冤"(grievance)下了这样的定义:"诉冤意味着犯人代表自己对在矫正机构内适用的某项政策、矫正机构中的某项条件、矫正机构对犯人采取的某项行动或者发生在矫正机构中的某一事件提出的书面投诉。'诉冤'这个术语不包括对假释决定的投诉。"[②]

狱内罪犯诉冤,是指狱内服刑罪犯针对监狱政策、监狱条件、监狱执法行为等,认为受到了不公正待遇或侵犯了其合法权益,依法向监狱内部监督部门或上级主管机关控告和投诉。多数学者认为,狱内罪犯的申诉包括诉讼上的申诉和非诉讼上的申诉。前者又称为刑事申诉,是指狱内

[①]　Bryan A. Garner, *Black's Law Dictionary (Tenth Edition)*, 2004 West, a Thomson business, p.818.

[②]　Ashbel T.Wall Ⅱ, "Inmate grievance procedures," in Peter M. Carlson & Tudith Simon Garrett (eds.), *Prison and jail administration*: Practice and theory (Graithersburg, MD: Aspen Publishers, 1999), p.272.转引自吴宗宪:《当代西方监狱学》,法律出版社 2005 年版,第 487 页。

罪犯对生效判决不服而提出的申诉;后者又称为行政申诉,是指狱内罪犯对监狱在执行刑罚、教育、矫正、改造和管理等具体执法活动过程中对其给予的处理决定不服而提出的申诉。我国《监狱法》规定的"申诉"主要是指刑事申诉,至于行政申诉(投诉或诉冤),现行《监狱法》并未作出明确规定。

狱内罪犯行使的申诉权是一种救济权、监督权和程序权。① 分述如下:(1)对于狱内罪犯而言,无论是行使刑事申诉权还是行使行政申诉权,其都是为了诉诸合法途径救济自己受损的权益。(2)申诉权是一种监督权。罪犯行使刑事申诉权,意图通过启动审判监督程序,推翻或纠正法院作出的生效裁判,这本身就是对法院的一种监督。此外,罪犯行使行政申诉权,目的在于通过提出申诉以监督监狱及其工作人员撤销或纠正其违法行为。(3)申诉权是一种程序权。刑事申诉有可能导致法院启动再审,而行政申诉有可能导致监狱启动纠错程序。

根据我国《监狱法》的规定,刑事申诉的有权处理主体是人民检察院和人民法院。《监狱法》对行政申诉(投诉或诉冤)制度没有作出明确规定,处理狱内罪犯行政申诉的部门也不明确。在实践中,狱内罪犯提出行政申诉,有权受理并作出处理的部门一般是监狱内部的监督部门,以及监狱上级主管机关——监狱管理局或司法行政部门。

三、狱内罪犯权利救济制度的概念

为了给狱内罪犯权利救济制度进行准确定义,有必要对狱内罪犯权

---

① 参见汪勇:《理性对待罪犯权利》,中国检察出版社 2010 年版,第 372 页。

利救济程序的概念首先作出界定。英文的"inmate grievance procedure"一词,译为"犯人诉冤程序",用来在行政管理的范围内解决犯人对监狱有关问题的抱怨或者投诉。① 狱内罪犯权利救济程序,是指狱内服刑罪犯和处理狱内罪犯申诉或投诉事项的主体所应遵循的程序规则的总称。狱内罪犯权利救济程序是一套规则体系,也是维持狱内罪犯申诉或投诉请求纠纷解决这一"公平游戏"的规则,更是为达成狱内罪犯申诉或投诉请求纠纷得到公平解决所要经历的步骤、方式和程式。狱内罪犯权利救济程序和狱内罪犯权利救济制度是两个不同的概念,狱内罪犯权利救济程序是狱内罪犯权利救济制度的重要组成部分。

　　结合上文对"制度""诉冤"词语的解析,可以把狱内罪犯权利救济制度界定如下:所谓狱内罪犯权利救济制度,是指狱内罪犯按照法律规定通过法定途径就自己在狱内服刑期间所受到的不公正待遇、错误处理以及对监狱执法行为不服等问题向有关机构提出申诉、投诉或控告并请求公正解决的程序和方法的总称。换句话说,狱内罪犯权利救济制度是由狱内罪犯权利救济的基本原则、主体、范围、时间、运作程序、权利与责任等要素组成的规范体系的总和。

第二节　狱内罪犯权利救济制度的体系

　　狱内罪犯权利救济制度的体系主要包括以下内容:狱内罪犯权利救济的基本原则、狱内罪犯权利救济制度的要素、狱内罪犯权利救济的运作

---

① 吴宗宪:《当代西方监狱学》,法律出版社 2005 年版,第 487 页。

程序。这些内容具有各自不同的地位和作用,构成了狱内罪犯权利救济制度的规范体系,共同维系着狱内罪犯权利救济制度的有效运转。

一、狱内罪犯权利救济的基本原则

狱内罪犯权利救济的基本原则在狱内罪犯权利救济制度中处于基础理论的地位,是建构狱内罪犯权利救济实体规则和运作程序的基本纲领,也是指导狱内罪犯权利救济的基本准则。它贯穿于狱内罪犯权利救济程序的整个过程,对狱内罪犯权利救济具有普遍的指导意义。狱内罪犯权利救济的基本原则包括依法救济原则、程序法定原则和申诉复议前置原则等。

二、狱内罪犯权利救济制度的要素

狱内罪犯权利救济制度的要素包括实体要素和程序要素两个方面。实体要素包括狱内罪犯权利救济的条件、狱内罪犯权利救济申请主体和处理主体的权利义务、狱内罪犯权利救济的范围、违反狱内罪犯权利救济制度的法律后果等;程序要素包括狱内罪犯权利救济的申请主体、狱内罪犯权利救济的时间和阶段、狱内罪犯权利救济的方式、狱内罪犯权利救济的补救机制等。狱内罪犯权利救济制度的实体要素限定了狱内罪犯权利救济的条件和范围,而违反狱内罪犯权利救济制度的法律后果的规定具有一定的威慑作用,有助于保证狱内罪犯权利救济的正常进行。狱内罪犯权利救济制度的程序要素明确了狱内罪犯权利救济的申请主体、方式和阶段。对补救机制的规定则为权利受损的一方提供了权益保护的最后一道防线。

三、狱内罪犯权利救济的运作程序

狱内罪犯权利救济的运作程序包括内部程序和外部程序两种。狱内罪犯权利救济的内部程序包括监狱内部申诉程序、狱内罪犯申诉行政复议程序。狱内罪犯权利救济外部程序包括独立的监狱视察委员会调查处理程序、议会的政治监督程序或人大监督监狱执法工作的程序、狱内罪犯投诉的监狱检察程序以及狱内罪犯投诉行政诉讼程序。内外两种运作程序构成了完整的狱内罪犯权利救济程序，是维护狱内罪犯合法权益的重要的程序性保障。

第三节　狱内罪犯权利救济制度的基本特征

一、狱内罪犯权利救济制度是一套复杂的组织系统

狱内罪犯权利救济制度是各参与主体因监狱行刑关系引发争议或纠纷并予以处理而形成的一个整体。狱内罪犯权利救济制度是一套复杂的组织系统。在这一组织系统内，各要素之间相互作用、相互影响，共同推动着狱内罪犯权利救济制度的运行。例如，狱内服刑罪犯因提出申诉或投诉申请而启动狱内罪犯申诉或投诉程序，有权处理主体在职权范围内对申诉或投诉申请的争议和纠纷作出处理决定或裁决。如果狱内罪犯对处理决定或裁决结果不服，还可以通过相应途径提出复议或提出诉讼（上诉），以求得争议和纠纷的最终解决。

二、狱内罪犯权益争议纠纷或争议解决的参与主体具有多元性特征

狱内罪犯申诉或投诉纠纷或争议的提出主体无疑是在狱内服刑的罪犯。由于狱内罪犯处于在押状态,如果其打算通过外部程序提出投诉申请而不便提出时,狱内罪犯的法定代理人、近亲属可以向外部解决主体代为提出投诉申请。狱内罪犯权益争议的解决主体包括内部解决主体和外部解决主体。内部解决主体广义上包括:监狱内设机构、监狱上级主管部门(监狱管理局、司法行政部门等)。外部解决主体通常为具备中立性的机构和人员,其具有多元性的特征。一般而言,外部解决主体包括:独立的监狱视察委员会、议会、人大、驻监检察机构和法院(监狱法庭)等。

三、狱内罪犯权利救济制度运行是多元化纠纷解决机制的综合运用过程

完备的狱内罪犯权利救济制度应当是内、外程序兼备的多元化纠纷解决机制的综合。就狱内罪犯权利救济的内部程序而言,主要有监狱内部的申诉程序和行政复议程序。内部程序的优点是:便捷经济,效率更高;通过内部程序,监狱及其工作人员能够及时发现行刑活动中的不足并主动纠正和解决问题,有利于进一步提升监狱执法的规范化水平。但狱内罪犯权利救济的内部程序也存在一定不足和缺点:一是狱内罪犯担忧其中立性和公正性,而不愿意将其受到的不公正待遇或受损的权益纠纷诉诸内部程序解决;二是有可能出现因狱内罪犯的申诉行为而引发监狱

执法人员对其实施打击报复的现象。就狱内罪犯权利救济的外部程序而言,其优点是:中立性和公正性受到投诉申请主体的信赖,作出的处理决定或裁决具有权威性。缺点是:周期较长,费时费力,维权成本较高,需要国家投入更多的资源来解决纠纷,不具有经济性。

第四节　狱内罪犯权利救济制度的价值分析

价值是表征关系的一个哲学范畴,是指客体对主体需要的满足程度和有用性。狱内罪犯权利救济制度的价值,是指狱内罪犯权利救济制度维护狱内罪犯合法权益、维持监狱正常监管秩序、促进监狱持续健康发展方面的积极意义和有用性。狱内罪犯权利救济制度的价值体现在以下几个方面:

一、维护狱内罪犯合法权益

在监狱行刑关系中,监狱工作人员行使的行刑权具有强制性、命令性等特点,作为被监禁、被矫正改造对象的狱内服刑罪犯必须严格履行法律规定的义务。因此,狱内服刑罪犯所处的弱势地位是不言而喻的。除了被合法剥夺和依法限制的权利之外,狱内罪犯其他未被剥夺和限制的权利容易受到来自监狱及其工作人员执法行为的侵犯。承认并赋予狱内服刑罪犯未被剥夺或限制的合法权利而不提供相应的救济机制,其正当性显然是存疑的。完善的狱内罪犯权利救济制度就是对狱内服刑罪犯权利的重要保障,它使狱内服刑罪犯能够在其合法权益受损后通过合法的途径寻求救济,并督促监狱采取相应的补救和纠正措施,恢复狱内罪犯权利受损之前的状态,或者对其受到的损失给予补偿,修复业已破坏的行刑关系,最大限度地维护狱内罪犯的合法权益。

二、维持监狱正常监管秩序

正常的监管秩序是监狱顺利运行的必要条件。狱内罪犯的合法权益受损后,如果缺乏完备的狱内罪犯权利救济制度,狱内罪犯将处于申诉或投诉无门而致其合法权利救济不力的境地,争议纠纷和矛盾冲突将会累积增长。一旦任由其"野蛮生长"而不予以及时疏导化解,则会引发一系列问题,从而危及监管秩序的稳定。行刑实践中出现的狱内服刑罪犯消极怠工、抗拒改造、逃跑、自伤自残甚至自杀、破坏监狱设施、打架斗殴、暴力袭警等消极、违法或涉嫌犯罪的行为,多数情况下与狱内罪犯权利保障不力、申诉或投诉渠道不畅有关。因此,构建完善的狱内罪犯权利救济制度,其意义在于:首先,能够构建起刑罚执行的参与机制,使得狱内罪犯在接受矫正改造的同时,能够有机会表达其权益受损后的诉愿和请求,促进行刑的民主化。其次,完善的狱内罪犯权利救济制度可以对监狱的行刑活动形成有效监督,帮助监狱发现执法工作中存在的问题,促进监狱改进执法工作,提高监狱执法的规范化水平。最后,完善的狱内罪犯权利救济制度能够通过程序设置来吸收当事者的异议或不满。当事者诉诸法定的权利救济程序寻求其争议和纠纷的解决,如果纠纷和争议的解决过程遵循了程序正义的要求,则是一种"看得见的正义"。"看得见的正义"由于把纠纷的解决过程置于透明操作的过程运行之中,并主动吸收当事者参与纠纷解决过程,以及充分尊重当事者表达意见和陈述理由的机会,因此,最终所作出的处理或裁决结果就具有可接受性,从而促使当事者接受处理结果而停诉息冤。综上,只要遵循正当程序适用权利救济程序解决狱内罪犯与监狱及其工作人员之间的争议和纠纷,无论最终的处理结果如何,它都有利于消解罪犯的消极、对立情绪,引导其安心服刑并积极接受教育改造,从而确保监狱监管和矫正改造秩序处于持续稳定的状态。

三、促进监狱持续健康发展

将狱内罪犯改造成刑满释放后能够自食其力的守法公民,这是监狱孜孜以求的目标。监狱内的"囚歌、囚诗、顺口溜、文身、囚犯人生观、囚犯等级、畸形消费、性压抑、性行为、反改造、诈病、自伤、自残、脱逃"等监狱亚文化[①]是不可否认的客观存在,这种监狱亚文化现象也是危及监狱安全、影响改造质量的潜在因素。如果不建立完备的狱内罪犯权利救济制度来解决狱内罪犯的申诉或投诉问题,那些合法权益受损的狱内罪犯的积怨和挫折感就会累积下来,长此以往,一旦其对抗改造的负面情绪与监狱亚文化"同流合污",必将影响监狱矫正改造的质量和效果,这极不利于监狱事业的持续健康发展。因此,构建完善的狱内罪犯权利救济制度,引导狱内罪犯诉诸合法途径解决争议和纠纷,并通过正当的程序化解矛盾和冲突,有利于降低狱内罪犯的挫折感,减少监狱内监狱干警和服刑罪犯之间的冲突,维持监管和矫正改造秩序,确保监狱安全稳定,促进监狱持续健康发展。

---

① 这些监狱亚文化现象是已故著名刑法学家邱兴隆教授结合自身体会与理性思维,进行经验观察后总结出的现象。转引自孙平:《监狱亚文化》,社会科学文献出版社 2013 年版,第17 页。

第五节　狱内罪犯权利救济
制度的适用范围

一、狱内罪犯权利救济制度适用的主体范围

　　狱内罪犯权利救济制度适用的主体范围包括:狱内服刑的所有罪犯;有权解决或裁决狱内罪犯申诉、投诉或讼争所涉争议的主体,具体包括:监狱内部的监督机构或部门、监狱主管部门、独立的监狱视察委员会、议会或人大、法院或监狱法庭等;其他参与解决狱内罪犯申诉或投诉所涉争议的主体,具体包括狱内罪犯的法定代理人和近亲属、接受委托提供法律帮助的律师、证人等。上述主体在参与狱内罪犯申诉或投诉所涉争议解决的过程中,都必须遵守狱内罪犯权利救济制度的规定。

二、狱内罪犯权利救济制度适用的客体范围

　　根据前述对狱内罪犯诉冤及狱内罪犯权利救济制度的定义,可以看出,狱内罪犯权利救济制度适用的客体范围是:狱内服刑罪犯就监狱监管条件、受到的不公平待遇、对监狱奖励和处罚持有异议等问题而提出申诉、投诉或诉讼请求,并要求有关主体予以解决或裁决的事项。因此,那些单纯针对生效判决不服而提出的刑事申诉,以及与自身无关的控告等事项,均不属于狱内罪犯权利救济制度适用的客体范围。

三、狱内罪犯权利救济制度适用的时空范围

狱内罪犯权利救济制度适用的时间和空间范围是:罪犯在监狱的服刑期间;争议和纠纷发生在监狱这一物理空间之内。因此,罪犯在入监前和刑满释放后发生的与监狱监管、矫正改造等无关的争议和纠纷,均不属于狱内罪犯权利救济制度的适用范围。

第六节　狱内罪犯权利救济制度与其他相关制度的关系

一、狱内罪犯权利救济制度与申诉制度

如前所述,我国有些学者把罪犯行使的申诉权分为诉讼上的申诉权和非诉讼上的申诉权。诉讼上的申诉形成的制度被称为刑事申诉制度。对此,我国《刑事诉讼法》和《监狱法》都有明确规定。例如,《刑事诉讼法》第 275 条规定:"监狱和其他执行机关在刑罚执行中,如果认为判决有错误或者罪犯提出申诉,应当转请人民检察院或者原判人民法院处理。"《监狱法》第 21 条规定:"罪犯对生效的判决不服的,可以提出申诉。"以上两个条文就是狱内罪犯针对生效判决不服而提出的刑事申诉。对于刑事申诉,应当通过司法途径由人民法院依法裁判。

为了与具有司法性质的刑事申诉相区别,有学者主张用"投诉"一词来指代狱内服刑罪犯就监狱监管和矫正改造过程中的诸问题而提出的诉

冤请求,以突出其行政性的特点。这些行政性的申诉内容包括但不限于：服刑罪犯对在监狱内受到的警告、记过或禁闭等处罚、对处遇等级降级和限制或取消等不服提出的申诉,对计分考核扣分、监狱执法人员违法使用警械戒具等提出异议,以及罪犯自己认为受到了不公正待遇,等等。

从我国现行法律规定来看,《监狱法》对非诉讼上的申诉即行政申诉并未作出明确规定,但不可否认的是,狱内罪犯享有作为公民所享有的对国家机关和国家工作人员的违法失职行为提出申诉的权利。对此,我国宪法有明确规定,《宪法》第41条规定："中华人民共和国公民对于任何国家机关和国家工作人员,有提出批评和建议的权利;对于任何国家机关和国家工作人员的违法失职行为,有向有关国家机关提出申诉、控告或者检举的权利,但是不得捏造或者歪曲事实进行诬告陷害。"这是狱内服刑罪犯提出行政申诉的宪法依据,任何人无权予以限制和剥夺。

综上,狱内罪犯权利救济制度与刑事申诉制度是两种不同性质的制度,处理的事项不同,适用范围不同,所涉争议的解决路径不同。学者们所称的行政申诉制度或者行政投诉制度属于狱内罪犯权利救济制度的一个组成部分。狱内罪犯权利救济制度除了监狱内部申诉处理制度、狱内罪犯申诉行政复议制度之外,还有来自于外部的监狱视察委员会制度、议会政治监督制度或人大执法监督制度、监狱检察监督制度和法院司法审查(行政诉讼)制度等。

二、狱内罪犯权利救济制度与监狱检察制度

在我国,人民检察院是国家的法律监督机关,代表国家行使法律监督权。在刑事诉讼中,根据《刑事诉讼法》的规定,人民检察院有权对包括

刑事执行在内的所有刑事诉讼阶段的活动实施法律监督。我国《人民检察院组织法》第 20 条规定了人民检察院"对监狱、看守所的执法活动实行法律监督"的职权。我国《监狱法》第 6 条规定:"人民检察院对监狱执行刑罚的活动是否合法,依法实行监督。"

监狱检察是人民检察院行使法律监督权的重要表现形式之一。所谓监狱检察,是指由人民检察院派驻监狱的检察人员对监狱工作进行的司法监督。① 我国现行监狱检察的直接法律依据是最高人民检察院于 2008 年 3 月 23 日发布的《人民检察院监狱检察办法》(以下简称《监狱检察办法》)。《监狱检察办法》规定的监狱检察的内容包括:(1)收监、出监检察。(2)刑罚变更执行检察,具体包括:①减刑、假释检察;②暂予监外执行检察。(3)监管活动检察,具体包括:①禁闭检察;②事故检察。(4)狱政管理、教育改造活动检察。

上述《监狱检察办法》中规定的"收监、出监检察和刑罚变更执行检察",属于刑事执行检察的范畴,与狱内罪犯权利救济制度无关。《监狱检察办法》中规定的"监管活动检察、狱政管理、教育改造活动检察"等与狱内罪犯权利救济制度有关,是派驻检察机构依照职权主动对监狱监管活动、狱政管理和教育改造活动的监督,有利于维护狱内罪犯的合法权益。根据《监狱检察办法》的规定,派驻检察机构实施上述监督时,可以采用"听取被禁闭人和有关人员的意见、向罪犯及其亲属和监狱人民警察了解情况和听取意见"等方式进行检察。此外,《监狱检察办法》第 39 条第 2 款规定:"派驻检察人员应当每周至少选择一名罪犯进行个别谈话,并及时与要求约见的罪犯谈话,听取情况反映,提供法律咨询,接收递

---

① 　吴宗宪:《监狱学导论》,法律出版社 2012 年版,第 586 页。

交的材料等。"以上规定为狱内罪犯诉诸监所检察途径救济权利提供了依据。

三、狱内罪犯权利救济制度与调解制度

调解是指由中立的第三方居中对争议双方进行说服沟通并提出解决建议,使双方在互谅互让的基础上达成协议、化解矛盾纠纷的制度。我国现有的调解方式有法院调解、人民调解、仲裁调解和行政调解等。作为多元化纠纷解决机制之一,调解具有简捷、及时和经济的特点,是一种友好型协商解决矛盾纠纷的方式。运用调解方法化解矛盾纠纷,有利于矛盾和纠纷的及时解决,有利于避免矛盾和冲突激化和升级。在美国,多元化解决纠纷机制十分发达,调解这一纠纷解决方式也被运用于监狱与服刑罪犯之间的争议解决的实践。但由于监狱环境的特殊性,在犯人诉冤解决中应用较为有限并具有独特性。诉冤纠纷"立案后调解"(post filing mediation)是较为典型的模式。此外,美国对罪犯诉冤调解有一定的条件要求,例如:当事双方同意、调解员负有事实发现的职责并熟悉监狱法律等。①

在我国,根据《行政诉讼法》的规定,人民法院审理行政案件,不适用调解。关于监狱与服刑罪犯之间因监管和矫正改造活动引发争议和纠纷,是否可以进行调解,现行法律没有明确规定。按照行政诉讼不适用调解的原理,上述监狱与服刑罪犯之间的争议,亦不适用调解。这是因为,首先,监狱与服刑罪犯之间就监管和矫正改造活动而引发的争议,是一种

---

① 参见任卓冉、贺蒽蒽:《美国犯人诉冤解决机制及其启示》,《求索》2015年第5期,第93页。

特殊的行政争议,是基于监狱行使行刑权而发生的,行刑权是国家的法定权力,基于公权力不可让渡的原理,由此引发的争议不允许进行讨价还价。其次,监狱行刑关系是一种纵向的监管和被监管关系,监狱和服刑罪犯之间是一种命令和服从的关系,双方的法律地位并不平等,无法像民事争议中的当事人那样站在平等的地位去自愿协商而达成协议。因此,目前我国将调解制度引入狱内罪犯申诉或投诉所涉争议和纠纷的解决,无论从理论准备还是从理念转变的视角进行分析,时机都不成熟。

四、狱内罪犯权利救济制度与信访制度

在我国,信访是指公民、法人或者其他组织以发信走访的形式向各级人民政府或县级以上人民政府工作部门反映情况,提出建议、意见或者投诉请求,依法由有关行政机关处理的活动。根据我国《信访条例》的规定,信访人反映情况、提出建议或意见以及投诉针对的信访事项是有关组织和人员的职务行为。这些有关组织和人员主要包括以下几类:行政机关及其工作人员;法律、法规授权的具有管理公共事务职能的组织及其工作人员;提供公共服务的企业、事业单位及其工作人员;社会团体或者其他企业、事业单位中由国家行政机关任命、派出的人员;村民委员会、居民委员会及其成员。信访的形式主要包括书信、电子邮件、传真、电话、走访等。

从法律法规依据和理论视角进行分析,狱内服刑罪犯虽然被剥夺了人身自由,但其仍然是我国公民,监狱及其工作人员的执法行为属于《信访条例》所规定的"有关组织和人员的职务行为"。因此,狱内罪犯享有就监狱及其工作人员的职务行为向有关信访工作机构提出信访的权利,

但由于狱内罪犯的人身自由处于被监禁状态,这一权利的行使受到阻碍而不能亲自行使。因此,为了拓展狱内罪犯投诉纠纷解决机制的方式,应当进一步明确狱内罪犯的信访权利,并对狱内罪犯的法定代理人和近亲属、委托的律师代为行使信访权利作出具体规定。

第四章　狱内罪犯权利救济
制度的基础理论

　　深化对狱内罪犯权利救济制度基础理论的认识,是建构科学合理的狱内罪犯权利救济制度的基本前提。狱内罪犯权利救济的基本原则和基本构成(制度的内部结构)是狱内罪犯权利救济制度的重要基础理论。狱内罪犯权利救济的基本原则在建构狱内罪犯权利救济制度方面起着纲领性的作用,也是狱内罪犯权利救济制度运行中各参与主体必须遵循的基本准则和行为规范。狱内罪犯权利救济制度的基本构成,亦即制度本身的内部结构,是指该制度本身包括哪些构成要素。剖析狱内罪犯权利救济制度的内部结构并进行理论阐述,有助于为狱内罪犯权利救济制度实体规则和运作程序的设计提供丰富的"素材"和"质料"。

第一节　狱内罪犯权利救济的基本原则

　　法律原则(Principles of Law),是指法律的基础性真理或原理,为其他规则提供基础性或本源的综合性规则或原理,是法律行为、法律程序、法律决定的决定性规则。① 狱内罪犯权利救济的基本原则,是指狱内罪犯权利救济的参与主体在罪犯权利救济中必须遵循的基本准则和行为规范。无论是狱内罪犯申诉或投诉权利的行使,还是狱内罪犯权利救济程序的运行,抑或是狱内罪犯申诉或投诉纠纷的处理等,都必须遵循狱内罪犯权利救济的基本原则。在狱内罪犯权利救济的法律规则(包括实体规则和程序规则)缺位或存在空白的情形下,狱内罪犯权利救济法律原则的适用能够发挥弥补"法律规则漏洞"的作用,即可以适用狱内罪犯权利救济的法律原则,直接作为处理狱内罪犯申诉或投诉所涉争议或纠纷的依据。狱内罪犯权利救济的基本原则包括依法救济原则、程序法定原则和复议前置原则、司法最终审查原则和禁止不利追究原则等。

一、依法救济原则

1.依法救济原则释义

狱内罪犯权利依法救济原则,是指狱内罪犯依法享有和未被刑罚剥夺的实体权利受到侵害时,有权依法诉诸法定途径提出申诉或投诉请求,请求有关机关处理或进行司法审查,使其受损的权利得以恢复或获得赔偿,以维护其合法权益。坚持狱内罪犯权利依法救济原则,一方面,它要求狱内罪犯权利救济制度的内容必须遵循该原则进行系统规定;另一方面,它要求狱内罪犯权利救济的参与主体都必须遵循该原则依法申请或依法处理申诉或投诉所涉争议。

---

① *Black's Law Dictionary*, West Publishing Co., 1983, p.1074.

一般来说,权力主体的实体权利受损后的救济通常有四种途径:一是私力救济,又称自力救济,是指因权益受损而导致纠纷和争议发生后,无须第三方的介入,纠纷当事人通过协商谈判的方式自行解决或达成和解以解决争议,或者在法律许可的范围内,权利主体通过实施自卫行为或自助行为来救济自己受损的权利。二是公力救济,是指权利主体的实体权利受到侵害后,将争议和纠纷诉诸公权力机关请求予以解决和处理。公力救济包括行政救济和司法救济。三是社会救济,是指公民权利受到侵害时,通过一定的社会力量来防止和排除侵害,以保护和补偿公民合法权利的一种权利救济方式。① 四是公助救济,是指借助具有公共影响力的第三方以"中立、居间者"的身份对双方的争议和纠纷进行调停、斡旋,提出争议和纠纷的解决方案,或者对争议和纠纷作出裁决。公助救济的方式主要包括调解和仲裁以及一部分 ADR 纠纷解决机制。也有学者认为,现代社会的权利救济方式主要包括以下几种:(1)宪法救济方式:违宪审查;(2)司法救济方式:诉讼;(3)行政救济方式:行政复议和行政裁决;(4)调解和仲裁;(5)社会救济方式。② 这是从权利救济所采用的方式角度所作的分类。

狱内罪犯是一类特殊的权利主体,其因犯罪被判处刑罚在监狱服刑而被剥夺了人身自由,依法享有的权利行使受限,部分权利被限制或被剥夺。因此,狱内罪犯权利的救济方式或者说能够诉诸救济的途径有限。从世界各国规定来看,不同国家狱内罪犯权利救济的方式各有不同,但行政救济和司法救济是较为普遍的两种救济方式。在我国,《监狱法》对狱

---

① 熊光清:《流动人口权利社会救济的现状与未来——从基本理论到当代中国语境》,《人民论坛·学术前沿》2014 年第 11 期,第 50 页。

② 金川主编:《罪犯权利缺损与救济研究》,清华大学出版社 2008 年版,第 85 页。

内罪犯的行政救济机制并未作出规定,但在监狱执法实践中,监狱通过在其内部设置监狱长信箱、狱政科信箱、约谈信箱和信访信箱等形式接受狱内罪犯的申诉或投诉,并依相应规定处理罪犯申诉或投诉,这是一种对狱内罪犯权利救济的行政救济方式。至于司法救济,我国《行政诉讼法》把因监狱执法行为引发的争议排除在行政诉讼的受案范围之外。因此,司法救济不是我国狱内罪犯权利救济的法定方式。此外,根据我国监狱法律和有关司法解释的规定,狱内罪犯合法权益受到侵害时,还可以向驻监检察机构进行申诉以救济其受到侵害的权利。

2. 依法救济原则的理论基础

(1)规定或保留狱内罪犯的实体权利就必须赋予其救济的程序权利

"有权利必有救济,无救济则无权利",这是一句耳熟能详的法律格言。其内含的意蕴在于:仅仅在实体法上对公民的权利作出规定是不够的,还需在程序法上规定权利救济的途径,赋予权利主体救济的权利。换言之,实体法上规定的权利如果没有程序法上救济权的保障,一旦实体法上的权利受到侵害,则没有可供保护的途径予以救济。对于狱内罪犯享有的尚未剥夺或限制的实体权利而言,同样如此。

基于上述原理和理由,包括罪犯在内的所有公民的救济权利为国际公约(国际法文件)和各国宪法及程序法所确认。例如,《公民权利和政治权利国际公约》第2条之3规定了缔约国的国家义务:"保证任何一个被侵犯了本公约所承认的权利或自由的人,能得到有效的补救,尽管此种侵犯是以官方资格行事的人所为。"《世界人权宣言》第8条规定:"任何人当宪法或法律所赋予他的基本权利遭受侵害时,有权由合格的国家法庭对这种侵害行为作有效的补救。"在域外国家,《美国联邦宪法第一条修正案》规定:"国会不得制定关于下列事项的法律:⋯⋯剥夺公民和平集会和向政府请愿申冤的权利。"我国《宪法》第 41 条规定:"中华人民共和国公民对于任何国家机关和国家工作人员的违法失职行为,有向有关国家机关提出申诉、控告或者检举的权利。"我国《行政处罚法》第 7 条规定:行政相对人对行政处罚不服,有权依法申请行政复议或者提起行政诉讼。《行政强制法》第 8 条规定:行政相对人对行政机关实施的行政强制,有权依法申请行政复议或者提起行政诉讼。根据行政法的一般原理,监狱强制、监狱许可、监狱奖励和监狱处罚等监狱执法行为都是行政行为,因此,狱内罪犯有权通过行政救济途径救济其受损的合法权利。至于上述监狱执法行为能否纳入行政诉讼的范围,从现行《行政诉讼法》的规定来看,显然是将其排除在受案范围之外的。因此,基于完善狱内罪犯权利救济机制的考虑,应当通过以修改法律的形式赋予狱内罪犯针对监狱执法行为提起行政诉讼的权利。

(2)赋予狱内罪犯救济其合法权利的权利以制约监狱的行政执法权力

"权力导致腐败,绝对的权力导致绝对的腐败。"[1]"一切有权力的人都容易滥用权力,这是万古不易的一条经验。有权力的人使用权力一直到遇有界限的地方方才休止。⋯⋯要防止滥用权力,就必须以权力约束权力。"[2]这些振聋发聩的名言时刻提醒人们:要对公权力时刻保持足够的警惕! 狱内罪犯在一个严格戒备和高度封闭的空间内服刑,监狱内监狱警察的执法活动和服刑罪犯的矫正改造活动不为外人所熟悉,如果缺乏完善的监督机制,监狱及其工作人员的执法权力就会被滥用,从而对罪

---

① [英]阿克顿:《自由与权力》,侯建、范亚峰译,商务印书馆 2001 年版,第 285 页。
② [法]孟德斯鸠:《论法的精神》(上册),张雁深译,商务印书馆 1982 年版,第 154 页。

犯合法权益造成侵害。此外,在监狱行刑关系中,监狱及其工作人员行使刑罚执行权并拥有广泛的自由裁量权。例如,根据罪犯改造表现给予其相应处遇的权力,加分、扣分等行政奖惩权力,对罪犯实施警告、记过或禁闭的行政处罚权力等。如果这些权力被滥用,就容易侵犯狱内服刑罪犯的合法权益,或者剥夺狱内罪犯应当获得的奖励和相应处遇。因此,除了强化监狱内部和外部监督,以规范监狱及其工作人员的执法行为外,赋予狱内罪犯救济其合法权利的权利以制约监狱的行政执法权力,不失为一条有效的监督路径。这也是规定狱内罪犯权利依法救济原则的重要理由。

3. 依法救济原则的外在要求

(1)建构完备的狱内罪犯权利救济制度

规定狱内罪犯权利依法救济原则,就应当在制度设计中建构完备的狱内罪犯权利救济制度,对狱内罪犯权利救济制度的实体规则和运作程序作出详细规定。同时,应当建构多元化的狱内罪犯权利救济机制。例如,狱内罪犯权利内部救济机制和外部救济机制,行政救济机制和司法救济机制等。

(2)狱内罪犯必须依法救济自己的权利

经由上文的论述,狱内罪犯有权救济自己受到侵害的合法权益,当无疑义。但还需指出的是,一旦在立法中规定了狱内罪犯权利的依法救济原则,狱内罪犯合法权益受损时,应当依法行使,而不得滥用救济权利。首先,狱内罪犯救济的权利应当是其本人受损的合法权利。其次,狱内罪犯应当采取法律规定的救济形式并依据法定的途径,在法律规定的时间内请求救济。再次,通过法律规定的程序救济自己的权利。例如,如果法律规定了复议前置原则和司法审查原则,那么,狱内罪犯的申诉或投诉争议只有经过行政复议程序处理后,对复议决定不服,方可提起行政诉讼。最后,通过正当程序并穷尽救济途径并经有权处理机关对其申诉或投诉争议进行处理后,处理结果具有终局的效力,狱内罪犯不得重复申诉或投诉。

(3)监狱应当依法保障狱内罪犯的申诉和投诉权利

规定狱内罪犯权利依法救济原则,意味着监狱应当依法保障狱内罪犯的申诉和投诉权利,不得以不当理由非法限制或剥夺狱内罪犯的申诉和投诉权利;对于狱内罪犯的申诉或投诉,监狱应当在法定时限内作出处理决定。如果监狱的处理决定是非终局性的,还应当告知狱内罪犯权利救济的其他途径。

二、程序法定原则

狱内罪犯权利救济的程序法定原则,是指狱内罪犯权利救济和有权机关处理狱内罪犯申诉或投诉争议,都应当依照法定的权利、权限、范围、条件和程序进行。

程序法定原则是现代程序法的"帝王法则"。我国《行政强制法》和《行政处罚法》分别规定了行政强制和行政处罚的程序法定原则,这是从行政主体的视角对行政行为实施提出的规范性要求。规定狱内罪犯权利救济的程序法定原则,是从权利救济视角对申诉或投诉权利主体和有权处理狱内罪犯申诉和投诉的主体提出的规范性要求。

程序法定是狱内罪犯权利救济应当遵循的基本准则,包括两层含义:一是立法层面的要求,应当对狱内罪犯权利救济的程序由法律事先作出明确规定;二是实际操作层面的要求,即狱内罪犯权利救济应当依据国家法律规定的权利救济程序来进行,这不仅是对狱内罪犯的要求,也是对有权处理狱内罪犯申诉或投诉争议和纠纷的所有主体的要求。

三、复议前置原则

所谓复议前置原则,是指狱内罪犯对监狱作出的行政行为不服,在向法院提起行政诉讼之前,必须先向复议机关申请复议,经过复议机关复议后,罪犯对复议决定不服的,才能向法院提起行政诉讼。

复议前置原则,又称为"穷尽行政救济原则"。之所以规定该原则,理由如下:首先,狱内罪犯认为监狱的行政行为违法或不当而侵犯了其合法权益,在提起行政诉讼之前,先走行政复议途径,有利于便捷、高效地处理争议和纠纷,降低罪犯维权成本。其次,由复议机关对监狱作出的行政行为进行审查,审查后依法作出复议决定,有利于及时发现和纠正监狱的违法行政行为,改进监狱执法工作,提升监狱执法水平,消解监狱和罪犯之间的紧张关系,减少狱内罪犯的对立情绪,使其安心服刑改造。再次,规定复议前置原则,能够减轻法院受理行政案件的压力。将矛盾和纠纷化解在司法最终裁决之前,能够发挥诉讼外多元化纠纷解决机制的优势,有助于矛盾和纠纷的快速解决。

四、司法最终审查原则

所谓司法最终审查原则,是指对于符合行政诉讼受案范围的狱内罪犯申诉或投诉争议,在穷尽其他救济手段之后,允许狱内罪犯以提起行政诉讼的方式救济自己的合法权利。法院对申诉或投诉所涉争议审理后作出的裁判,为终局的处理决定,狱内罪犯和监狱必须接受。

之所以规定司法最终审查原则,这是因为,司法是维护社会公平正义的最后一道防线,司法裁判具有中立性、权威性、终局性和强制性等特点,能够为狱内罪犯权利救济提供强有力的保障。需要指出的是,并不是所有的狱内罪犯所涉争议均应通过提起行政诉讼的方式予以最终解决,只有那些侵犯了狱内罪犯所享有的宪法上的基本权利,以及对狱内罪犯合法权益有重要影响的监狱执法行为,才可以允许狱内罪犯在穷尽行政救济手段之后,诉诸行政诉讼予以救济。

五、禁止不利追究原则

禁止不利追究原则,是指监狱及其工作人员不得因狱内罪犯申诉或投诉而对其在计分考核、处遇特许等方面进行克减,禁止对提出申诉或投诉的罪犯进行不利追究或实施打击报复。

狱内罪犯对自己受到的不公正待遇或者监狱侵犯其合法权益的行为,有申诉和投诉的权利,任何人不得以任何理由予以限制和剥夺。同时,对于狱内罪犯正常的申诉和投诉行为,监狱不得在事后对狱内罪犯进行不利追究或实施打击报复。对此,《联合国囚犯待遇最低限度标准规则》[又称《纳尔逊·曼德拉规则》(2015 年)]有明确规定。《纳尔逊·曼德拉规则》规则第 57 条之 2 规定:"应当规定保障措施,确保囚犯可安全地提出请求或申诉,并在申诉人请求保密的情况下确保保密。不得使规则 56 之 4 提及的囚犯或其他人因提出请求或申诉而承受任何报复、威吓或其他负面后果的风险。"《欧洲监狱规则》(2006 年版)第 70 条第 4 款规定"犯人不得因为提出请求或者投诉而受到处罚。"①因此,监狱及其工作人员不得因罪犯申诉而在事后对其实施打击报复,这是监狱及其工作人员应负的消极法律义务。

规定禁止不利追究原则的深层次理由还在于:一方面,明示或默示规定狱内罪犯享有的基本权利以及未被限制或剥夺的权利;另一方面,在狱内罪犯提出申诉或投诉请求后,又对其以"不接受改造、不认罪服法"为由,在计分考核、相应处遇等方面对狱内罪犯实施打击报复。如此,狱内罪犯的申诉和投诉权利以及相关制度规定将成为"摆设",狱内罪犯将不敢、不愿将其受到的不公正待遇和权益受损的情况向有关部门反映和投诉。长此以往,狱内罪犯的合法权利由于得不到有效救济,监狱及其工作人员与罪犯之间的冲突和矛盾愈发加剧,这不利于狱内罪犯的矫正改造,更不利于监管秩序的持续稳定。因此,对于狱内罪犯正常、合法的申诉或投诉行为,监狱不仅不应压制,而且更应提供相应便利条件,保障其行使申诉权利和投诉权利,更不应在罪犯申诉或投诉后对其实施打击报复。监狱应当创造条件解除狱内罪犯的后顾之忧,引导其通过合法途径救济权利,维护自身合法权益。当然,对于那些没有正当理由提出申诉或投诉,或者处理机关已经作出终局决定或裁判的申诉或投诉争议,罪犯反复无理"缠诉"的,应当对其给予相应制裁,以打消其不切实际的妄想。

① 《欧洲监狱规则》(2006 年版),吴宗宪译,《犯罪与改造研究》2019 年第 6 期,第 77 页。

第二节　狱内罪犯权利救济
制度的基本构成

一、狱内罪犯权利救济的范围

狱内罪犯权利救济的范围,是指狱内罪犯对哪些问题可以提出申诉或投诉请求,并通过权利救济程序请求有权处理机关予以处理或作出裁断。监狱是个"小社会",狱内罪犯的人身自由被完全剥夺,因此,监狱对罪犯的监管涉及狱内罪犯监狱生活的各个方面,小到日常的饮食起居、生活卫生、消费娱乐,大到平时的强制劳动、学习教育、疾病预防和诊疗等,事无巨细,面面俱到。可以说,罪犯在狱内服刑期间,只要其本人认为受到了不公正的待遇,或者认为监狱的执法行为侵犯了其合法权益,都有权提出申诉或投诉请求。

放眼域外,从西方国家的实践来看,犯人诉冤的主要内容集中在下列方面:(1)政策及其执行。在监狱系统中,监狱管理部门制定的各种政策、规则和程序及其应用或者执行,是犯人诉冤的重要方面。其中,对犯人违纪行为的认定及其处罚,是引发犯人诉冤要求的最常见诱发因素。(2)监狱中的人际关系,主要包括:①监狱工作人员与犯人之间的关系,主要表现为在监狱工作人员对犯人的不恰当惩罚、歧视或者其他不当行为等方面。②犯人之间的人际关系问题,主要是一部分犯人对另一部分犯人的虐待、身体伤害等。(3)监狱矫正计划与服务。这方面的诉冤要求主要集中在矫正计划或者服务的内容,对参加犯人的条件的规定,参加矫正计划或者服务可能带来的好处等方面。(4)监狱生活条件,例如,监狱过度拥挤问题、噪声问题、饭菜质量、数量与供应方式问题、劳动报酬与条件问题等。①

为了切实保障狱内罪犯的合法权益,原则上,狱内罪犯对于其在监狱内受到的不公正待遇或监狱执法人员侵害其合法权益的违法行为,都有权提出申诉或投诉申请。基于对上述域外国家狱内罪犯申诉或投诉内容的类型化处理方法的借鉴,可以把狱内罪犯权利救济的范围归纳如下:(1)刑讯逼供或者体罚、虐待狱内罪犯,造成狱内罪犯身体伤害或死亡的。(2)殴打或者唆使、纵容他人殴打狱内罪犯,造成严重后果的。(3)侮辱狱内罪犯人格,造成严重后果的。(4)违反规定使用武器、警械、戒具造成狱内罪犯身体伤害或死亡的。(5)其他违法行为造成狱内罪犯身体伤害或者死亡的。(6)狱内罪犯对监狱实施的生活行为管束、卫生和医疗行为管束具有正当理由而提出异议或不服的。(7)狱内罪犯对监狱实施的行为矫正、劳动矫正和教育矫正等具有正当理由而提出异议或不服的。(8)狱内罪犯认为符合法定条件,申请通信会见许可、离监探亲等监狱许可,监狱没有依法办理的。(9)狱内罪犯申请监狱履行保护人身权、财产权等合法权益的法定职责,监狱没有依法履行的。(10)狱内罪犯对监狱作出的分级处遇决定提出异议或不服的。例如,对管理等级的首次定级、动态评定、等级确定以及等级升降等提出异议或不服的。(11)狱内罪犯对监狱作出的物质奖励、处遇性奖励、积分性奖励,以及表扬和记功等决定性奖励提出异议或不服的。(12)狱内罪犯对监狱作出

---

① 吴宗宪:《当代西方监狱学》,法律出版社2005年版,第489—490页。

的警告、记过、禁闭等行政处罚决定不服的。(13)狱内罪犯对超时劳动、劳动报酬发放提出异议的。(14)狱内罪犯对监舍居住条件和伙食标准及质量提出不满意见的。(15)狱内罪犯认为监狱的其他执法行为侵犯其合法权益的。

二、狱内罪犯权利救济的申请主体

所谓狱内罪犯权利救济的申请主体,是指有权提出权利救济请求的申请人或者接受委托代为提出权利救济请求的受委托人。狱内罪犯权利救济申请人在不同的权利救济解决机制中有不同的称谓。在监狱内部权利救济程序中,一般称之为行政申诉人;在内部行政复议程序中,称之为申请复议人;在外部行政性的权利救济解决机制中,一般称之为投诉人;在行政诉讼程序中,称之为原告。

狱内罪犯合法权利受损后的救济权在绝大多数情况下由狱内罪犯本人行使,在特殊情形下,狱内罪犯也可以把该救济权委托给他人,由他人代为行使。例如,《联合国囚犯待遇最低限度标准规则》[又称《纳尔逊·曼德拉规则》(2015年)]第56条第1—3款的规定:囚犯享有向监狱长及其代表、监狱检查员或其他检查官员、中央监狱管理部门、司法主管机关或其他主管机关提出请求或申诉的权利,《纳尔逊·曼德拉规则》第56条第4款还把这项权利的行使主体扩大到了囚犯的法律顾问、囚犯的家属或任何了解案情的其他人。

为了切实维护狱内罪犯的合法权益,有效救济其受损的权利,应当扩大狱内罪犯救济权的行使主体,即应当允许狱内罪犯将救济权委托他人行使。由此,狱内罪犯权利救济的申请主体可以分为以下两类:一类是认为自身合法权益受到监狱执法行为侵犯的狱内罪犯及其法定代理人、近亲属;另一类是接受狱内罪犯委托代为行使救济权的受委托人,具体指狱内罪犯委托的律师。

1. 认为监狱执法行为侵犯其合法权益的狱内罪犯

狱内罪犯是其合法权益受行刑关系中监狱及其工作人员执法行为影响的行政相对人。因此,监狱及其工作人员的执法行为及其结果与狱内罪犯具有直接的利害关系。监狱及其工作人员合法、规范地行使其刑罚执行权力,狱内服刑罪犯的合法权益就能得到充分保障。否则,监狱及其工作人员违法行使刑罚执行权力,或者怠于行使其法定职权,狱内服刑罪犯的合法权益就会受到侵犯。一旦监狱及其工作人员的执法行为侵犯了狱内服刑罪犯的合法权益,作为行政相对人的狱内罪犯就有权诉诸法定途径救济自己受损的合法权利,因之就理所当然地成为权利救济的申请主体。此时,狱内罪犯救济权的权利主体和行使主体合于一身。

2. 提出权利救济请求的狱内罪犯的法定代理人和近亲属

狱内罪犯的法定代理人代其提出权利救济请求,自无疑义。罪犯身陷囹圄之中,近亲属是其最为亲近之人。由于配偶、血亲关系和姻亲关系的存在,近亲属也是罪犯最值得信赖和最值得托付有关事务的人,这符合人性和人之伦理。通常情况下,狱内罪犯也愿意把其受到的冤屈向近亲属倾诉,近亲属也是能够向其提供精神和物质帮助以及其他帮助的信赖主体。狱内罪犯通过会见等途径接触其近亲属,可以将其在监狱内受到的不公正待遇和监狱及其工作人员侵犯其合法权益的事实倾诉给近亲属,近亲属有权代其向有关部门提出申诉或投诉,以维护其合法权益。例如,《欧洲监狱规则》(2006年版)第70条第5款规定:"主管当局有理由相信犯人的权利受到侵犯时,应当考虑犯人亲属的任何书面投诉。"①

由近亲属代为行使或者直接行使当事人的程序性权利,我国法律多有明确规定。例如,《行政复议法》第10条第2款规定:"有权申请行政复议的公民死亡的,其近亲属可以申请行政复议。"《行政诉讼法》第25条第2款规定:"有权提起诉讼的公民死亡,其近亲属可以提起诉讼。"《民事诉讼法》第58条第2款规定,当事人的近亲属可以被委托为诉讼代理人。《刑事诉讼法》第33条规定,近亲属可以担任被追诉人的辩护人;该法第97条和第99条规定,近亲属有权为被追诉人申请变更强制措施和有权要求解除强制措施;该法第101条规定,被害人的近亲属有权提起附带民事诉讼;该法第227条规定,被告人的近亲属,经被告人同意,可以提出上诉;该法第252条规定,当事人的近亲属对已经发生法律效力的判决、裁定,可以向人民法院或者人民检察院提出申诉;该法第294条规定,缺席审判程序中的被告人的近亲属不服判决的,有权向上一级人民法院上诉;该法第299条和第300条规定,被追诉人的近亲属有权申请参加适用违法所得没收程序的诉讼,以及有权对人民法院作出的有关裁定提出上诉;该法第305条第2款规定,被决定强制医疗的人的近亲属对强制医疗决定不服的,可以向上一级人民法院申请复议;该法第306条规定,被强制医疗的人及其近亲属有权申请解除强制医疗;等等。由此可见,在我国程序法中,近亲属有权代为行使或直接行使当事人所享有的广泛的诉讼权利,法律之所以如此规定,其主要目的是为当事人权益保护编制一个"万全、周密"的程序法网。因此,由狱内罪犯的近亲属代其行使救济权

---

① 《欧洲监狱规则》(2006年版),吴宗宪译,《犯罪与改造研究》2019年第6期,第77页。

利,不仅不存在法理障碍,而且有其他程序法的先例规定作为参照和借鉴。

需要指出的是,在我国,实体法领域的近亲属范围和程序法领域的近亲属的范围不同。例如,在民事实体法领域,根据我国《民法典》的规定,配偶、父母、子女、兄弟姐妹、祖父母、外祖父母、孙子女、外孙子女为近亲属。在刑事诉讼中,根据我国《刑事诉讼法》的规定,"近亲属"是指夫、妻、父、母、子、女、同胞兄弟姊妹。显然,刑事程序法领域的近亲属范围要比民事实体法领域的近亲属范围狭窄一些。考虑到代替狱内罪犯行使救济权利的主体必须具备相应的行为能力,以及《刑事诉讼法》与《监狱法》之间的紧密关系,可以借鉴我国《刑事诉讼法》关于"近亲属"范围的规定,将代替狱内罪犯提出救济请求的近亲属限定在以下范围:狱内罪犯的"夫、妻、父、母、子、女、同胞兄弟姊妹"。

3. 接受罪犯委托代为行使救济权利的律师

随着现代程序法的发展和演进,程序规则日趋发达,复杂化和专业化的特征日益突出,大多数狱内罪犯的知识储备不足或认知水平较低,其自身显然是难以胜任"熟练地运用程序规则维护自身合法权益"这一重任的。此外,狱内罪犯天然地居于弱势地位,有时候单凭自身力量难以抗衡实力强大的监狱执法主体。因此,狱内罪犯迫切需要专业的律师为其提供有效的法律帮助,代为行使救济权利。专业律师在接受了狱内罪犯委托的情形下,当然成为狱内罪犯权利救济的申请主体。

三、狱内罪犯权利救济的受理和审查主体

狱内罪犯权利救济的受理和审查主体,是指有权受理狱内罪犯申诉、投诉或诉讼请求并依法作出处理决定或裁判的主体。由于狱内罪犯与监狱之间的纠纷解决机制具有多元化的特征,因此,狱内罪犯权利救济的受理和审查主体也是多元的。大体上包括以下几类:

1. 监狱内部的监督部门和监狱官员及监狱负责人

通常情况下,监狱是初次受理和审查狱内罪犯申诉或请求的主体。在监狱内,受理和审查狱内罪犯申诉或请求的部门一般为监狱内设立的专门的罪犯申诉处理机构、监狱内部的监督部门、监区长、监狱长等。例如,《联合国囚犯待遇最低限度标准规则》[又称《纳尔逊·曼德拉规则》(2015年)]之规则第56条第1项规定:"囚犯应当每日都有机会向监狱长或奉派代表监狱长的监狱工作人员提出请求或申诉。"该条是监狱长层次对狱内罪犯诉冤受理的规定。在美国第一层次的罪犯诉冤程序中,由诉冤协调员(grievance coordinator)或委员会接受罪犯的诉冤并调查。[①]根据德国《监狱法》第108条的规定,罪犯可以向监狱长提出请求或建议。在日本,权利受到侵犯的罪犯可以申请与监狱长面谈。[②] 在我国,一些监狱在其内部设置了信访工作领导小组,成员由监狱长和有关内设部门负责人组成,主要负责处理包括狱内罪犯在内的信访人针对监狱警察

---

① 参见任卓冉、贺蒽蒽:《美国犯人诉冤解决机制及其启示》,《求索》2015年第5期,第92页。

② [南非]德克·凡·齐尔·斯米特、[德]弗里德·邓克尔:《监禁的现状和未来:从国际视角看囚犯的权利和监狱条件》,张青译,法律出版社2010年版,第241、333页。

及工作人员违法违纪行为、监狱执法活动存在违法行为的控告等信访事项;监狱长和监狱的业务部门负责人接待来访人员,依法受理和在职责权限内处理信访事项。

2. 作为狱内罪犯申诉(投诉)复议机关的监狱主管部门

监狱对狱内罪犯作出的监狱强制、监狱许可、监狱奖励和监狱处罚等行政行为,以及狱内罪犯受到的相应处遇,都是由监狱以自己名义作出的。此外,狱内罪犯针对监狱政策和监狱条件等提出的申诉或投诉,其指向的对象也是监狱。因此,如果狱内罪犯认为监狱的执法行为侵犯了自己的合法权益,或者对监狱政策和监狱条件等不满而提出申诉或投诉,其有权向监狱的上级管理机关申请复议,由监狱的上级管理机关审查监狱行政行为是否合法和适当,以及审查狱内罪犯的申诉或投诉请求是否合理、合法并作出复议决定。例如,《联合国囚犯待遇最低限度标准规则》[又称《纳尔逊·曼德拉规则》(2015 年)]之规则第 56 条第 3 项规定:"应允许囚犯向中央监狱管理部门、司法主管机关或其他主管机关,包括有审查或纠正权的机关,提出关于其待遇的请求或申诉,内容不受检查。"在德国,罪犯可以向司法部的有关官员提出上诉,向其提交请求行政复议的申请状和请求书。在我国,监狱的上级管理机关是设在各省(自治区、直辖市)的监狱管理局,各省(自治区、直辖市)的监狱管理局的主管部门是省(自治区、直辖市)的司法厅(局),之上是司法部。因此,有权受理和审查狱内罪犯申诉或投诉复议申请的主体是监狱的上级管理机关——各省(自治区、直辖市)的监狱管理局。

3. 来自监狱外的有权受理和审查主体

除了监狱内部受理狱内罪犯申诉或请求的主体和狱内罪犯申诉或请求复议的主体之外,来自监狱外的有权受理和审查狱内罪犯申诉或请求的主体,其在维护狱内罪犯合法权益方面也发挥着不可或缺的作用。从域外国家来看,这些主体主要有:监狱视察委员会(或者监狱探访者委员会、监狱顾问委员会)、议会、欧洲人权委员会、监狱检查员或监狱视察官、驻监检察室等。例如,《联合国囚犯待遇最低限度标准规则》[又称《纳尔逊·曼德拉规则》(2015 年)]之规则第 56 条第 2 项规定:"在监狱检查员进行检查时,应可向其提出请求或申诉。囚犯应有机会同检查员或其他检查官员进行自由和完全保密的谈话,监狱长或其他工作人员不得在场。"英国在每个监狱都设立了探访者委员会(board of visitors),成员由内政部挑选和培训的业外人士组成。每个监狱的探访者委员会不少于两人。探访者委员会的成员可以在任何时间进入监狱,可以接触监狱的任何部分和任何犯人。探访者委员会的任务是定期访问监狱,检查议会的决定是否得到落实,并受理和审查囚犯申诉,向犯人提出最好的纠正路径。一些探访者委员会可能会把犯人的诉冤要求提交监狱之外的有关组织。但是,探访者委员会无权推翻监狱长的决定。[①] 在英国,囚犯还可以向监狱系统外部的监狱监察官提出申诉,但是一般认为只有比较严重的问题才宜利用这条解决路径。[②] 此外,在英国,罪犯在遇到自己认为不公

---

① 参见[南非]德克·凡·齐尔·斯米特、[德]弗里德·邓克尔:《监禁的现状和未来:从国际视角看囚犯的权利和监狱条件》,张青译,法律出版社 2010 年版,第 166 页;吴宗宪:《当代西方监狱学》,法律出版社 2005 年版,第 493 页。

② [南非]德克·凡·齐尔·斯米特、[德]弗里德·邓克尔:《监禁的现状和未来:从国际视角看囚犯的权利和监狱条件》,张青译,法律出版社 2010 年版,第 167 页。

平的待遇之后,还可以通过"给国会议员写信、给律师写信、给警察局长写信、向英国女王或国会请愿、向欧洲议会的议员请愿、向欧洲人权委员会请愿"等途径提出请求和投诉,以获得帮助。在日本,罪犯可以在没有监狱工作人员在场的情况下,向每两年到监狱巡视一次的视察官以书面或口头形式提出请愿。① 可见,在西方国家,由于狱内罪犯的正式诉冤机制和非正式诉冤机制并存,受理狱内罪犯诉冤请求的审查主体也呈现出多元化的特征。在我国,驻监检察室是人民检察院派驻监狱的对监狱执行刑罚的活动是否合法依法实行监督的机构,其职责之一是受理和处理狱内罪犯的投诉、意见和情况反映等。

4. 法院或监狱法庭

对侵犯狱内罪犯基本权利、影响其重大权益的诉冤事项,西方国家普遍允许进行司法审查。例如,在法国,根据 1996 年 4 月 5 日通过的一项法令的规定,犯人有权利在行政法庭上对任何纪律处罚提起抗辩。② 在德国,根据德国《监狱法》第 109 条至第 121 条规定,要对剥夺囚犯权利的监狱决定进行司法审查。司法审查只涉及监狱所采取的具体措施,而不涉及监狱的规定或一般行政命令。这类案件由专门的州级刑事执行庭(Strafvollstreckungskammer)负责审理。③ 此外,奥地利、加拿大、法国、印度、荷兰、波兰、俄罗斯、瑞典和瑞士等国普遍对符合一定条件的诉冤请求

---

① [南非]德克·凡·齐尔·斯米特、[德]弗里德·邓克尔:《监禁的现状和未来:从国际视角看囚犯的权利和监狱条件》,张青译,法律出版社 2010 年版,第 333 页。

② [南非]德克·凡·齐尔·斯米特、[德]弗里德·邓克尔:《监禁的现状和未来:从国际视角看囚犯的权利和监狱条件》,张青译,法律出版社 2010 年版,第 198 页。

③ [南非]德克·凡·齐尔·斯米特、[德]弗里德·邓克尔:《监禁的现状和未来:从国际视角看囚犯的权利和监狱条件》,张青译,法律出版社 2010 年版,第 241 页。

由法院进行审理并作出裁决。

四、狱内罪犯权利救济的保障机制

1. 狱内罪犯权利救济的律师帮助制度

向弱势群体提供免费的法律帮助是国家义务。狱内罪犯属于社会的弱势群体,其合法权益易受侵犯。建立狱内罪犯权利救济的律师帮助制度,由专业的律师为狱内罪犯提供法律咨询、程序选择建议、代为提出申诉或提起诉讼,有利于有效维护狱内罪犯的合法权益。1990 年第八届联合国预防犯罪和罪犯待遇大会通过的《关于律师作用的基本原则》第 1 条和第 2 条分别规定:"所有的人都有权请求由其选择的一名律师协助保护和确立其权利并在刑事诉讼的各个阶段为其辩护。""各国政府应确保向在其境内并受其管辖的所有的人,不加任何区分,诸如基于种族、肤色、民族、性别、语言、宗教、政治或其他见解、原国籍或社会出身、财产、出生、经济或其他身份地位等方面的歧视,提供关于平等有效地获得律师协助的迅捷有效的程序和机制。"《联合国囚犯待遇最低限度标准规则》[又称《纳尔逊·曼德拉规则》(2015 年)]之规则第 61 条第 1 款规定:"应当依据适用的国内法律向囚犯提供适当机会、时间和设施,以便其在不受拖延、阻拦或审查且完全保密的情况下接受自己选择的法律顾问或法律援助提供者的探访并就任何法律问题与之沟通和咨询。咨询可在监狱工作人员视线范围内但听力范围外进行。"第 3 款规定:"囚犯应当获得有效的法律援助。"《欧洲监狱规则》(2006 年版)第 23 条第 1—4 款规定:"所有犯人都有权获得法律咨询,监狱当局应当为他们提供获取此类咨询合理的便利条件。""犯人可以自行选择并自费与法律顾问咨询任何法律事务。""如果有得到认可的免费法律援助计划时,当局应提醒所有犯人注意。""犯人与其法律顾问之间的商议和其他通信,包括有关法律事务的通信,应当予以保密。"①可见,罪犯获得有效的法律帮助亦为国际法文件和一些区域性的监狱规则所确认。

关于狱内罪犯权利救济的律师帮助制度,主要包括以下内容:(1)律师会见、通信制度。允许律师随时可以进入监狱与罪犯会见或保持通信联系,律师会见罪犯时不受监听;律师与罪犯的通信不受检查。(2)律师代理狱内罪犯投诉和提起诉讼制度。允许狱内罪犯委托律师代其向有关机关或部门提出申诉或投诉请求或者向法院提起诉讼。(3)免费的法律援助制度。对于那些经济困难并符合法律援助条件的罪犯,由政府指派法律援助律师为其提供免费的法律帮助。

2. 狱内罪犯申诉(投诉)保密制度

实践中,狱内罪犯往往出于害怕监狱工作人员打击报复而压抑自己的合法诉求,不敢或不愿诉诸合法途径维护自身合法权益。因此,建立狱内罪犯申诉(投诉)保密制度,有利于消除狱内罪犯顾虑,使其能够主动大胆地向有权处理其申诉或投诉请求的部门和机构反映其真实诉求和合法控告。对此,联合国大会 2010 年 12 月 21 日第 65/229 号决议通过的《联合国关于女性囚犯待遇和女性罪犯非拘禁措施的规则》(又称《曼谷规则》)之规则第 25 条第 1 款规定:"应立即为报告受到虐待的女性囚犯提供保护、支持和咨询辅导,并应由独立的主管部门对其声称受到的虐待

---

① 《欧洲监狱规则》(2006 年版),吴宗宪译,《犯罪与改造研究》2019 年第 6 期,第 71 页。

进行调查,同时充分尊重保密原则。保护措施应特别考虑到报复风险。"

狱内罪犯申诉(投诉)保密制度的主要内容包括:(1)狱内罪犯写给监狱的上级机关和司法机关以及其他外部检查主体的信件,不受监狱及其工作人员的检查。(2)有权受理和处理狱内罪犯申诉(投诉)请求的主体应当对罪犯的申诉(投诉)内容予以保密,除非了解情况和调查取证,不得泄露给作出监狱行政行为的执法人员,以防打击报复罪犯。(3)申诉(投诉)内容涉及狱内罪犯个人隐私的,有权受理和处理狱内罪犯申诉(投诉)请求的主体应当做好保密工作,不得随意散布或泄露。(4)狱内罪犯与监狱外部处理申诉(投诉)请求的主体的谈话内容应当保密,监狱外部的监狱视察委员会的检查员或其他检查官员与狱内罪犯谈话时,监狱工作人员不得在场或者监听。

3. 狱内罪犯权利救济物质保障制度

狱内罪犯申诉(投诉)的形式通常有口头和书面两种方式,两种方式各有利弊。书面方式不受时空限制,可以以书信、电子邮件等形式随时随地提出。为了方便狱内犯罪提出申诉(投诉)申请,必要的物质保障制度是必不可少的。这些物质保障措施主要有:为狱内罪犯书写书面申诉(投诉)材料提供必要的纸张、笔墨、信封等,并在邮费方面提供一定资助。在条件许可的监狱,狱内罪犯能够利用监狱内部局域网进行网络申诉或投诉的,监狱应当提供相应的便利条件,使狱内罪犯能够通过网络投诉渠道及时快速地将其申诉或投诉材料传递给有权处理的有关机关和机构。

现代信息网络技术的发展能够为"狱内罪犯网上投诉、以在线视频形式调查了解情况、证人视频作证、通过在线诉讼方式处理狱内罪犯申诉

（投诉）所涉争议"等提供有力的技术保障。监狱应当加大这方面的软硬件投入,建设罪犯在线投诉受理系统、在线调查取证系统、证人视频作证系统以及远程在线审判系统等。

4.违反狱内罪犯权利救济制度的法律责任

违反狱内罪犯权利救济制度的法律责任,是指参与狱内罪犯权利救济的主体违反狱内罪犯权利救济制度的规定所应承担的法律责任。包括行政责任和刑事责任。

违反狱内罪犯权利救济制度的行政责任,是指对违反狱内罪犯权利救济制度规定但尚不构成犯罪的狱内罪犯权利救济制度参与主体的责任人,依法应当承担的法律责任。行政责任承担的方式主要包括行政处罚和行政处分。

狱内罪犯权利救济制度行政责任的承担主体,大体上包括三类:有权处理狱内罪犯申诉或投诉的主体及其责任人;提出申诉或投诉请求的狱内罪犯;被投诉的监狱执法人员。不同的主体承担不同的行政责任。

（1）有权处理狱内罪犯申诉或投诉请求的主体及其责任人的法律责任

①监狱处理罪犯申诉或投诉请求的工作人员的法律责任

监狱处理罪犯申诉或投诉请求的工作人员有下列情形之一,造成严重后果的,对直接负责的主管人员和其他直接责任人员,依照有关规定给予纪律处分,构成犯罪的,依法追究刑事责任。

a.无故推诿、敷衍,应当受理狱内罪犯申诉或投诉请求而不予受理的;

b.无故拖延,未在规定期限内办结狱内罪犯申诉或投诉请求的;

c.监狱工作人员在处理信访事项过程中,作风粗暴,激化矛盾并造成严重后果的;

d.因故意或者重大过失,造成狱内罪犯申诉或投诉请求事项处理错误,侵害狱内罪犯合法权益的;

e.玩忽职守、徇私舞弊,打击报复提出申诉或投诉请求的狱内罪犯,或者把狱内罪犯材料及有关情况泄露给被控告人的。

②其他有权处理狱内罪犯申诉或投诉请求的机构的工作人员的法律责任

其他有权处理狱内罪犯申诉或投诉请求的机构的工作人员有下列情形之一,造成严重后果的,对直接负责的主管人员和其他直接责任人员,依照有关规定给予纪律处分,构成犯罪的,依法追究刑事责任。

a.应当受理狱内罪犯申诉或投诉请求而不予受理的;

b.不按法定程序办理或未在规定期限内办结狱内罪犯申诉或投诉请求的;

c.因故意或者重大过失,造成狱内罪犯申诉或投诉请求事项处理错误,侵害狱内罪犯合法权益的;

d.把狱内罪犯材料及有关情况泄露给被控告人的。

（2）提出申诉或投诉请求的狱内罪犯的法律责任

狱内罪犯捏造歪曲事实、诬告陷害他人,构成犯罪的,依法追究刑事责任;尚不构成犯罪的,由监狱依法给予警告、记过或禁闭的处罚。

狱内罪犯申诉或投诉请求已经法定程序办理终结,罪犯仍不接受处理结果而停息投诉,并经监狱劝阻、批评和教育无效的,由监狱予以警告、训诫或者制止;情节严重的,由监狱依法给予警告、记过或禁闭的处罚;构成犯罪的,依法追究刑事责任。

（3）被投诉的监狱执法人员的法律责任

打击报复提出申诉或投诉请求的罪犯，构成犯罪的，依法追究刑事责任；尚不构成犯罪的，依法给予行政处分或者纪律处分。

拒不纠正其作出的违法行政行为，或者拒绝采取补救措施的，情节较轻的，依照有关规定给予纪律处分；构成犯罪的，依法追究刑事责任。

拒不执行有权处理狱内罪犯申诉或投诉的机关作出的支持申诉或投诉请求的结论、意见或裁判结果的，情节较轻的，依照有关规定给予纪律处分；构成犯罪的，依法追究刑事责任。

第五章 狱内罪犯权利救济的运作程序

按照美国学者弗里德曼的论述,结构和实体是法律制度的真实组成部分。结构是法律制度一个基本的、明显的组成部分,实体(规则)是另一部分。制度的结构是其两种要素中的骨架;它是持久的模型,体制性的架构,是将程序保持在轨道之内的坚硬的骨骼。实体由实质性规则及有关机构运作的规则组成。① 按照这一理论来分析狱内罪犯权利救济制度,当我们谈到狱内罪犯权利救济的参与主体、各种有权处理狱内罪犯权利救济请求的主体的管辖权、各种狱内罪犯申诉和请求所涉纠纷解决机制之间的效力层次及其作用是什么时,我们是在形容狱内罪犯权利救济制度的结构。弗里德曼关于法律制度的实体是由实质性规则及有关机构运作的规则组成的论述,大体上相当于英国学者哈特关于法律制度是"主要规则"和"次要规则"的结合的论述。主要规则是行为举止规范,次

---

① [美]劳伦斯·M.弗里德曼:《法律制度——从社会科学角度观察》,李琼英、林欣泽,中国政法大学出版社 2004 年版,第 16—17 页。

要规则是关于这种规范的规范,即如何判断它们是否有效,如何实施等。① 当然,主要规则和次要规则都是法律制度的输出。它们是形容横断面中所见的法律制度行为的方法。诉讼当事人在实体的基础上行动,他们对这引起的期望作出反应。②

基于上述理由和分析,狱内罪犯权利救济的运作程序是狱内罪犯权利救济制度的重要组成部分,是狱内罪犯权利救济制度的实体(规则)。作为狱内罪犯权利救济制度的实体(规则)的狱内罪犯权利救济的运作程序,它是规定狱内罪犯权利救济参与主体行为举止规范(权利义务)、行使权利或履行职责的法律效力(例如,狱内罪犯提起申诉或投诉请求引起程序启动,法院对申诉或投诉所涉争议提出的诉讼请求作出裁判而终结司法程序等),以及申诉或投诉请求所涉纠纷公平解决的步骤、方式和程序的总和。狱内罪犯权利救济的运作程序包括:狱内罪犯权利救济程序的基本内容、狱内罪犯权利救济的内部程序、狱内罪犯权利救济的外部程序、狱内罪犯权利救济的补救措施等。

第一节　狱内罪犯权利救济程序的基本内容

狱内罪犯权利救济程序的基本内容,主要是关于狱内罪犯申诉或投诉的启动、受理、审查、复查等内部程序,以及狱内罪犯权利救济的外部程序和狱内罪犯权利救济补救措施的规定。它涉及以下问题:狱内罪犯如

---

① H.L.A Hart, *The Concept of Law* (1961), pp.91–92.
② [美]劳伦斯·M.弗里德曼:《法律制度——从社会科学角度观察》,李琼英、林欣泽,中国政法大学出版社 2004 年版,第 16 页。

何提出申诉或投诉请求;对狱内罪犯申诉或投诉请求的书面答复;处理狱内罪犯申诉或投诉请求的期限;对狱内罪犯申诉或投诉处理结论的申请复议或复查等。

根据阿什贝尔·沃尔第二(Ashbel T.Wall Ⅱ)的论述,犯人诉冤程序的核心部分(core element)包括下列各点:监狱官员和犯人参与制定和审查、要有可供选择的非正式解决方式、书面政策、审查层次、固定的时间限制、紧急规定、书面要求和反映、可利用性、对避免报复的防护措施、保存日记和记录。① 上述关于"监狱官员和犯人参与制定和审查"的内容,实际上属于罪犯权利救济制度"立法"层面的内容,严格来说,并不属于罪犯权利救济程序的基本成分。"要有可供选择的非正式解决方式",是对构建狱内罪犯申诉或投诉所涉纠纷解决多元化机制的要求。"书面政策"的内容,它要求"诉冤程序必须通过书面的文字材料体现出来,并且要将这种文字材料散发给所有犯人和监狱工作人员"。② 因此,该部分内容也不属于纯粹的罪犯权利救济程序的基本成分。"审查层次、固定的时间限制、紧急规定、书面要求和反映、可利用性"是罪犯权利救济程序的基本成分,其中的"紧急规定"是"紧急申诉或投诉要求的特别处理程序"。"对避免报复的防护措施、保存日记和记录"是罪犯权利救济制度运行的保障机制,不属于罪犯权利救济程序的基本成分。

基于上述分析,从纵向上来看,狱内罪犯权利救济程序的基本内容包括:(1)狱内罪犯申诉或投诉的启动。包括启动的实体条件和形式条件、申诉或投诉请求的提出及方式等。(2)狱内罪犯申诉或投诉请求的受理和审查。包括有权受理和审查的主体,审查的时限及处理决定的作出。

---

① 吴宗宪:《当代西方监狱学》,法律出版社 2005 年版,第 490—492 页。
② 吴宗宪:《当代西方监狱学》,法律出版社 2005 年版,第 491 页。

以上两部分内容相当于狱内罪犯申诉或投诉请求的"第一次审查程序",是监狱官员和监狱长层次对狱内罪犯申诉或投诉请求的处理。(3)狱内罪犯申诉或投诉请求的复查。包括有权复查狱内罪犯申诉或投诉请求的主体,复查的时限及复查决定的作出。相当于狱内罪犯申诉或投诉请求的"第二次审查程序",或者说是狱内罪犯申诉或投诉请求的"救济审查程序",等于给予狱内罪犯申诉或投诉请求欲维护的权利第二次救济的机会。在处理层次上,属于监狱管理局或者类似层次对狱内罪犯申诉或投诉请求的处理,同时也是复议机关对监狱执法行为的合法性和适当性进行审查的行政复议程序。(4)狱内罪犯申诉或投诉请求的行政诉讼程序。包括:起诉及起诉的条件,受理和审理及裁判。

从横向上来看,狱内罪犯权利救济程序的基本内容包括:(1)独立的监察专员或监狱视察委员会受理、审查狱内罪犯申诉或投诉请求的程序;(2)议会(人大)受理、审查狱内罪犯申诉或投诉请求和对监狱执法工作的监督程序;(3)驻监检察机构受理、审查狱内罪犯申诉或投诉请求和对监狱执法工作的监督程序;(4)法院对狱内罪犯申诉或投诉的司法审查程序。

第二节　狱内罪犯权利救济的内部程序

一、狱内罪犯权利救济的启动

1. 狱内罪犯提起申诉或投诉请求的条件

狱内罪犯权利救济的内部程序适用于监狱内服刑的所有罪犯,申诉或投诉请求的范围广泛,包括罪犯受到的不公正待遇、罪犯与监狱监管人员之间因执法行为引发的争议和纠纷等。但是,要提出一项具体的申诉或投诉请求,还必须符合下列条件:

(1)申诉或投诉请求人是认为自己受到不公正待遇或认为监狱执法行为侵犯了其合法权益的狱内服刑罪犯;

(2)如果要求追究监狱执法人员的法律责任,必须有明确的被请求人;

(3)有具体的请求和事实根据;

(4)属于监狱受理狱内罪犯申诉或投诉的范围。

2. 狱内罪犯提起申诉或投诉请求的形式

一般情况下,狱内罪犯提出申诉、投诉或控告,应当向受理机构递交《申诉(投诉)请求书》。监狱也可以提前印制好具有固定格式的表格,放置在狱内罪犯便于索取的位置,由具有书写能力的罪犯填写后递交。书写《申诉(投诉)请求书》确有困难的或者不便提出书面申诉或投诉的,可以请求其他狱内罪犯代为书写或填写《申诉(投诉)请求书》或表格,以及代写书面请求材料;也可以口头提出申诉或投诉,由受理机构做好记录。

狱内罪犯的书面申诉或投诉材料书写完成后,由其投入监狱在适当位置放置的意见箱中,意见箱由专人定期打开,专人负责将狱内罪犯的申诉或投诉材料转交有权处理的机构;或者由罪犯将其申诉或投诉材料当面递交给监狱干警(与申诉或投诉请求有利害关系的监狱干警除外),再由接收申诉或投诉材料的监狱干警转交监狱内有权处理罪犯申诉或投诉请求的机构。

狱内罪犯提出口头申诉或投诉申请的,听取其申诉或投诉请求的监

狱内罪犯权利救济制度研究

狱干警应当做好记录,并将记录狱内罪犯申诉或投诉请求内容的材料及时转交有权处理的监狱内部机构。记录材料记载的口头申诉或投诉请求与《申诉(投诉)请求书》记载的书面申诉或投诉请求具有同等的效力。例如,在英国,罪犯每天可以向监区官员(wing staff)提出诉冤要求,也可以向监狱高级管理小组(establishment's senior management team)的分管成员口头提出诉冤要求。这种口头要求与书面要求具有同等效力,接受投诉的监狱官员必须将口头投诉记录下来。① 《联合国囚犯待遇最低限度标准规则》[又称《纳尔逊·曼德拉规则》(2015年)]之规则第56条第1款规定:"囚犯应当每日都有机会向监狱长或奉派代表监狱长的监狱工作人员提出请求或申诉。"这里的"囚犯应当每日都有机会提出的请求或申诉",从规则本意来理解,应当包括书面申诉和口头申诉。

在一些向狱内罪犯开放内部局域网并建有网上投诉平台的监狱,狱内罪犯可以在网上提交其申诉或投诉请求。网上投诉具有即时到达、迅速快捷、保密性强等特点,具备软硬件条件的监狱,应当大力推行这种申诉或投诉请求的提出方式。

狱内罪犯委托律师提出申诉或投诉请求的,应当采用书面的方式,将书面申诉或投诉材料通过邮件(纸质版或电子版)、举报网址或举报电话等多种形式寄送、转递、发送给有权处理的监狱内部机构及其工作人员。

二、狱内罪犯权利救济请求的受理

在西方国家,受理狱内罪犯权利救济请求的主体或部门通常为监狱

---

① 吴宗宪:《当代西方监狱学》,法律出版社2005年版,第492页。

工作人员、监区长或监狱长、罪犯诉冤委员会或罪犯诉冤办公室、负有监督职责的监狱内设机构等。管理罪犯的监狱工作人员在接到罪犯的申诉或投诉请求后,必须按照规定进行调查,做出答复。在奥地利,监狱长负责"囚犯对影响其权利的任何一项决定、任何一个法令和监狱工作人员的任何行为提出的申诉"的处理。在比利时,根据《监狱工作规则》,囚犯可以向监狱管理局的官员(监狱工作人员、监狱长、局长)提出申诉。① 除此之外,西方国家一般在监狱内部设置罪犯诉冤委员会或罪犯诉冤办公室,专门负责狱内罪犯的投诉事宜。通常情况下,如果罪犯对通过非正式方式或途径处理其诉冤请求的结果不满意,就可以将其诉冤请求诉诸罪犯诉冤委员会或罪犯诉冤办公室请求处理。

在我国,监狱一般都建立了监狱信访制度,监狱机关负责人和业务部门负责人具体接待包括服刑罪犯在内的信访人的来信来访。狱内服刑罪犯提出的"对监狱人民警察及其工作人员违法违纪行为的控告、不服基层单位处理决定申请复查的申诉,以及反映监狱机关执法活动存在违法行为的控告"等信访事项,监狱机关负责人和业务部门负责人必须受理,并依相应途径依法处理。此外,我国监狱内部设置的法制信箱和纪委信箱等,分别由负有监督职责的监狱内设机构管理、使用、开启和锁闭,信箱内收到的狱内罪犯申诉或投诉材料,由监狱内部的纪检、监察部门受理,并由其依法处理或转交有关部门办理。

---

① 〔南非〕德克·凡·齐尔·斯米特、〔德〕弗里德·邓克尔:《监禁的现状和未来:从国际视角看囚犯的权利和监狱条件》,张青译,法律出版社 2010 年版,第 11、38 页。

三、狱内罪犯权利救济请求的审查与处理

正如法院内设的立案庭和审判庭具有不同的功能一样,监狱内部有权受理狱内罪犯权利救济请求的主体和有权审查并作出处理决定的审查主体的职责是不同的。当然,在一些特殊情形下,有权受理狱内罪犯权利救济请求的主体和审查处理主体是重合的,主要是指针对一些简单的申诉或投诉请求或者过于琐碎的、无根据的、无意义的申诉或投诉请求,负责直接管理服刑罪犯的监狱工作人员通过非正式的方式即可迅速作出答复和处理。此时,受理主体和审查处理主体是同一人。

在大多数情况下,狱内罪犯权利救济请求的审查主体是法定的。审查主体的设置和权限规定,既与监狱系统的规模和复杂程度有关,也与罪犯权利救济请求的简单和复杂程度有关。一般来说,在监狱内部,审查和处理狱内罪犯权利救济请求包括两个层次:监区层次和监狱层次。例如,在西方国家,监区长(wing manager)或单元主任(unit manager)有权对罪犯的诉冤要求作出处理决定。[1] 在美国,典型的罪犯诉冤层次包括"诉冤协调员(grievance coordinator)或委员会、上级管理人员直至监管长官、监管场所的中心部门派出申诉专员(appeals coordinator)"三个层次,罪犯对第一层次的处理结果不满意,还可以向第二层次继续提出投诉;第三层次的职责主要是审查,负责对个案进行调查并提出建议;处于第三层次的申诉专员还可将狱内罪犯诉冤请求处理的决定权交给诸如仲裁员或公民审查小组(citizen review panel)等监狱外部机构来行使。[2] 总之,在西方国

---

[1]　吴宗宪:《当代西方监狱学》,法律出版社 2005 年版,第 493 页。

[2]　任卓冉、贺蕙蕙:《美国犯人诉冤解决机制及其启示》,《求索》2015 年第 5 期,第 92 页。

家,监狱系统有权审查并作出处理决定的主体通常包括以下三个层次:罪犯诉冤办公室或诉冤委员会、监狱长和监狱的上级管理机构。不同国家国情不同,在设置层次及受理罪犯诉冤请求的内容方面有所不同,但一般都允许罪犯对初次处理结果不服可以向上一层次的有权处理机构继续申诉,以救济其权利。

有权审查和处理狱内罪犯权利救济请求的主体收到申诉或投诉材料后,经简单阅读处理,认为罪犯的申诉或投诉请求缺乏事实依据或法律依据,应当当面或尽快作出答复;如果罪犯的申诉或投诉请求属于一般问题,可以采取"约谈罪犯本人、进行必要的调查、问询罪犯证人"等多种方式了解情况,在查清事实的基础上作出处理决定,并将处理结果及时告知提出申诉或投诉的罪犯;如果罪犯的权利救济请求属于重大、复杂问题,应当由有权处理的主体直接进行调查处理,并在规定的时间内作出书面处理决定,书面处理决定中应当告知申请人不服处理决定的申请复议(复核)时限和复议(复核)机关。

对狱内罪犯权利救济请求的审查和处理,还应当遵守时限的要求,《联合国囚犯待遇最低限度标准规则》〔又称《纳尔逊·曼德拉规则》(2015年)〕之规则第57条第1款规定:"对每项请求或申诉都应迅速处理并毫无迟延地给予答复。如果请求或申诉被驳回,或有不当迟延,申诉人应有权提交司法主管机关或其他主管机关。"美国律师协会总结的罪犯诉冤程序的答复时限标准是"30个工作日"。美国得克萨斯州的《犯人手册》(2015年9月)第8部分"罪犯诉冤程序"规定:"一项非正式的罪犯诉冤问题的解决方式必须在提起诉冤程序之前采取。非正式的解决方式是指任何可供使用的试图解决问题的方式,同时必须被标注在第一阶段的表格之中。你(罪犯)从(诉冤)争议问题所涉事故或事件发生之日起 15 日内,须完成第一阶段诉冤表格并提交给诉冤办公室的调查员。第一阶段会占用 40 天,从诉冤办公室收到第一阶段表格到作出答复止,或者占用 45 天来处理诉冤请求。如果你对第一阶段的答复不满意,还可以对第一阶段的处理决定提出申诉,从而诉诸第二阶段。你从诉冤表格前部的'办公室专用'一栏中标注的'返回给罪犯的日期'之日起有 15 天时间向第二阶段的诉冤办公室的诉冤调查员提交诉冤请求。第二阶段的程序会占用 40 天,之后会给你提供一个书面的答复,或者占用 45 天来处理诉冤请求。"①

四、狱内罪犯权利救济请求处理决定的复议和复核

狱内罪犯的权利救济请求经过监狱层次的有权处理主体作出处理决定后,如果其对处理结果不服或者不满意的话,有权向监狱的上级管理机关申请复议,要求对其申诉或投诉请求进一步审查。但需要指出的是,并不是所有的申诉或投诉请求都属于可以提起复议的范围,只有那些对服刑罪犯权利有较大影响的监狱执法行为而引发的争议和纠纷,经过监狱层次处理后申请人不服或不满意,才可以向监狱的上级管理机关申请复议。事实上,不加区分地对所有的申诉或投诉请求提供复议救济途径,不仅毫无必要,而且徒增资源耗费。这是因为,实践中,有些罪犯提出的申诉或投诉请求要么琐碎细小,要么毫无根据,要么纯粹是捏造事实,对这些申诉或投诉请求增加一道救济途径,不仅会助长罪犯滥用权利的动机,而且会造成无谓的资源浪费。因为对这些申诉或投诉请求涉及的事实进

---

① *Texas Department Of Criminal Justice*, *Offender Orientation Handbook*, p.74. https://www.doc88.com/p-1106980347112.html,最后访问日期:2021 年 3 月 16 日。

行调查和处理要耗费大量的人力、物力和财力,罪犯的这部分申诉或投诉请求完全可以在监狱层次得到解决和处理。此外,堵塞这部分申诉或投诉请求的复议救济途径,也能够打消个别罪犯不切实际的妄想,减少复议机关办理案件的压力。

以我国为例,一般而言,对狱内罪犯权益影响较大的监狱执法行为和事实主要有:警告、记过和禁闭等监狱行政处罚;严管矫治、武器镣铐等警械戒具使用等监狱强制;通信许可、会见许可、分级处遇、特许离监等监狱许可;表扬、记功、积分性奖励、处遇性奖励、计分考核扣分等监狱奖惩;监狱执法人员违法行使职权或者怠于行使职权导致罪犯人身权益受损等。以上因监狱执法行为所引发的监狱监管人员与罪犯之间的纠纷,经监狱层次的权利救济程序作出处理决定后,应当允许罪犯向监狱的上级管理机关——监狱管理局申请复议。① 这种复议程序既是对狱内罪犯申诉或投诉请求的复查程序,也是对监狱行政行为合法性和适当性进行审查的行政复议程序。

复议机关经初步审查,认为罪犯提出的申诉或投诉请求事项属于重大、复杂的投诉问题,还可以组织听证程序作进一步调查核实。听证会的参加人员包括作为申诉或投诉申请人的狱内服刑罪犯以及作为被申请人代表的监狱负责人、作出具体行政行为的监狱执法人员。必要时,也可以通知狱内其他罪犯出庭听证会,以便罪犯当场进行答辩、申请人和被申请

---

① 将监狱执法行为的复议机关规定为监狱的上级管理机关,有其正当理由:一方面,对罪犯权益影响重大的执法行为一般是监狱以自己的名义作出的,而不是监狱内部的某一部门或某一监区。以其名义作出的如果由监狱对自己作出的行政行为进行复议审查,就会形成自己监督自己的"怪圈"。因此,由监狱的上级管理机关对监狱行政行为进行复议审查,有利于保持复议审查的中立性。另一方面,由监狱的上级管理机关对监狱行政行为进行复议审查,能够形成审查方、申请人、被申请人组合而成的三方结构,有利于复查审查主体站在客观、中立的立场听取申请人和被申请人的陈述,在查明事实的基础上作出正确的处理决定,及时救济罪犯受到侵犯的合法权利。

人及其他罪犯之间进行对质和作证,进一步查清事实,在此基础上依法作出复议决定。

复议机关对提出申诉或投诉的罪犯的复议申请和对监狱作出的具体行政行为进行审查,提出意见,经复议机关的负责人同意或者集体讨论通过后,按照下列规定作出复议决定:(1)申诉或投诉请求合法并有充分的事实和理由,决定支持。并要求监狱纠正其违法行为。复议机关支持罪犯申诉或投诉请求的,或者确认监狱行政行为违法的,应当撤销监狱行政行为、责令监狱纠正违法行为并重新作出具体行政行为或者决定监狱在一定期限内履行法定职责。(2)申诉或投诉请求不合法,且缺乏事实依据和法律依据的,依法驳回。

对于严重侵犯罪犯合法权益而引发的监狱监管人员与罪犯之间的纠纷和争议,或者罪犯对影响自身利益甚巨的监狱行政行为不服而提出复议,经监狱管理局复议作出维持监狱行政行为的复议决定后,提出申诉或投诉的罪犯还可以向监狱管理局的上级管理机关——司法行政部门申请复核,或者不经复核直接向法院提起诉讼。

在西方国家,罪犯诉冤机制的运行分为监狱官员层次、监狱长层次、监狱管理局或者类似层次等三个层次。如果犯人对于监狱长或其委托的人或者机构的处理决定仍然不满意的话,可以向监狱的上级管理机构提出诉冤要求。监狱的上级管理机构必须按照规定的时间,进行调查和做出答复决定。① 这里的监狱管理局或者类似层次处理罪犯诉冤请求的机制,实质上是罪犯诉冤的复议程序。例如,在加拿大,罪犯申诉主要有四层途径:监狱工作人员、监狱长、地区监狱部门和矫正署长。如果囚犯对

---

① 吴宗宪:《当代西方监狱学》,法律出版社 2005 年版,第 493 页。

监狱工作人员和监狱长层次的处理结果不满意,他可将申诉提交到地区监狱管理部门,最终可上诉至矫正署长。[①]

第三节　狱内罪犯权利救济的外部程序

狱内罪犯权利救济的外部程序,是指监狱及监狱系统之外的处理狱内罪犯权利救济请求的程序的总称。综览中外,这些外部程序主要包括以下几种:监狱视察委员会检查程序或类似程序;狱内罪犯权利救济的监狱检察程序;议会或人大的监督审查程序;狱内罪犯权利救济的司法审查程序等。

一、监狱视察委员会检查程序或类似程序

为了保证狱内罪犯能够利用外部渠道救济自己受损的合法权利,西方许多国家都设置了监狱视察委员会检查程序或类似程序。监狱视察委员会或类似机构的成员有权随时、不受限制地、经常性地进入监狱,对监狱的执法情况进行视察和检查,或者直接接受并处理狱内罪犯的诉冤请求。例如,在比利时,行政委员会(Administrative Commission)是一个与每所监狱相连的监督机构,由志愿者、检察官和市长组成,可以接收未经审查的信件,定期探视囚犯,以及将所有有用信息上报司法部长。在加拿大,如果囚犯对监狱的处理结果不满意,他有权将申诉提交到"外部复审

---

① 　[南非]德克·凡·齐尔·斯米特、[德]弗里德·邓克尔:《监禁的现状和未来:从国际视角看囚犯的权利和监狱条件》,张青译,法律出版社 2010 年版,第 99 页。

委员会"。英国每所监狱都有一个当地的探访者委员会,由内政部挑选和培训的业外人士组成,任务是定期访问监狱,检查议会的决定是否得到落实,并受理囚犯申诉。在德国,根据《监狱法》第 162 条,公众对各个监禁机构的监督是通过监狱监督委员会(Anstaltsbeiräte)来实现的。该委员会有着悠久的民主传统,由独立的非业内人士组成,代表公众对监禁机构实施适度的监督。日本律师协会设有"公民自由委员会"(Civil Liberties Commission),囚犯可以向这个委员会提出法律救济请求。① 在荷兰,设立了投诉委员会(complaint committee),由监狱监督委员会(Prison Supervisory Bond)的成员组成。这个投诉委员会根据犯人的诉冤要求,可以推迟执行监狱长的决定,也可以废除监狱长的决定;当投诉委员会废除了监狱长的决定,而监狱长的决定已经执行完毕的话,就有可能对犯人给予经济补偿。②《联合国囚犯待遇最低限度标准规则》[又称《纳尔逊·曼德拉规则》(2015 年)]之规则第 56 条第 2 款规定:"在监狱检查员进行检查时,应可向其提出请求或申诉。囚犯应有机会同检查员或其他检查官员进行自由和完全保密的谈话,监狱长或其他工作人员不得在场。"总之,来自于监狱外部的视察委员会检查程序或类似程序,等于为狱内罪犯增加了一扇权利救济的"窗口",使其能够方便地接触委员会的成员,向其倾诉在监狱内受到的不公正待遇以及合法权益受损的情况,以寻求外部途径的救济。监狱视察委员会或类似委员会检查制度具有"组成人员组成多元、中立性"等特点,使得监狱委员会作出的处理决定能够为诉冤申请人和被申请人(监狱一方)共同接受。

---

① [南非]德克·凡·齐尔·斯米特、[德]弗里德·邓克尔:《监禁的现状和未来:从国际视角看囚犯的权利和监狱条件》,张青译,法律出版社 2010 年版,第 38、99、166、243、333 页。

② Peter J. P. Tak, *Essays on Dutch criminal policy* (The Netherlands: Wolf Legal Productions, 2002), p.168,转引自吴宗宪:《当代西方监狱学》,法律出版社 2005 年版,第 493—494 页。

二、狱内罪犯权利救济的监狱检察程序

狱内罪犯权利救济的监狱检察程序是我国特有的程序。我国派驻监狱的检察机构对监狱工作的监督范围广泛,监狱检察涉及的内容贯穿于刑罚执行活动的全过程。具体包括:收监、出监检察,刑罚变更执行检察和监管活动检察等。其中的监管活动检察可以视为狱内罪犯权利救济外部程序的一个组成部分。驻监检察机构在日常检察活动中,可以主动找服刑人员谈话,了解服刑人员对监狱干警执法行为的评价,受理服刑人员的控告、申诉和举报。此外,在监区开展的检察官接见日活动当日,受理服刑人员及近亲属的控告和申诉。①

根据我国《人民检察院监狱检察办法》的规定,在驻监检察机构开展的禁闭检察活动中,采取的方法之一是"听取被禁闭人和有关人员的意见"。在狱政管理、教育改造活动检察活动中,采取的方法之一是"向罪犯及其亲属和监狱人民警察了解情况,听取意见"。《人民检察院监狱检察办法》第39条第2款还规定:"派驻检察人员应当每周至少选择一名罪犯进行个别谈话,并及时与要求约见的罪犯谈话,听取情况反映,提供法律咨询,接收递交的材料等。"

归纳起来,针对狱内罪犯申诉或投诉请求而实施的监狱检察方法,主要有:(1)禁闭检察的方法和内容:听取被禁闭人的申诉;到被禁闭罪犯的分押监区,走访其同监区的罪犯和管教干警;向禁闭管教干警了解被禁

---

① 参见周育平、刘美华:《监所检察工作规范操作手册》,中国检察出版社2012年版,第22—24页。

闭犯人进入禁闭室后的表现情况。① 检察内容主要涉及"适用禁闭是否符合规定条件,适用禁闭的程序是否符合有关规定,执行禁闭是否符合有关规定"等。(2)严管检察的方法和内容:听取被严管服刑人员的申诉。检察的内容涉及"适用严管是否符合有关规定,适用严管的程序是否符合有关规定,对严管服刑人员的管教是否符合有关规定"等。(3)戒具检察的方法和内容:与被加戴戒具的服刑人员谈话和与监区内的服刑人员谈话。检察的内容涉及"使用戒具的情形消失后是否停止了使用戒具,是否存在采用加戴戒具的方法变相虐待、体罚服刑人员等滥用戒具的情形,加戴戒具的审批手续是否完备,是否因加戴戒具而对服刑人员造成了不应有的伤害"等。② (4)生活、卫生检查的方法和内容:深入服刑人员生活现场,广泛听取服刑人员对医疗、伙食、监狱超市的意见。③ (5)劳动改造检察的方法和内容:找监区服刑人员谈话,了解是否有超时、延时劳动和超强度劳动的情形,是否有通过加压劳作强度变相体罚虐待服刑人员的情形,以及是否存在在国家法定节假日安排服刑人员劳作的,等等。(6)监狱警察执法过错检察的方法和内容:在监区或者分监区设立检察官信箱;在监区开展检察官接待日活动;在监区或者分监区开展服刑人员约见检察官活动。④ 驻监检察机构通过以上监狱检察方法,以了解监狱警察在执法过程中是否存在过错行为或违法行为。

根据我国《人民检察院监狱检察办法》的规定,驻监检察机构在监管活动检察和狱政管理、教育改造检察活动中发现的上述问题,有权提出纠

① 周育平、刘美华:《监所检察工作规范操作手册》,中国检察出版社 2012 年版,第 33 页。
② 参见周育平、刘美华:《监所检察工作规范操作手册》,中国检察出版社 2012 年版,第 34—35 页。
③ 周育平、刘美华:《监所检察工作规范操作手册》,中国检察出版社 2012 年版,第 62 页。
④ 周育平、刘美华:《监所检察工作规范操作手册》,中国检察出版社 2012 年版,第 75 页。

正意见和建议,要求监狱及时纠正或完善相关制度。具体而言,纠正违法的程序如下:(1)派驻检察人员发现轻微违法情况,可以当场提出口头纠正意见,并及时向派驻检察机构负责人报告,填写《检察纠正违法情况登记表》。(2)派驻检察机构发现严重违法情况,或者在提出口头纠正意见后被监督单位七日内未予纠正且不说明理由的,应当报经本院检察长批准,及时发出《纠正违法通知书》。(3)人民检察院发出《纠正违法通知书》后十五日内,被监督单位仍未纠正或者回复意见的,应当及时向上一级人民检察院报告。对严重违法情况,派驻检察机构应当填写《严重违法情况登记表》,向上一级人民检察院监所检察部门报送并续报检察纠正情况。(4)被监督单位对人民检察院的纠正违法意见书面提出异议的,人民检察院应当复议。被监督单位对于复议结论仍然提出异议的,由上一级人民检察院复核。(5)发现刑罚执行活动中存在执法不规范等可能导致执法不公和重大事故等苗头性、倾向性问题的,应当报经本院检察长批准,向有关单位提出检察建议。[①]

三、议会或人大的监督审查程序

议会或人大的监督审查程序,也是狱内罪犯权利救济的外部程序之一。在西方许多国家,狱内罪犯有权向国会或立法机构的议员写信,向其倾诉其在监狱受到的不公正待遇,以寻求帮助或救济。例如,在英国,除了正式的诉冤机制之外,罪犯还可以通过给家乡的国会议员(Member of Parliament,MP)写信或向欧洲议会(European Parliament)的议员写请愿书,来提出请求和控告。[②] 在比利时,囚犯有给监狱系统以外的人写信而

[①] 《人民检察院监狱检察办法》第48—50条。
[②] 参见吴宗宪:《当代西方监狱学》,法律出版社2005年版,第494—495页。

不受审查的权利,其中就包括向立法机构人员(议会成员)写信。① 在瑞典,设有议会监察专员制度。议会监察专员(Ombudsman)由议会选出,其职责是要根据议会下达的指示对法律和法规的适用进行公开监督。② 根据瑞典《议会监察专员指令法》第17条第2款的规定,"被剥夺自由的人可以写信给监察专员,而不受对其实施的有关禁止寄送信件和其他资料的命令的限制。"该条第1款还规定:"投诉应当以书面形式做出。书面投诉应当指明投诉对象是哪个权力机关,投诉哪一个具体行为,行为发生的日期,以及投诉人的姓名和地址。如果投诉人拥有对案件处理和评价起重要作用的材料,这些材料就应当附录其中。"③处理投诉是瑞典议会监察专员的重要工作,处理的方式包括:将投诉移送到有关机构予以处理、提出批评性意见、驳回或终止、无关紧要的案件在口头陈述后即可结案、向该受到投诉的法院或公共权力机构索要资料或对该事件发表声明、调查结束后以书面裁决结案等。根据瑞典《议会监察专员指令法》第6条的规定,监察专员结案时作出的裁决,必须表明自己的观点,判定权力机关或者官员的行为是否违反法律或者其他法规,或者是错误的、不妥当的。监察专员也可以做出旨在增强法律适用的一致性和妥当性的书面陈述。④ 综上,西方一些国家的议员或在议会设置的监察专员有权接受狱内罪犯的投诉和控告,议员或议会监察专员虽然没有直接裁断狱内罪犯

---

① [南非]德克·凡·齐尔·斯米特、[德]弗里德·邓克尔:《监禁的现状和未来:从国际视角看囚犯的权利和监狱条件》,张青译,法律出版社2010年版,第38页。

② [瑞典]本特·维斯兰德尔:《瑞典的议会监察专员》,程洁译,清华大学出版社2001年版,第1页。

③ [瑞典]本特·维斯兰德尔:《瑞典的议会监察专员》,程洁译,清华大学出版社2001年版,第65页。

④ [瑞典]本特·维斯兰德尔:《瑞典的议会监察专员》,程洁译,清华大学出版社2001年版,第61页。

诉冤请求的权力,但是,其作出的处理决定或裁决,以及处理决定或裁决中提出的意见和建议、对监狱及其工作人员行为性质是否违法的认定,都对监狱纠正其违法行为和改进工作具有重要的影响。

在政治对监狱系统的监督方面,西方许多国家的议会发挥了监督监狱执法工作的重要作用。例如,在奥地利,联邦司法部长可以邀请奥地利议会的所有议员随时突击检查各个监狱。加拿大议会时常组织对监狱系统的调查。丹麦的监察官是议会的代表,他可以将申诉追究到底并应该定期视察监狱。监察官有权对所察觉到的各方面的问题发表评论。议会法律事务常务委员会和司法部长偶尔也会过问与监狱条件有关的事宜,委员会成员定期应邀参观并视察监狱。德国国家议会中的各党派都有一名负责监狱事务的专员,可以不受限制地进入监狱。此外,议会辩论中也经常涉及与监狱有关的个别案件或一般性问题。① 可以看出,一些西方国家议会对监狱执法工作的监督,总体上是一种宏观层面对监狱整体工作的监督,并不直接针对具体的罪犯个人,但其作出的建议、评论性意见等,能够对监狱改进工作施加一定的影响。

在我国,人民代表大会是国家最高权力机关,根据《宪法》和其他法律的规定,人大有权对各级行政机关和司法机关活动的合法性进行监督。因此,人大有权对监狱执法工作进行监督。但是现行《中华人民共和国各级人民代表大会常务委员会监督法》并未对各级人大常委会对监狱执法工作进行监督作出明确规定,更无监督的途径、监督的方式的明晰规定。在实践中,人大监督监狱执法工作的常见形式是"开展监狱法实施情况的执法检查和组织人大代表视察监狱",这种监督也是一种宏观层

---

① 参见[南非]德克·凡·齐尔·斯米特、[德]弗里德·邓克尔:《监禁的现状和未来:从国际视角看囚犯的权利和监狱条件》,张青译,法律出版社 2010 年版,第 11、101、144、242 页。

面的对监狱整体工作的监督。由于缺乏法律的明确规定,无论是人大组织开展监狱法实施情况的执法检查,还是组织人大代表视察监狱,人大都不直接接受狱内服刑罪犯的投诉。因此,人大并不直接处理狱内罪犯的申诉或投诉请求,亦即人大并不直接处理因狱内罪犯申诉或投诉而引发的个案。

四、狱内罪犯权利救济的司法审查程序

对狱内罪犯申诉或投诉请求涉及的权利进行司法救济,是最具权威性和终局性的救济手段。罪犯权利受到侵犯后,其有权诉诸司法审查途径寻求救济,这为国际公约和联合国文件所确认。例如,《公民权利和政治权利国际公约》第 3 条规定:"本公约每一缔约国承担:(甲)保证任何一个被侵犯了本公约所承认的权利或自由的人,能得到有效的补救,尽管此种侵犯是以官方资格行事的人所为;(乙)保证任何要求此种补救的人能由合格的司法、行政或立法当局或由国家法律制度规定的任何其他合格当局断定其在这方面的权利;并发展司法补救的可能性"。《联合国囚犯待遇最低限度标准规则》[又称《纳尔逊·曼德拉规则》(2015 年)]之规则第 41 条第 4 款规定:"囚犯应有机会寻求对自己所受的纪律惩罚进行司法审查。"此外,区域性的人权公约、许多国家的监狱法和相关法规、判例等都规定或确认了罪犯接触法庭的权利(right to access to the courts),该权利是指罪犯直接向法院提起诉讼或者请愿的权利。例如,《欧洲人权公约》规定罪犯可以通过联络律师行使接触法庭的权利。美国通过大量的判例确认了罪犯的接触法庭权。根据法国 1996 年通过的一项法令的规定,罪犯有权利在行政法庭上对任何纪律处罚提起抗辩。德国《监狱法》规定,对监狱采取的剥夺罪犯权利的具体措施,法院有权

进行司法审查。① 在日本,以 1958 年大阪地方法院作出的"平峰判决"为标志,承认了罪犯对监狱限制其基本人权的处分有异议时,有权向法院寻求司法救济的权利。此后,日本的法院通过一些新的判例逐渐否定了特别权力关系理论。根据日本法律的规定,罪犯权利受到行刑主体侵害时,首先必须在监狱系统内部以提出异议申请的方式寻求救济。日本《刑事收容设施法》规定的三种异议申请分别是:处分决定异议、身体被违法使用有形力、对裁决或者下达的通知有异议等。罪犯提出的上述三种异议申请的接受主体分别是矫正管区长官、矫正管区长官和法务大臣,罪犯只有在穷尽上述三种异议申请救济途径之后,方可提起行刑诉讼。②

为了保证罪犯有效行使接触法庭权或者起诉的权利,上述国家通过立法和判例还确认了罪犯享有的以下派生性权利:罪犯接触适当的法律图书馆的权利、获得律师帮助的权利、与法律援助组织通信的权利、向罪犯的律师咨询的权利等。

事实上,对狱内罪犯提出的所有申诉或投诉请求都予以司法救济,不仅不太现实,而且非常不经济。例如,在美国,到了 20 世纪 80 年代后期,法官和立法者开始认识到犯人频繁地滥用他们接触法庭的权利,提起了很多"轻佻诉讼"(frivolous lawsuit),这是指缺乏事实基础、仅仅为了宣传、政治方面的理由或者其他与法律无关的理由而提起的诉讼。这类诉讼导致州政府和联邦政府的诉讼费用不断增加。为了遏制这类诉讼的膨胀,美国采取了一些法律措施。1980 年,美国国会修改了《被监禁人员民事权利法》,要求州监狱中的犯人必须在用尽了州内的所有补救措施之

---

① 参见[南非]德克·凡·齐尔·斯米特、[德]弗里德·邓克尔:《监禁的现状和未来:从国际视角看囚犯的权利和监狱条件》,张青译,法律出版社 2010 年版,第 198、241 页。

② 参见赵新新:《日本服刑人员的法律地位及对中国的启示》,载《中国监狱学刊》2020 年第 3 期,第 155、159 页。

后,才能向联邦法院提交人身保护令状请愿书。联邦监狱的犯人仍然可以直接向联邦法院提交人身保护令状请愿书。[①] 其他规定了狱内罪犯诉冤司法审查制度的国家,一般都规定了监狱内部或监狱系统行政申诉程序前置制度,即只有穷尽行政申诉救济途径之后,才可以请求法院进行司法审查。这样,就把大量琐碎的申诉或投诉请求过滤在法院的大门之外,大大减轻了法院的压力。

一般来说,只有那些对狱内罪犯基本权利或权益有重要影响的监狱行刑行为,如果罪犯不服或者提出异议,才可以向法院提起诉讼。为此,我国有学者提出了以下三种观点:(1)实际影响标准、重要性标准、基本权利标准。[②] (2)管理型标准和合法权益标准。[③] (3)宪法基本权利标准、基本法律原则标准和法定程序标准。[④] 综合来看,上述第一种观点较为可取,也具有可操作性。即应当将狱内罪犯申诉或投诉请求所涉行政诉讼受案范围的确定基准规定为"实际影响标准、重要性标准、基本权利标准"。所谓实际影响标准,是指监狱及其工作人员的行刑行为对狱内罪犯的合法权益形成了实际影响,这种影响有可能是人身、财产等合法权益的侵犯,也有可能是因日常考核和计分考核的不公或错误而影响到了罪犯申请减刑、假释权利的行使。所谓重要性标准,是指监狱行刑行为对狱内罪犯合法权益的影响必须是重要的影响。那些细枝末节或者过于琐碎的争议,罪犯完全可以通过监狱内部或监狱系统的行政申诉途径予以

---

① 吴宗宪:《当代西方监狱学》,法律出版社 2005 年版,第 428 页。

② 金川主编:《罪犯权利缺损与救济研究》,清华大学出版社 2008 年版,第 121 页。

③ 吕秋爽:《我国服刑人员权利的可诉性分析——以特别权力关系理论为视角》,《长春理工大学学报(社会科学版)》2007 年第 4 期,第 24 页。

④ 吴小龙、王族臻:《特别权力关系理论与我国的"引进"》,《法学》2005 年第 4 期,第 61 页。

解决,比如饭菜质量和住宿条件的投诉等。只有那些像监狱处罚、监狱许可、一些重要的监狱强制和监狱奖励等监狱执法行为,才最有可能对罪犯的合法权益产生重要影响,应当允许狱内罪犯通过提起诉讼的方式救济其权利。所谓基本权利标准,是指只有监狱行刑行为侵犯了狱内罪犯所享有的未被限制和剥夺的宪法性基本权利时,才可以向法院提起诉讼。上述三个标准是内在统一、有机联系的标准体系。毫无疑问,对于狱内罪犯而言,未被剥夺或限制的宪法性基本权利是其最重要的权利,其受宪法法律的保护,任何人不得限制、剥夺和侵犯。监狱行刑行为对狱内罪犯未被剥夺或限制的基本权利的限制、剥夺和侵犯,势必对罪犯自身的合法权益产生实际影响。这种影响要么是直接的,要么是间接的。前者如对罪犯生命、健康权的侵害以及财产权的侵犯。后者如严管、禁闭等监狱强制和监狱处罚,除了对罪犯的人身施加了直接的影响之外,还对罪犯申请减刑、假释的时间、机会和条件产生了间接的影响。当然,如前所述,日常考核和计分考核虽然并不直接涉及狱内罪犯的基本权利,但是,如果存在不公或错误现象,也会间接地影响到狱内罪犯的合法权益。

就我国而言,我国《行政诉讼法》并未将监狱与服刑罪犯之间因监狱行刑而引发的争议纳入行政诉讼的范围,司法实践中对罪犯提起的申诉或投诉请求所涉纠纷或争议均采取了驳回或不予受理的做法,从而将狱内罪犯权利的救济排斥在司法审查的渠道之外。

第四节　狱内罪犯权利救济的补救措施

无论是通过监狱内部或监狱系统的行政申诉途径还是诉诸司法审查

途径,以及提交其他外部途径救济罪犯的合法权利,一旦有权处理和裁决的主体作出了支持狱内罪犯申诉或投诉请求或有利于狱内罪犯的处理决定或裁决,就应当采取相应的执行措施来予以补救。例如,美国得克萨斯州的规范性文件中,对于诉冤成功的罪犯,采取的补救措施包括:赔偿、金钱、"改变政策、程序、规则或做法"、改变记录,以及其他核实的补救措施。在英国,如果犯人直接由于暴力犯罪而遭受伤害,或者由于犯罪致伤补偿计划中提到的其他原因而遭受伤害的,由犯罪致伤补偿金管理局给予补偿。①

对狱内罪犯申诉或投诉所反映问题采取相应的补救措施,实质上类似于刑事诉讼中的执行程序,它是狱内罪犯权利救济程序的最后一个环节。这些补救措施通常有以下几种:

一、恢复狱内罪犯权利原状

狱内罪犯享有的合法权利因监狱行刑行为而受到侵害,在具备"恢复原状"的条件下,监狱及其工作人员应当履行其法定义务,排除狱内罪犯权利行使或实现的障碍,使狱内罪犯合法权利的原有状态得到恢复。例如,对于狱内罪犯合法享有的财产权利受到监狱执法行为侵害的,监狱应当尽量采用返还财产、恢复原状的方式或者用替代性物品进行补救。这是较为经济、也是最为直接的补救措施。

---

① 吴宗宪:《当代西方监狱学》,法律出版社 2005 年版,第 496 页。

二、对人身或财产受到侵害的罪犯实施赔偿

监狱执法行为侵犯狱内罪犯合法的人身权利和财产权利,应当赔偿狱内罪犯因之遭受的损失。就人身伤害而言,赔偿的范围通常包括医药费和住院费等医疗费、护理费、住院伙食补助费、营养费、残疾赔偿金、残疾辅助器具费、丧葬费、死亡赔偿金等。罪犯合法财产受到侵害,不能通过返还财产或恢复原状等方式补救的,应当由监狱按照公平的价值向罪犯给付相应的赔偿金,以赔偿狱内罪犯受到的实际损失。例如,根据我国《国家赔偿法》和《司法行政机关行政赔偿、刑事赔偿办法》的规定,监狱管理机关和监狱部门及其工作人员在行使职权时侵犯罪犯人身权、财产权的,受害人有取得赔偿的权利,赔偿义务机关应当对作为受害人的服刑罪犯予以刑事赔偿。

三、改变政策、程序、规则或做法

如果罪犯申诉或投诉请求反映的权益受损事实是因为不合理或不公正的监狱政策、程序或规则所导致的,一旦有权处理狱内罪犯申诉或投诉请求的主体作出终局处理决定或者裁决后,监狱及其上级管理机关应当通过修订完善原有政策、程序、规则,或者出台新的有利于保护狱内罪犯合法权益的政策、程序和规则,从规则和制度层面堵塞漏洞,依法规范执法,改进监狱执法工作,充分保护狱内罪犯合法权益。此外,监狱及其工作人员的做法不合法或明显不合理的,应当纠正错误或改变做法。例如,合理安排罪犯劳动时间,不得剥夺罪犯休息的权利;按照规定的伙食标准

供应饭菜;在条件允许的前提下,积极改善服刑人员住宿条件,解决监狱过度拥挤的问题,等等。

四、督促监狱及其工作人员履行法定职责

如果狱内罪犯权利受损或因之而生的纠纷是因为监狱及其工作人员不履行法定职责所致,那么,对其权利救济的最直接方式是督促监狱及其工作人员履行法定职责。例如,对于符合条件的狱内罪犯实施监狱许可;强化监管措施,防止或杜绝罪犯受到其他罪犯对其人身安全实施的殴打等暴力侵害,等等。

五、重新作出行政行为

有权处理狱内罪犯申诉或投诉请求的主体作出了支持罪犯请求的决定或裁决,其中属于监狱原先作出的处理结论确有不当或者错误的,监狱应当纠正或者撤销并予以重新处理。例如,属于日常考核或计分考核不公正或错误的情形的,应当重新进行考核并公布结果,以维护罪犯的合法权益。

第六章　我国狱内罪犯权利
救济制度现状分析

　　我国有完整意义上的狱内罪犯权利救济制度吗？对该问题的作答可能存在以下三种情形：如果回答是完全否定的，则意味着需要对狱内罪犯权利救济制度进行从无到有的整体建构。如果回答是肯定的，那它的详细内容又体现在哪些具体的法律法规及规范性文件中？其在实践中的运行现状如何？该制度在立法层面和司法层面还有哪些不足有待进一步完善？如果回答是一半否定一半肯定的，亦即否认我国存在完整意义上的狱内罪犯权利救济制度，但同时又肯定我国存在一些关于狱内罪犯权利救济的"零星规定"，可以称之为不完整的狱内罪犯权利救济制度。对此，亦需要在立法中找寻这些体现不完整意义上的狱内罪犯权利救济制度的"蛛丝马迹"，检视实践中狱内罪犯权利救济制度的运行现状及存在的主要问题。

　　本书的预设前提是：我国并不存在完整意义上的狱内罪犯权利救济制度，在我国监狱法律法规和规范性中只存在有关罪犯权利救济的若干规定，实践中这些条款的适用情况也不容乐观。基于此前提性认识，本章在细致爬梳我国现行立法规定的基础上，检视我国目前不完整意义上的狱内罪犯权利救济制度的运行现状,找准存在的问题,为建构完整意义上的狱内罪犯权利救济制度提供依据。

第一节　我国狱内罪犯权利救济制度的立法现状

一、《宪法》中关于狱内罪犯权利救济的规定

我国《宪法》是国家的根本法,具有最高的法律效力。我国《宪法》第33条至第56条对公民的基本权利和义务作出了明确规定,其中第41条是关于公民的提出批评和建议的权利,以及提出申诉、控告和检举的权利的规定。《宪法》第41条第3款还规定:"由于国家机关和国家工作人员侵犯公民权利而受到损失的人,有依照法律规定取得赔偿的权利。"在我国,狱内罪犯虽然因犯罪而被判处刑罚,但并未丧失作为我国公民应该享有的未被刑罚判决所限制或剥夺的基本权利,"提出批评和建议的权利,提出申诉、控告和检举的权利"即是狱内罪犯享有的未被限制或剥夺的两组权利。因此,根据我国《宪法》第41条的规定,狱内罪犯对于监狱及其工作人员,有提出批评和建议的权利;对于监狱及其工作人员的违法失职行为,有向有关国家机关提出申诉、控告和检举的权利;对于狱内罪犯正常的申诉、控告或者检举,有关国家机关必须查清事实,负责处理;由于监狱及其工作人员侵犯公民权利而受到损失的罪犯,有依照法律规定取得赔偿的权利。综上,我国《宪法》关于公民提出申诉、控告和检举的权利的规定,构成了狱内罪犯行使申诉或投诉权利的宪法依据。

二、基本法律中关于狱内罪犯权利救济的规定

1.《刑事诉讼法》条文的梳理与分析

我国《刑事诉讼法》第 275 条规定:"监狱和其他执行机关在刑罚执行中,如果认为判决有错误或者罪犯提出申诉,应当转请人民检察院或者原判人民法院处理。"该条关于罪犯申诉的规定,一般认为是刑罚执行期间罪犯对生效判决不服而提出的刑事申诉,不是针对监狱执法行为以及自己受到的不公正待遇等而提出的行政申诉。

2.《行政复议法》条文的梳理与分析

我国《行政复议法》对"行政复议范围、行政复议申请、行政复议受理、行政复议决定和法律责任"作出了明确规定,但是并未明确将监狱实施的"监狱强制、监狱许可、监狱奖励和监狱惩罚"等行政行为纳入到行政复议的范围之内,因此,狱内服刑罪犯也不是《行政复议法》所规定的适格的行政复议申请人。狱内罪犯与监狱之间发生的争议也不属于《行政复议法》的调整范围。

3.《行政诉讼法》条文的梳理与分析

与上述《行政复议法》的相关规定类似,我国《行政诉讼法》虽然对"行政诉讼的受案范围、管辖、诉讼参加人、证据、起诉和受理、审理和判决、一审普通程序、简易程序、二审程序、审判监督程序、执行和涉外行政诉讼"等作出了详细规定,但是监狱实施的"监狱强制、监狱许可、监狱奖

励和监狱惩罚"等行政行为及监狱行政法律关系并不属于我国《行政诉讼法》的调整范围。

4.《国家赔偿法》条文的梳理与分析

我国《国家赔偿法》第17条和第18条分别就监狱管理机关及其工作人员在行使职权时侵犯人身权、财产权的情形,规定了受害人有取得国家赔偿的权利。据此,狱内罪犯受到监狱工作人员刑讯逼供或者殴打、虐待,或者因监狱工作人员唆使、放纵其他罪犯殴打、虐待自己而致自身身体受到伤害或者死亡的,或者因监狱工作人员违法使用武器、警械造成自身身体伤害或者死亡的,以及因监狱工作人员违法行使职权而致自己合法财产权受到侵害的,其有权提出请求要求予以赔偿。因此,我国《国家赔偿法》关于对罪犯人身权和财产权受到侵害实施国家赔偿的规定,可以视为狱内罪犯权利救济制度中关于补救措施的规定。但我国《国家赔偿法》的上述规定属于刑事赔偿,而非行政赔偿。

三、监狱法律法规及规范性文件中关于罪犯权利救济的规定

1.《监狱法》条文的梳理与分析

我国《监狱法》是刑罚执行的基本法律依据之一。《监狱法》第7条规定"罪犯的申诉、控告、检举以及其他未被依法剥夺或者限制的权利不受侵犯"。《监狱法》第21条至第24条就"对罪犯提出的申诉、控告、检举的处理"等问题作出了明确规定。从《监狱法》第7条的规定来看,该条对罪犯有权行使的"申诉、控告、检举"等权利并未作范围上的严格、清

晰的限定。应该说,该条罪犯行使的此项权利与我国《宪法》第41条规定的关于公民享有的"申诉、控告或者检举的权利"的内容一致,含义相同,属于公民基本权利的范畴。但是,从《监狱法》第21条至第24条的规定来看,似乎将《监狱法》第7条规定的罪犯享有的"申诉、控告、检举"权利的范围限缩在了刑事申诉的范围之内,亦即《监狱法》所规定的罪犯的"申诉、控告、检举"权利仅限于"罪犯对生效判决不服而提出的申诉",并不包括罪犯对监狱执法行为以及自己受到的不公正待遇而提出的行政申诉。事实上,《监狱法》的其他条文并未对因罪犯权利受损而引发的行政申诉程序作出明确规定。因此,从体系解释的角度分析,我国《监狱法》并未对狱内罪犯的权利救济程序或行政申诉程序作出明确规定。

2. 监狱检察司法解释及关联规范性文件条文的梳理与分析

《人民检察院监狱检察办法》(2008年)(以下简称《监狱检察办法》)是人民检察院对监狱工作实施法律监督的重要依据。它规定了人民检察院有权对监狱的监管活动和狱政管理、教育改造活动等实施监狱检察。《监狱检察办法》第3条规定了人民检察院监狱检察的职责,其中包括人民检察院"对监狱刑罚执行活动是否合法实行监督,受理罪犯及其法定代理人、近亲属的控告、举报和申诉"的监狱检察职责,《监狱检察办法》第27条至第29条还对人民检察院实施禁闭检察的内容、方法、提出纠正意见等事项作出了明确规定,其中还规定人民检察院实施禁闭检察时,可以"听取被禁闭人和有关人员的意见"。《监狱检察办法》第34条至第39条对人民检察院就"狱政管理、教育改造活动"实施监狱检察的"内容、方法、提出纠正意见"等内容作出了规定。《监狱检察办法》第六章是"受理控告、举报和申诉"内容的规定,具体规定了"派驻检察机构受理罪犯及其法定代理人、近亲属向检察机关提出的控告、举报和申诉,以及检察官信箱的设立和开启"等内容,第七章规定了"纠正违法和检察建议"的内容。上述《监狱检察办法》中关于监狱检察工作涉及与监管活动、狱政管理和教育改造活动相关的内容,以及涉及罪犯控告、举报和申诉内容的规定,可以视为狱内罪犯权利救济制度外部程序的组成部分。

《人民检察院监狱巡回检察规定》(2018 年)(以下简称《监狱巡回检察规定》)是人民检察院对监狱工作实施法律监督的又一重要文件。《监狱巡回检察规定》对人民检察院对"狱政管理、教育改造执法活动"开展常规巡回检察作出了规定。《监狱巡回检察规定》第 8 条规定,人民检察院派驻监狱检察室应当配备检察人员负责"检察罪犯计分考核、立功奖惩等情况,开启检察官信箱,收集、登记罪犯控告、举报、申诉材料"等工作;第 9 条规定了巡回检察的内容,其中包括"监狱执行有关法律规定、执行刑罚活动情况,重点是罪犯教育改造、刑罚变更执行、监管安全活动情况";第 16 条规定了巡回检察的工作方法,具体包括"调阅、复制罪犯计分考核和奖励材料等资料,实地查看禁闭室、会见室、监区、监舍、医疗场所及罪犯生活、学习、劳动场所,与罪犯逐个谈话,开展问卷调查"等方法;第四章是关于巡回检察问题处理与责任追究的规定,具体规定了"向监狱提出口头纠正意见或者检察建议,发出纠正违法通知书或者检察建议书并指定专人督促纠正,向省级人民检察院报告并由省级人民检察院建议同级司法行政机关督促纠正"等处理方式。《监狱巡回检察规定》的以上内容直接或间接地与狱内罪犯权利救济制度有关,有些规定本身就是狱内罪犯权利救济制度外部程序的组成部分。

此外,《最高人民检察院关于监所检察工作若干问题的规定》(2001 年)中关于监所检察部门"受理被监管人员及其亲属直接提出的控告和

举报""派出检察院履行对被监管人员的申诉、控告和举报依法审查处理
等职责"的规定,《最高人民检察院关于加强和改进监所检察工作的决
定》(2007 年)中关于"受理被监管人及其近亲属、法定代理人的控告、举
报和申诉"的规定,《人民检察院检察建议工作规定》(2018 年)中关于检
察建议适用于"监狱等执行人民法院生效刑事判决等法律文书过程中存
在普遍性、倾向性违法问题,或者有其他重大隐患,需要引起重视予以解
决的"等问题的规定,均可以视为狱内罪犯权利救济制度外部程序的组
成部分。

3. 信访法规及关联规范性文件条文的梳理与分析

《信访条例》(2005 年)是规定处理公民、法人或者其他组织来信来
访所反映的情况、提出的建议、意见或者投诉请求的行政法规。《信访条
例》对"信访渠道、信访事项的提出、信访事项的受理、信访事项的办理和
督办、法律责任"等作出了明确规定。从理论上讲,作为公民的狱内罪犯
在监狱内受到不公正的待遇或者合法权利受到侵犯,其有权以信访人的
身份向有关行政机关提出信访事项。根据《信访条例》第 14 条的规定,
信访人对行政机关及其工作人员的职务行为不服,可以向有关行政机关
提出信访事项。《信访条例》第 2 条规定,信访的形式包括"采用书信、电
子邮件、传真、电话、走访"等。因此,狱内罪犯对监狱及其工作人员的职
务行为不服,其可以以写信的方式向司法行政机关提出信访事项,请求予
以解决。

《司法行政机关信访工作办法》(2018 年)是司法部根据《信访条例》
和国家有关规定并结合司法行政工作实际而制定的部门规章,操作性较
强。狱内罪犯如果认为自己在监狱受到了不公正的待遇,或者其合法权

益受到了监狱工作人员违法行为的侵犯,就可以根据《司法行政机关信访工作办法》规定的信访渠道和信访程序提出信访事项,请求司法行政机关予以解决。

4. 司法行政部门的部门规章及规范性文件条文梳理与分析

司法部于 1995 年 9 月 8 日发布的《司法行政机关行政赔偿、刑事赔偿办法》是根据《中华人民共和国国家赔偿法》制定的部门规章,该办法对监狱部门及其工作人员在行使职权时,有以下侵犯罪犯人身权情形之一的,应当予以刑事赔偿:(1)刑讯逼供或者体罚、虐待服刑人员,造成身体伤害或死亡的;(2)殴打或者唆使、纵容他人殴打服刑人员,造成严重后果的;(3)侮辱服刑人员造成严重后果的;(4)违法使用武器、警械、戒具造成公民身体伤害、死亡的。如果罪犯对以上侵犯自身人身权的侵害提出了申诉或投诉请求,有权处理机关作出了支持罪犯申诉或投诉请求的决定,对其给予的刑事赔偿是对罪犯的补救措施。

司法部于 1999 年 7 月 8 日发布的《监狱系统在执行刑罚过程中实行"两公开、一监督"的规定(试行)》(司发通[1999]072 号)就"两公开、一监督"的形式作出了规定,主要有:(1)公告、明示;(2)公布举报电话;(3)设置举报箱;(4)公布领导接待日;(5)进行不记名问卷调查;(6)聘请执法监督员;(7)主动接受人大、政协以及人民检察院的监督。通过以上形式,接受罪犯投诉,了解监狱执法情况,搜集意见和建议,及时处理罪犯投诉和反映的问题,不断改进监狱工作。

司法部于 2015 年 4 月 1 日发布的《关于进一步深化狱务公开的意见》对监狱应当依法公开的信息作出了详细规定,其中与罪犯权利救济相关的信息包括:(1)对监狱机关和监狱人民警察执法、管理工作进行举报投诉的方式和途径;(2)罪犯的基本权利和义务;(3)监狱对罪犯实行分级处遇、考评、奖惩的结果,以及对结果有异议的处理方式;(4)罪犯立功或重大立功的结果,以及对结果有异议的处理方式。上述这些规定属于狱内罪犯权利救济制度的组成部分。

司法部于 2016 年 7 月 22 日发布的《关于计分考核罪犯的规定》对罪犯就计分考核得分有异议的复查申请和复核申请事项作出了规定,其中第 26 条规定:"罪犯对考核得分有异议的,可以自公示之日起 3 个工作日内向监区计分考核小组提出书面复查申请;监区计分考核小组应当进行复查,于 5 个工作日内作出书面复查意见。罪犯对监区计分考核小组的复查意见有异议的,可以自收到复查意见之日起 3 个工作日内向监狱计分考核领导小组提出书面复核申请;监狱计分考核领导小组应当进行复核,于 5 个工作日内作出书面复核意见。监狱计分考核领导小组的复核意见为最终决定。"

第二节　我国狱内罪犯权利救济制度的运行现状

为了了解我国狱内罪犯权利救济制度的运行现状,我们以 L 监狱内部工作制度中与狱内罪犯权利救济相关的内容为分析对象,检视狱内罪犯权利救济制度在实践中的运作过程。同时,选取 L 监狱、G 省女子监狱服刑罪犯为调研对象,围绕"罪犯享有的基本权利和承担的义务、投诉反映的问题、选择申诉或投诉的途径"等主要问题开展了问卷调查。此外,我们还组织召开了由监狱管理局业务部门负责人和监狱负责人、监狱干警、驻监检察官、监狱法学专家等参加的小型研讨会,并对监狱监管一线工作的监区干警进行了访谈,了解监狱执法工作的难题和罪犯投诉反映的问题。最后,通过检索"北大法宝"数据库,收集整理了近年来发生在服刑罪犯与监狱之间的诉讼纠纷的裁判文书,以此为分析样本,对我国狱内罪犯诉诸诉讼途径救济其权利的司法现状进行了分析。通过上述全方位、多角度的实证调研和分析,以期了解狱内罪犯权利救济制度在实践中的运行全貌。

一、狱内罪犯权利救济制度的实际运行——以 G 省 L 监狱为例

G 省 L 监狱是在 G 省省会城市设置的一所男子监狱,目前关押服刑罪犯 3300 多人。L 监狱的"建设标准化、执法规范化和管理精细化"工作走在了 G 省监狱工作的前列,具有一定的代表性。L 监狱处理罪犯申诉或投诉问题的直接依据是《G 省监狱管理局信访事项处理复查工作实施细则》(以下简称《信访实施细则》)①和《G 省 L 监狱监狱长信箱管理办法》(以下简称《监狱长信箱管理办法》)。②《信访实施细则》由"总则、信访工作机构及职责、信访事项的管辖、信访事项的受理、信访事项的办理、信访事项的交办督办和复查、责任追究、附则"等八部分组成,共 73 条。《监狱长信箱管理办法》共 15 条,对"监狱长信箱的受理范围,罪犯诉求信件的投递、整理、初审、分拣、审阅、处理和答复,监狱长信箱的设置"等内容作出了规定。现对上述两个文件中与狱内罪犯权利救济相关的内容

---

① 参见 G 省监狱管理局内部资料:《三化工作手册》(下册),第 193—206 页。

② G 省 L 监狱内部资料。

择要归纳总结如下：

1. 肯定了服刑人员的信访人地位

《信访实施细则》第 2 条规定："本细则所称信访处理、复查是指各单位对来信来访，给予处理、复查回复的活动。本规定所称信访人，是指采用前款规定的形式反映情况，提出建议、意见或者控告、举报和申诉的民警、职工或者其他单位、群众以及服刑人员、刑满释放人员。"从该条的规定可以看出，它明确了服刑人员的信访人地位，这意味着狱内罪犯在受到不公正待遇和合法权利受到侵犯时可以以信访人的身份向有关机关提出申诉请求并要求予以处理。

2. 明确了信访事项的范围和监狱长信箱的受理范围

《信访实施细则》第 3 条规定：监狱机关依法处理下列信访事项：(1)反映监狱人民警察及其工作人员违法违纪行为的控告；(2)不服基层单位处理决定申请复查的申诉；(3)反映监狱机关执法活动存在违法行为的控告；(4)加强、改进监狱人民警察队伍建设的建议和意见；(5)其他依法应当由监狱机关处理的信访事项。从该条规定来看，信访事项的范围大体上覆盖了狱内罪犯可能提出权利救济请求的范围。例如，如果监狱人民警察及其工作人员实施违法行为侵犯了狱内罪犯的合法权利，罪犯有权提出控告。罪犯对基层单位(主要指监区)作出的涉及自身利益的处理决定不服的，可以提出复查的申请。罪犯认为监狱机关执法活动中存在违法行为，侵犯了自己的合法权益，有权提出控告。

《监狱长信箱管理办法》第 1 条规定："监狱长信箱的受理范围包括：(1)罪犯检举、揭发或坦白交代的有关违规、违纪、违法的事实问题线索；

（2）罪犯在服刑改造生活中遇到的实际困难或问题；（3）罪犯认为监区处理不当的问题或诉求；（4）罪犯认为监区民警应当回避的其他诉求；（5）罪犯对监狱或民警在管理、教育、生活卫生、劳动改造及执法工作中的意见诉求和合理化建议；（6）其他符合监狱规定的合理诉求或问题。"基于上述规定，狱内罪犯认为自己受到了不公正待遇或合法权利受到了侵犯，可以通过向监狱长信箱①投递诉求信件的方式寻求解决。

3. 确定了信访事项和罪犯诉求信件的接受、处理和复查主体

《信访实施细则》第 8 条规定：省监狱管理局设立信访工作领导小组，各监狱建立一把手和有关内设部门负责人组成的信访工作领导小组。第 12 条规定：各监狱设立信访部门专门负责信访工作，人员较少的监狱确定信访工作的机构或者专职人员。《信访实施细则》规定了监狱机关负责人和业务部门负责人接待来访制度，以及省监狱管理局信访事项复查委员会对信访事项的复查制度。

根据《监狱长信箱管理办法》规定：接受、处理罪犯诉求信件的监狱内设机构和工作人员包括"狱内侦查科、副监狱长、监狱相关部门、监狱长、被指定的责任部门"等。

4. 规定了罪犯信访事项和诉求信件的处理程序

《信访实施细则》第三章的第 17 条至第 22 条对"信访事项的管辖"作出了规定。其中第 17 条规定：各监狱受理本单位管辖的控告、举报和

---

① 经实地深入监狱调研了解到：G 省 L 监狱在监区楼梯口进入监区宿舍的墙面上分别设置了监狱长信箱、驻监检察室检察信箱、纪委举报信箱、狱内侦查科信箱、约谈信箱。各类信箱分别由不同的人员专人开启，不设监控。

申诉,以及信访人提出的建议和意见。第 18 条规定:省监狱管理局受理管辖的控告、举报和申诉,以及信访人提出的不服下级监狱机关信访事项处理意见的复查请求。第 19 条规定:监狱机关各部门均有按职能分工承办信访事项的职责,对控告申诉信访部门转送的信访事项,应当指定承办人及时办理,并在规定时限内书面回复办理结果。第 20 条规定:信访事项涉及监狱业务工作的,由业务主管部门办理;涉及监狱人民警察违法违纪的,由纪检监察部门办理;涉及多个部门工作的,由本单位主管组织协调,明确相关部门牵头办理。办结后向信访部门提交调查报告,提出处理意见,由信访部门答复信访人回复上级机关。第 21 条规定:上级机关认为有必要时,可以直接受理由下级机关管辖的信访事项,也可以将本机关管辖的信访事项在受理后交由下级机关办理。第 22 条规定:信访事项涉及多个单位的,由所涉及单位协商管辖。对于管辖权有争议的,由其共同的上一级机关指定管辖。第 26 条规定:监狱机关负责人和业务部门负责人接待来访制度。监狱长和业务部门负责人接待的时间,每年应当不少于 12 次,每次不少于半天。省局领导和业务部门负责人每年应当根据情况不定期安排接待时间,或者深入基层组织开展联合接访活动。第 33 条对信访事项的办理方式作出了规定,包括:听取信访人陈述事实和理由;要求信访人、有关组织和人员说明情况;向其他组织和人员调查了解;组织专门力量调查处理。第 34 条对信访事项的处理方式作出了规定,该条规定:"各级信访部门办理信访事项,经调查核实,应当依法作出处理,并答复信访人:(1)事实清楚、符合法律政策规定的,应当支持;(2)信访人提出的建议和意见,有利于改进工作的,应当研究论证并予以采纳;(3)缺乏事实根据或者不符合法律政策规定的,不予支持,并向信访人做好解释疏导工作。"第 35 条还对信访事项的办理期限作出了规定,该条规定:

承办部门应当在收到本单位信访部门转送的信访事项之日起 30 日内办结;情况复杂,逾期不能办结的,报经分管监狱长批准后,可适当延长办理期限,并通知信访部门。延长期限不得超过 30 日。

《信访实施细则》对信访事项的复查程序作出了规定,主要内容包括:(1)信访人对基层监狱处理意见不服的,可以依照有关规定提出复查请求。省监狱管理局收到复查请求后应当进行复查,符合复查立案规定的应当立案复查,不符合复查立案规定的应当书面答复信访人。(2)信访人申请复查的期限为自收到办理机关送达的处理意见书之日起 30 日内。超过该时限,信访程序终结,信访人再申请复查、复核,或者以同一事实和理由提出投诉请求的,不再受理。(3)省监狱管理局复查委员会办公室负责复查申请的形式审查。对不符合复查申请条件和法定申请期限的不予复查,同时书面告知信访人相关事由。对符合复查申请条件的,接受复查申请,申请事由部分不清的,可以要求申请人在合理的期限内补正。(4)复查委员会办公室负责信访事项复查申请的实质审查,主要审查信访事项的处理程序是否合法,事实认定是否准确,适用法律是否规范,省局复查委员会进行书面审查,也可以进行信访调查。(5)复查受理应当在 15 日内完成,并根据具体情况作出是否受理的决定。(6)复查委员会经过审查,分别作出"予以维持"或"变更或者撤销"的处理决定。(7)复查委员会办公室受理复查申请后在 20 日内制作复查意见书,经负责人审核或提交复查评审会审议后,由分管领导或主管领导审批签发。省局复查办公室自收到复查申请之日起 60 个工作日内将复查意见书当面或通过挂号邮寄等方式送达信访人。(8)复查意见书应当包括"复查意见以及不服复查意见的申诉途径"等内容。根据 G 省监狱管理局《信访事项处理复查工作实施细则》的规定,信访工作流程图示如下:

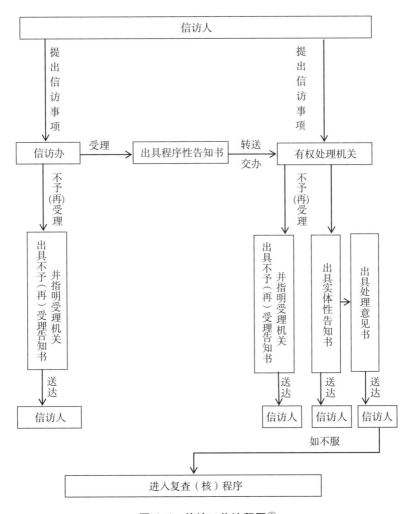

图 6-1　信访工作流程图①

《监狱长信箱管理办法》第 2 条至第 7 条对罪犯诉求信件的接受、处理、办理期限作出了规定。主要内容包括:(1)狱内侦查科负责对投递到监狱长信箱的罪犯诉求信件的整理和初审研判工作,统一分拣后,按诉求类别、紧急程度呈交分管副监狱长,对需要处理的信件集中指定监狱相关

————————

① 参见 G 省监狱管理局内部资料:《三化工作手册》(下册),第 206 页。

部门进行检查处理。（2）狱内侦查科在每次整理、初审、分拣后，按时填写监狱长信箱收件登记表，与待处理信件一并由分管副监狱长审核后报监狱长审阅。（3）罪犯投递信件中涉及检举、揭发、坦白交代及违规、违纪、违法行为的，狱内侦查科做好保密工作，甄别处理；对于其他问题，由指定的相关责任部门负责处理。（4）被指定的责任部门，须在两周内对罪犯诉求予以解决，确实需要延长处理时间或需其他单位协同解决或无法解决的，应当向狱内侦查科提出延长办理或转办请求。（5）责任部门须在两周内对提出诉求的罪犯进行书面答复。书面答复不得通过监区民警转交，未经责任部门同意，监区民警不应对答复内容进行干涉。对诉求解决不满意或持异议的罪犯，允许其在合理范围内再次向监狱长信箱投递诉求。

二、罪犯权利救济制度运行状况实证调查问卷分析

狱内罪犯是罪犯权利救济制度运行的重要参与主体，其对自身权益的维护最为关切。所在监狱的罪犯权利救济制度是否健全？权利救济渠道是否畅通？补救措施是否到位？对于类似这样的问题，狱内罪犯的感受是最真实的，也是最有发言权的。为了从服刑罪犯的视角了解狱内罪犯权利救济制度的运行情况及申诉或投诉所反映的问题，我们以 G 省 L 监狱和 G 省女子监狱的服刑罪犯为调研对象进行了问卷调查。本次调查在两所监狱共发放问卷 500 份，收回有效问卷 461 份。调研结束后，我们采用 SPSS 统计分析软件进行了处理，基本情况如下：

1. 被调查者的基本情况

此次调查提交有效问卷的服刑人员共 461 人。从性别结构看,男性 267 人,占被调查者总数的 57.9%;女性 194 人,占 42.1%。详情见表 6-1。

表 6-1 被调查者的性别情况

		次数	百分比	有效的百分比	累计百分比
有效	男	267	57.9%	57.9%	57.9%
	女	194	42.1%	42.1%	100.0%
	总计	461	100.0%	100.0%	

从民族构成看,汉族 320 人,占 69.4%;其他民族 141 人,占 30.6%。详情见表 6-2。

表 6-2 被调查者的民族情况

		次数	百分比	有效的百分比	累计百分比
有效	汉族	320	69.4%	69.4%	69.4%
	其他	141	30.6%	30.6%	100.0%
	总计	461	100.0%	100.0%	

从年龄分布上看,年龄在 14—16 周岁的 1 人,占被调查者总数的 0.2%;年龄在 16—18 周岁的 5 人,占 1.1%;年龄在 18—60 周岁的 446 人,占 96.7%;年龄在 60—75 周岁的 9 人,占 2%。详情见表 6-3。

表 6-3　被调查者的年龄分布情况

		次数	百分比	有效的百分比	累计百分比
有效	14 周岁以上 16 周岁以下	1	0.2%	0.2%	0.2%
	16 周岁以上 18 周岁以下	5	1.1%	1.1%	1.3%
	18 周岁以上 60 周岁以下	446	96.7%	96.7%	98.0%
	60 周岁以上 75 周岁以下	9	2.0%	2.0%	100.0%
	总计	461	100.0%	100.0%	

从文化程度构成看,不识字的 34 人,占 7.4%;小学 60 人,占 13%;初中 226 人,占 49%;高中 75 人,占 16.3%;大专、本科及以上 66 人,占 14.3%。详情见表 6-4。

表 6-4　被调查者的文化程度情况

		次数	百分比	有效的百分比	累计百分比
有效	不识字	34	7.4%	7.4%	7.4%
	小学	60	13.0%	13.0%	20.4%
	初中	226	49.0%	49.0%	69.4%
	高中	75	16.3%	16.3%	85.7%
	大专、本科及以上	66	14.3%	14.3%	100.0%
	总计	461	100.0%	100.0%	

从捕前职业来看,国家与社会管理者 6 人,占 1.3%;经理人员 17 人,占 3.7%;私营企业主 18 人,占 3.9%;专业技术人员 16 人,占 3.5%;办事人员 11 人,占 2.4%;个体工商户 71 人,占 15.4%;商业服务业员工 25 人,占 5.4%;产业工人 27 人,占 5.9%;农业劳动者 83 人,占 18%;城乡无业、失业、半失业者 187 人,占 40.6%。详情见表 6-5。

表 6-5 被调查者捕前职业情况

		次数	百分比	有效的百分比	累计百分比
有效	国家与社会管理者	6	1.3%	1.3%	1.3%
	经理人员	17	3.7%	3.7%	5.0%
	私营企业主	18	3.9%	3.9%	8.9%
	专业技术人员	16	3.5%	3.5%	12.4%
	办事人员	11	2.4%	2.4%	14.8%
	个体工商户	71	15.4%	15.4%	30.2%
	商业服务业员工	25	5.4%	5.4%	35.6%
	产业工人	27	5.9%	5.9%	41.4%
	农业劳动者	83	18.0%	18.0%	59.4%
	城乡无业、失业、半失业者	187	40.6%	40.6%	100.0%
	总计	461	100.0%	100.0%	

从捕前政治面貌看,中共党员 20 人,占 4.3%;民主党派 6 人,占 1.3%;无党派人士 27 人,占 5.9%;群众 408 人,占 88.5%。详情见表 6-6。

表 6-6 被调查者捕前政治面貌情况

		次数	百分比	有效的百分比	累计百分比
有效	中共党员	20	4.3%	4.3%	4.3%
	民主党派	6	1.3%	1.3%	5.6%
	无党派人士	27	5.9%	5.9%	11.5%
	群众	408	88.5%	88.5%	100.0%
	总计	461	100.0%	100.0%	

从已服刑期来看,0—5年(包括5年)220人,占47.7%;5—10年(包括10年)128人,占27.8%;10—15年(包括15年)74人,占16.1%;15—20年(包括20年)39人,占8.5%。详情见表6-7。

表6-7　被调查者已服刑期情况

		次数	百分比	有效的百分比	累计百分比
有效	0—5年(包括5年)	220	47.7%	47.7%	47.7%
	5—10年(包括10年)	128	27.8%	27.8%	75.5%
	10—15年(包括15年)	74	16.1%	16.1%	91.5%
	15—20年(包括20年)	39	8.5%	8.5%	100.0%
	总计	461	100.0%	100.0%	

从剩余刑期来看,0—5年(包括5年)259人,占56.2%;5—10年(包括10年)106人,占23%;10—15年(包括15年)47人,占10.2%;15—20年(包括20年)9人,占2%;超过20年40人,占8.7%。详情见表6-8。

表6-8　被调查者剩余刑期情况

		次数	百分比	有效的百分比	累计百分比
有效	0—5年(包括5年)	259	56.2%	56.2%	56.2%
	5—10年(包括10年)	106	23.0%	23.0%	79.2%
	10—15年(包括15年)	47	10.2%	10.2%	89.4%
	15—20年(包括20年)	9	2.0%	2.0%	91.3%
	超过20年	40	8.7%	8.7%	100.0%
	总计	461	100.0%	100.0%	

2. 被调查者对调查问题的回答情况及分析

调查问卷共设计了 19 个问题,内容涉及"服刑人员享有的基本权利和承担的义务、服刑人员权利保障的总体状况、狱务公开、投诉反映的问题、受到处罚的情况、维权途径的选择"等几个方面。详细情况如下:

题目 1:您是否知道服刑期间所享有的基本权利和承担的义务?

表 6-9 被调查者关于基本权利和承担义务知晓情况的统计

		次数	百分比	有效的百分比	累计百分比
有效	知道	215	46.6%	46.6%	46.6%
	基本知道	219	47.5%	47.5%	94.1%
	不知道	27	5.9%	5.9%	100.0%
	总计	461	100.0%	100.0%	

从上表可以看出,对自己在服刑期间所享有的基本权利和承担的义务选择"知道"和"基本知道"的被调查者共占 94.1%,说明绝大多数被调查者对自己享有的基本权利和承担的义务是知晓的,只有少部分被调查者是不知晓的。

表 6-10 性别 * 题目 1 交叉列表

计数

		题目 1			总计
		知道	基本知道	不知道	
性别	男	76	165	26	267
	女	139	54	1	194
总计		215	219	27	461

表 6-11　卡方测试

	数值	df	渐近显著性（2 端）
皮尔森（Pearson）卡方	88. 529[a]	2	. 000
概似比	94. 959	2	. 000
线性对线性关联	85. 862	1	. 000
有效观察值个数	461		

a. 0 数据格(0.0%)预期计数小于 5。预期的计数下限为 11. 36。

经过交叉表卡方检验，从结果我们可以看到 Pearson 卡方值为 88. 529,对应的显著性 P 值为 0.000（不代表值为零,只是趋近于 0）< 0.05。说明被调查者对于服刑期间所享有的基本权利和承担的义务的了解情况在性别方面存在显著差异。在基本权利和承担义务的知晓方面,女性被调查者的知晓比例(包括"知道"和"基本知道")为 99.48%, 男性被调查者的知晓比例为 90.26%,女性被调查者高于男性被调查者。

表 6-12　民族＊题目 1　交叉列表

计数

		题目 1			总计
		知道	基本知道	不知道	
民族	汉族	160	145	15	320
	其他	55	74	12	141
总计		215	219	27	461

表 6-13 卡方测试

	数值	df	渐近显著性（2 端）
皮尔森（Pearson）卡方	6.038	2	.049
概似比	5.950	2	.051
线性对线性关联	5.978	1	.014
有效观察值个数	461		

a. 0 数据格（0.0%）预期计数小于 5。预期的计数下限为 8.26。

经过交叉表卡方检验，从结果我们可以看到 Pearson 卡方值为 6.038，对应的显著性 P 值为 0.049<0.05。说明对于被调查者在服刑期间所享有的基本权利和承担的义务的了解情况在民族方面存在显著差异。在基本权利和承担义务的知晓方面，汉族被调查者的知晓比例（包括"知道"和"基本知道"）为 95.31%，其他民族被调查者的知晓比例为 91.49%，汉族被调查者高于其他民族被调查者。

表 6-14 年龄 * 题目 1 相关

		题目 1	年龄
题目 1	皮尔森（Pearson）相关	1	-.022
	显著性（双尾）		.642
	N	461	461
年龄	皮尔森（Pearson）相关	-.022	1
	显著性（双尾）	.642	
	N	461	461

从表 6-14 可以看出，被调查者服刑期间所享有的基本权利和承担的义务的了解情况在年龄段上无显著性差异。

表 6-15 文化程度 * 题目 1 相关

		题目 1	文化程度
题目 1	皮尔森（Pearson）相关	1	− .296**
	显著性（双尾）		.000
	N	461	461
文化程度	皮尔森（Pearson）相关	− .296**	1
	显著性（双尾）	.000	
	N	461	461

**相关性在 0.01 层上显著（双尾）。

被调查者服刑期间所享有的基本权利和承担的义务的了解情况与文化程度在 0.01 水平上显著相关,呈负相关,具体就是学历越高,对服刑期间所享有的基本权利和承担的义务的了解情况越清楚。

表 6-16 已服刑期 * 题目 1 相关

		题目 1	已服刑期
题目 1	皮尔森（Pearson）相关	1	.116*
	显著性（双尾）		.013
	N	461	461
已服刑期	皮尔森（Pearson）相关	.116*	1
	显著性（双尾）	.013	
	N	461	461

* . 相关性在 0.05 层上显著（双尾）。

被调查者服刑期间所享有的基本权利和承担的义务的了解情况与已

服刑期在 0.05 水平上显著相关,呈正相关,具体就是已服刑期越长,对服刑期间所享有的基本权利和承担的义务的了解情况越不清楚。

表 6-17　剩余刑期 * 题目 1　相关

		题目 1	剩余刑期
题目 1	皮尔森（Pearson）相关	1	.139**
	显著性（双尾）		.003
	N	461	461
剩余刑期	皮尔森（Pearson）相关	.139**	1
	显著性（双尾）	.003	
	N	461	461

**. 相关性在 0.01 层上显著(双尾)。

被调查者服刑期间所享有的基本权利和承担的义务的了解情况与剩余刑期在 0.01 水平上显著相关,呈正相关,具体就是剩余刑期越长,对服刑期间所享有的基本权利和承担的义务的了解情况越不清楚。

题目 2:您所知道的服刑人员应当享有的权利包括哪些?

表 6-18　对服刑人员应当享有的权利的知晓情况

		次数	百分比	人次百分比
有效	人格不受侮辱权	428	9.83%	92.84%
	人身安全不受侵犯权	408	9.37%	88.50%
	合法财产不受侵犯权	374	8.59%	81.13%
	辩护权	243	5.58%	52.71%
	申诉权	409	9.39%	88.72%
	控告、检举权	347	7.97%	75.27%

续表

		次数	百分比	人次百分比
有效	维持正常生活的权利	206	4.73%	44.69%
	通信、会见权	374	8.58%	81.13%
	受教育权	245	5.62%	53.15%
	劳动权	283	6.49%	61.39%
	休息权	240	5.51%	52.06%
	行政、刑事奖励权	264	6.06%	57.27%
	提出合理化建议权	155	3.56%	33.62%
	合法婚姻家庭不受侵犯权	197	4.52%	42.73%
	未被剥夺政治权利的服刑人员的选举权	183	4.20%	39.70%
总计		4356	100%	

从表6-18可以看出,被调查者对服刑人员应当享有的权利的知晓程度,依选中率排序,从高到低依次为:人格不受侮辱权(92.84%)、申诉权(88.72%)、人身安全不受侵犯权(88.50%)、合法财产不受侵犯权(81.13%)、通信会见权(81.13%)、控告检举权(75.27%)、劳动权(61.39%)、行政刑事奖励权(57.27%)、受教育权(53.15%)、辩护权(52.71%)、休息权(52.06%)、维持正常生活的权利(44.69%)、合法婚姻家庭不受侵犯权(42.73%)、未被剥夺政治权利的服刑人员的选举权(39.70%)、提出合理化建议权(33.62%)。这个排序也反映了被调查者对各种权利关注程度的高低状况。

题目3:您认为服刑人员应当履行的义务包括哪些?

表 6-19　对服刑人员应当履行的义务的知晓情况

		次数	百分比
有效	遵守国家法律法规和监规纪律的义务	466	12.27%
	服从监狱人民警察管理的义务	456	12.01%
	接受思想、文化技术教育的义务	449	11.83%
	有劳动能力的服刑人员有积极参加生产劳动的义务	450	11.85%
	遵守服刑行为规范的义务	440	11.59%
	爱护国家财产、保护公共设施的义务	388	10.22%
	维护正常改造秩序、自觉接受改造的义务	393	10.35%
	检举违法犯罪活动的义务	379	9.98%
	法律法规规定的其他义务	376	9.90%
总计		3797	100%

从表 6-19 可以看出,被调查者对服刑人员应当履行的义务的知晓程度,依选中率排序,排在前三位的分别为:遵守国家法律法规和监规纪律的义务、服从监狱人民警察管理的义务、有劳动能力的服刑人员有积极参加生产劳动的义务。这说明,被调查者对接受监狱监管和参加劳动改造有着正确的认识。

题目 4:您认为我国有关服刑人员权利及保护的法律规定:

表 6-20　对我国有关服刑人员权利及保护的法律规定的看法

		次数	百分比	有效的百分比	累计百分比
有效	完善	67	14.5%	14.5%	14.5%
	基本完善	176	38.2%	38.2%	52.7%
	不完善	135	29.3%	29.3%	82.0%
	说不清	83	18.0%	18.0%	100.0%
	总计	461	100.0%	100.0%	

从表 6-20 可以看出,被调查者对我国有关服刑人员权利及保护的法律规定的评价一般,"完善"和"基本完善"的选中率合计为 52.7%,认为"不完善"的占 29.3%。

题目 5:您认为服刑人员最容易受到侵害的权利是:

表 6-21　对服刑人员最易受到侵害权利的主观认识

		次数	百分比
有效	政治权利	26	4.04%
	人身权利	338	52.48%
	财产权利	51	7.92%
	社会经济文化权利	27	4.19%
	诉讼权利	65	10.09%
	其他	137	21.28%
总计		644	100%

从表 6-21 可以看出,依照选中率排序,被调查者认为服刑人员最易受到侵害的权利分别是:人身权利、诉讼权利、财产权利、社会经济文化权利、政治权利。

题目 6:您认为我国服刑人员权利保障的总体状况如何?

表 6-22　对我国服刑人员权利保障总体状况的认知

		次数	百分比	有效的百分比	累计百分比
有效	很好	36	7.8%	7.8%	7.8%
	较好	93	20.2%	20.2%	28.0%
	一般	205	44.5%	44.5%	72.5%
	较差	61	13.2%	13.2%	85.7%
	差	66	14.3%	14.3%	100.0%
	总计	461	100.0%	100.0%	

从选中率来看,被调查者认为我国服刑人员权利保障的总体状况"很好"和"较好"的选中率为28%,认为"一般"的选中率为44.5%,认为"较差"和"差"的选中率为27.5%。

表6-23　性别 * 题目6 交叉列表

计数

		题目6					总计
		很好	较好	一般	较差	差	
性别	男	18	33	99	54	63	267
	女	18	60	106	7	3	194
总计		36	93	205	61	66	461

表6-24　卡方测试

	数值	df	渐近显著性（2 端）
皮尔森（Pearson）卡方	89.521a	4	.000
概似比	104.761	4	.000
线性对线性关联	65.643	1	.000
有效观察值个数	461		

a. 0 数据格（0.0%）预期计数小于 5。预期的计数下限为 15.15。

经过交叉表卡方检验,从结果我们可以看到 Pearson 卡方值为 89.521,对应的显著性 P 值为 0.000(不代表值为零,只是趋近于 0)<0.05。说明对于服刑人员权利保障的总体状况的看法在性别方面存在显著差异。在男性被调查者中,认为我国服刑人员权利保障的总体状况"很好"和"较好"的选中率为 19.10%。在女性被调查者中,认为我国服刑人员权利保障的总体状况"很好"和"较好"的选中率为 40.20%。可见,相较于男性被调查者,

女性被调查者对我国服刑人员权利保障的总体状况评价较高。

表 6-25 民族 * 题目 6 交叉列表

计数

		题目 6					总计
		很好	较好	一般	较差	差	
性别	汉族	30	64	146	45	35	320
	其他	6	29	59	16	31	141
总计		36	93	205	61	66	461

表 6-26 卡方测试

	数值	df	渐近显著性（2 端）
皮尔森（Pearson）卡方	12.505[a]	4	.014
概似比	12.325	4	.015
线性对线性关联	6.783	1	.009
有效观察值个数	461		

a. 0 数据格（0.0%）预期计数小于 5。预期的计数下限为 11.01。

经过交叉表卡方检验，从结果我们可以看到 Pearson 卡方值为 12.505，对应的显著性 P 值为 0.014<0.05。说明对于服刑人员权利保障的总体状况的看法在民族方面存在显著差异。具体来说，在汉族被调查者中，认为我国服刑人员权利保障的总体状况"很好"和"较好"的选中率为 29.38%。在其他民族被调查者中，认为我国服刑人员权利保障的总体状况"很好"和"较好"的选中率为 24.82%。可见，相较于其他民族被调查者，汉族被调查者对我国服刑人员权利保障的总体状况评价较高。

表 6-27 文化程度 * 题目 6 相关

		题目 6	文化程度
题目 6	皮尔森（Pearson）相关	1	-.166**
	显著性（双尾）		.000
	N	461	461
文化程度	皮尔森（Pearson）相关	-.166**	1
	显著性（双尾）	.000	
	N	461	461

**. 相关性在 0.01 层上显著（双尾）。

服刑人员对于服刑人员权利保障的总体状况的看法与文化程度在 0.01 水平上显著相关,呈负相关,具体就是学历越高,对于服刑人员权利保障的总体状况的看法越好。

表 6-28 已服刑期 * 题目 6 相关

		题目 6	已服刑期
题目 6	皮尔森（Pearson）相关	1	.167**
	显著性（双尾）		.000
	N	461	461
已服刑期	皮尔森（Pearson）相关	.167**	1
	显著性（双尾）	.000	
	N	461	461

**. 相关性在 0.01 层上显著（双尾）。

服刑人员对于服刑人员权利保障的总体状况的看法与已服刑期在 0.01 水平上显著相关,呈正相关,具体就是已服刑期越长,对于服刑人员权利保障的总体状况的看法越差。

题目7:您所在监狱(或监区)有关服刑人员权利享有和保护的状况:

表6-29　对所在监狱(监区)有关服刑人员权利享有和保护状况的评价

		次数	百分比	有效的百分比	累计百分比
有效	很好	43	9.3%	9.3%	9.3%
	较好	91	19.7%	19.7%	29.1%
	一般	202	43.8%	43.8%	72.9%
	较差	57	12.4%	12.4%	85.2%
	差	68	14.8%	14.8%	100.0%
	总计	461	100.0%	100.0%	

从选中率来看,被调查者认为所在监狱(或监区)有关服刑人员权利享有和保护状况"很好"和"较好"的选中率为29.1%。认为"一般"的选中率为43.8%,认为"较差"和"差"的选中率为27.2%。

表6-30　性别 * 题目7 交叉列表

计数

		题目7					总计
		很好	较好	一般	较差	差	
性别	男	14	40	95	52	66	267
	女	29	51	107	5	2	194
总计		43	91	202	57	68	461

表6-31　卡方测试

	数值	df	渐近显著性（2 端）
皮尔森（Pearson）卡方	97.141[a]	4	.000

	数值	df	渐近显著性（2 端）
概似比	117. 139	4	.000
线性对线性关联	78. 855	1	.000
有效观察值个数	461		

a. 0 数据格（0.0%）预期计数小于 5。预期的计数下限为 18.10。

　　经过交叉表卡方检验,从结果我们可以看到 Pearson 卡方值为 97. 141,对应的显著性 P 值为 0.000(不代表值为零,只是趋近于 0)< 0. 05。说明服刑人员对所在监狱(或监区)有关服刑人员权利享有和保护的状况的看法在性别上有显著差异。从选中率来看,男性被调查者认为所在监狱(或监区)有关服刑人员权利享有和保护状况"很好"和"较好"的选中率为 20. 22%,女性被调查者认为所在监狱(或监区)有关服刑人员权利享有和保护状况"很好"和"较好"的选中率为 41. 23%。相较于男性被调查者,女性被调查者对所在监狱(或监区)有关服刑人员权利享有和保护状况评价较高。

表 6-32　民族 * 题目 7　交叉列表

计数

		题目 7					总计
		很好	较好	一般	较差	差	
民族	汉族	37	63	136	45	39	320
	其他	6	28	66	12	29	141
总计		43	91	202	57	68	461

表 6-33　卡方测试

	数值	df	渐近显著性（2 端）
皮尔森（Pearson）卡方	13. 118ᵃ	4	.011
概似比	13. 899	4	.008
线性对线性关联	5. 009	1	.025
有效观察值个数	461		

a. 0 数据格（0.0%）预期计数小于 5。预期的计数下限为 13.15。

　　经过交叉表卡方检验,从结果我们可以看到 Pearson 卡方值为 13. 118,对应的显著性 P 值为 0. 011<0. 05。说明服刑人员对所在监狱（或监区）有关服刑人员权利享有和保护的状况的看法在民族上有显著差异。具体来说,在汉族被调查者中,认为所在监狱（或监区）有关服刑人员权利享有和保护状况“很好”和“较好”的选中率为 31. 25%。在其他民族被调查者中,认为所在监狱（或监区）有关服刑人员权利享有和保护状况“很好”和“较好”的选中率为 24. 11%。可见,相较于其他民族被调查者,汉族被调查者对所在监狱（或监区）有关服刑人员权利享有和保护状况的评价较高。

表 6-34　文化程度 * 题目 7　相关

		题目 7	文化程度
题目 6	皮尔森（Pearson）相关	1	−. 178**
	显著性（双尾）		.000
	N	461	461
文化程度	皮尔森（Pearson）相关	−. 178**	1
	显著性（双尾）	.000	
	N	461	461

**. 相关性在 0. 01 层上显著（双尾）。

服刑人员对所在监狱（或监区）有关服刑人员权利享有和保护状况的看法与文化程度在 0.01 水平上显著相关，呈负相关，具体就是学历越高，对所在监狱（或监区）有关服刑人员权利享有和保护状况的看法越好。

表 6-35　已服刑期 * 题目 7　相关

		题目 7	已服刑期
题目 7	皮尔森（Pearson）相关	1	.142**
	显著性（双尾）		.002
	N	461	461
已服刑期	皮尔森（Pearson）相关	.142**	1
	显著性（双尾）	.002	
	N	461	461

**. 相关性在 0.01 层上显著（双尾）。

服刑人员对所在监狱（或监区）有关服刑人员权利享有和保护状况的看法与已服刑期在 0.01 水平上显著相关，呈正相关，具体就是已服刑期越长，对所在监狱（或监区）有关服刑人员权利享有和保护状况的看法越不好。

题目 8：您对监狱狱务公开的内容、形式、方法等是否满意？

表 6-36　对监狱狱务公开的内容、形式、方法的评价

		次数	百分比	有效的百分比	累计百分比
有效	满意	117	25.4%	25.4%	25.4%
	比较满意	146	31.7%	31.7%	57.0%
	不太满意	99	21.5%	21.5%	78.5%
	不满意	98	21.3%	21.3%	99.8%
	5.00	1	.2%	.2%	100.0%
	总计	461	100.0%	100.0%	

从选中率来看,被调查者对监狱狱务公开的内容、形式和方法感到"满意"和"比较满意"的选中率为 57.05%,感到"不太满意"或"不满意"的选中率为 42.73%。

表 6-37 性别 * 题目 8 交叉列表

计数

		题目 8					总计
		满意	比较满意	不太满意	不满意	5.00	
性别	男	31	67	75	93	1	267
	女	86	79	24	5	0	194
总计		117	146	99	98	1	461

表 6-38 卡方测试

	数值	df	渐近显著性（2 端）
皮尔森（Pearson）卡方	124.701[a]	4	.000
概似比	141.608	4	.000
线性对线性关联	123.189	1	.000
有效观察值个数	461		

a. 2 数据格（20.0%）预期计数小于 5。预期的计数下限为 0.42。

经过交叉表卡方检验,从结果我们可以看到 Pearson 卡方值为 124.701,对应的显著性 P 值为 0.000(不代表值为零,只是趋近于 0)< 0.05。说明服刑人员对于监狱狱务公开的内容、形式、方法等的满意度在性别方面存在显著差异。具体来说,男性被调查者对监狱狱务公开的内容、形式和方法感到"满意"和"比较满意"的选中率为 36.70%,女性被调查者对监狱狱务公开的内容、形式和方法感到"满意"和"比较满意"的选中率为 85.05%,女性被调查者对监狱狱务公开的内容、形式和方法的评

价远远高于男性被调查者。

表 6-39　文化程度 * 题目 8　相关

		题目 8	文化程度
题目 8	皮尔森（Pearson）相关	1	-.189**
	显著性（双尾）		.000
	N	461	461
文化程度	皮尔森（Pearson）相关	-.189**	1
	显著性（双尾）	.000	
	N	461	461

**. 相关性在 0.01 层上显著（双尾）。

服刑人员对于监狱狱务公开的内容、形式、方法等的满意度与文化程度在 0.01 水平上显著相关,呈负相关,具体就是学历越高,对于监狱狱务公开的内容、形式、方法等的满意度越高。

表 6-40　已服刑期 * 题目 8　相关

		题目 8	已服刑期
题目 8	皮尔森（Pearson）相关	1	.214**
	显著性（双尾）		.000
	N	461	461
已服刑期	皮尔森（Pearson）相关	.214**	1
	显著性（双尾）	.000	
	N	461	461

**. 相关性在 0.01 层上显著（双尾）。

服刑人员对于监狱狱务公开的内容、形式、方法等的满意度与已服刑期在 0.01 水平上显著相关,呈正相关,具体就是已服刑期越长,对于监狱狱务公开的内容、形式、方法等的满意度越低。

题目9:您就监狱执法和狱政管理的工作有过投诉的经历吗?

表6-41 对监狱和狱政管理工作投诉经历的调查情况

		次数	百分比	有效的百分比	累计百分比
有效	有过	31	6.7%	6.7%	6.7%
	没有过	430	93.3%	93.3%	100.0%
	总计	461	100.0%	100.0%	

经问卷调查了解,对监狱执法和狱政管理工作有过投诉经历的选中率为6.72%,没有过投诉经历的选中率为93.28%。

题目10:您投诉反映的主要问题包括:

表6-42 服刑人员投诉反映的主要问题

		次数	百分比	人次百分比
有效	生活条件保障方面的问题(饭菜质量、监舍条件、购物消费额度等)	316	19.40%	68.54%
	劳动任务的工作量及休息时间保证方面的问题	357	21.91%	77.44%
	受教育和文化娱乐方面的问题	151	9.27%	32.75%
	对日常计分考核结果的异议	84	5.16%	18.22%
	对分级处遇决定的异议	141	8.65%	30.59%
	对违纪行为的认定及其处罚的异议	118	7.24%	25.60%
	受到打骂、体罚或虐待	153	9.39%	33.19%
	监狱工作人员怠于履行法定职责	65	3.99%	14.10%
	就医的便捷与保障方面的问题	244	14.99%	52.93%
总计		1629	100%	

对被调查者投诉反映的主要问题依选中率排序,从高到低依次为:劳动任务的工作量及休息时间保证方面的问题(77.44%)、生活条件保障方面的问题(饭菜质量、监舍条件、购物消费额度等)(68.54%)、就医的便捷与保障方面的问题(52.93%)、受到打骂或体罚或虐待(33.19%)、受教育和文化娱乐方面的问题(32.75%)、对分级处遇决定的异议(30.59%)、对违纪行为的认定及其处罚的异议(25.60%)、对日常计分考核结果的异议(18.22%)、监狱工作人员怠于履行法定职责(14.10%)。

题目11:您受到过"警告"处罚吗?

表6-43　对是否受到过"警告"处罚的调查

		次数	百分比	有效的百分比	累计百分比
有效	有过	32	6.9%	7.0%	7.0%
	没有过	426	92.4%	93.0%	100.0%
	总计	458	99.3%	100.0%	
遗漏	系统	3	.7%		
总计		461	100.0%		

注:遗漏=未填。

从表6-43可以看出,填选"有过""警告"处罚的次数为32次,选中率为6.9%;填选"没有过""警告"处罚的次数为426次,选中率为92.4%;有3份问卷未填写该题,占0.7%。从填写情况来看,绝大多数被调查者未受到过"警告"处罚。

题目12:您受到过"记过"处罚吗?

表 6-44　对是否受到过"记过"处罚的调查

		次数	百分比	有效的百分比	累计百分比
有效	有过	16	3.5%	3.5%	3.5%
	没有过	441	95.7%	96.5%	100.0%
	总计	457	99.1%	100.0%	
遗漏	系统	4	.9%		
总计		461	100.0%		

注:遗漏=未填。

从表 6-44 可以看出,填选"有过""记过"处罚的次数为 16 次,选中率为 3.5%;填选"没有过""记过"处罚的次数为 441 次,选中率为 95.7%;有 4 份问卷未填写该题,占 0.9%。从填写情况来看,绝大多数被调查者未受到过"记过"处罚。

题目 13:您受到过"禁闭"处罚吗?

表 6-45　对是否受到过"禁闭"处罚的调查

		次数	百分比	有效的百分比	累计百分比
有效	有过	18	3.9%	3.9%	3.9%
	没有过	439	95.2%	96.1%	100.0%
	总计	457	99.1%	100.0%	
遗漏	系统	4	.9%		
总计		461	100.0%		

注:遗漏=未填。

从表 6-45 可以看出,填选"有过""禁闭"处罚的次数为 18 次,选中率为 3.90%;填选"没有过""禁闭"处罚的次数为 439 次,选中率为 95.2%;有 4 份问卷未填写该题,占 0.9%。从填写情况来看,绝大多数被调查者未受到过"禁闭"处罚。

题目14:如果您的权益受到侵犯,您一般会向谁反映?

表6-46　服刑人员权益受到侵犯后反映对象的选择情况

		次数	百分比	人次百分比
有效	监区长	245	43.67%	53.15%
	监狱狱政管理部门	14	2.49%	3.04%
	监狱长	16	2.85%	3.47%
	监狱管理局	10	1.78%	2.17%
	司法厅(局)	7	1.25%	1.52%
	驻监检察室	39	6.95%	8.46%
	律师	18	3.21%	3.90%
	亲友	79	14.08%	17.14%
	不反映	88	15.69%	19.09%
	其他	45	8.03%	9.76%
总计		561	100%	

从表6-46可以看出,服刑人员权益受到侵犯后,选择反映对象的选中率,从高到低依次为:监区长(53.15%)、亲友(17.14%)、驻监检察室(8.46%)、律师(3.90%)、监狱长(3.47%)、监狱狱政管理部门(3.04%)、监狱管理局(2.17%)、司法厅(局)(1.52%)。从选中率来看,服刑人员对监区长、亲友、驻监检察室比较信任,其权益受到侵犯后,最有可能向他们反映问题。对监狱长、监狱狱政管理部门、监狱管理局、司法厅(局)的选中率较低,是因为投诉渠道不畅还是服刑人员对这些主体缺乏信任?其中原因未知。值得注意的是,有88人(次)选择了"不反映",占比19.09%,这个比例还是较高的,这从一个侧面反

映了这部分被调查者在权益受损后并不寻求合法途径救济的消极态度,值得引起重视和注意。这也说明要进一步加大狱内罪犯权利救济的制度供给,拓宽服刑人员权利救济渠道,完善或建构罪犯权利救济程序,保证这部分服刑人员能够借助合法途径和手段来救济自己受损的权利。

题目15:您更倾向于选择哪种方式进行投诉?

表6-47 服刑人员选择投诉的方式

		次数	百分比	有效的百分比	累计百分比
有效	口头方式	227	49.2%	53.4%	53.4%
	书面(书信)方式	198	43.0%	46.6%	100.0%
	总计	425	92.2%	100.0%	
遗漏	系统	36	7.8%		
总计		461	100.0%		

注:遗漏=未填。

从表6-47可以看出,被调查者选择"口头方式"投诉的选中率为49.2%,选择"书面(书信)"方式投诉的选中率为43.0%,两种投诉方式基本上"旗鼓相当",各有利弊。一般来说,选择"口头方式"投诉方便快捷、易于清晰表达诉求,但是亦存在投诉原始资料欠缺等不足。选择"书面(书信)"方式投诉比较正式,投诉情况有据可查,但对于文盲或文化程度不高的服刑人员而言,选择"书面(书信)"方式进行投诉具有一定难度,其可能更倾向于采用口头投诉的方式。

题目16:您投诉时遇到过困难吗?

表 6-48　对服刑人员投诉时是否遇到过困难的调查情况

		次数	百分比	有效的百分比	累计百分比
有效	遇到过	131	28.4%	36.1%	36.1%
	没有遇到过	232	50.3%	63.9%	100.0%
	总计	363	78.7%	100.0%	
遗漏	系统	98	21.3%		
总计		461	100.0%		

注:遗漏＝未填。

从表 6-48 可以看出,选择投诉时"遇到过"困难的次数为 131 次,选中率为 28.4%;选择"没有遇到过"困难的次数为 232 次,选中率为 50.3%。从选中率来看,选择"没有遇到过"的比率远远高于选择"遇到过"的比率。但是也不容忽视选择"遇到过"困难的这部分服刑人员,从选中率来看,该部分占了 1/4 多。这也说明要进一步完善或建构狱内罪犯权利救济制度,排除阻碍因素,畅通服刑人员权利救济渠道。

题目 17:您认为我国服刑人员投诉制度的规定:

表 6-49　对我国服刑人员投诉制度的整体评价情况

		次数	百分比	有效的百分比	累计百分比
有效	很完善	39	8.5%	9.0%	9.0%
	比较完善	150	32.5%	34.6%	43.5%
	不完善	157	34.1%	36.2%	79.7%
	很不完善	88	19.1%	20.3%	100.0%
	总计	434	94.1%	100.0%	
遗漏	系统	27	5.9%		
总计		461	100.0%		

注:遗漏＝未填。

狱内罪犯权利救济制度研究

从表6-49来看,认为我国服刑人员投诉制度"很完善"和"比较完善"的选中率为41%,认为"不完善"和"很不完善"的选中率为53.2%。整体来看,被调查者对我国服刑人员投诉制度的评价不高。

题目18:如果您自身的合法权益受损,您认为下列哪一种途径最有利于维权?

表6-50　服刑人员最有可能选择的维权方式

		次数	百分比	人次百分比
有效	当面向监狱长反映	147	26.02%	31.89%
	向监狱管理局写信控告	30	5.31%	6.51%
	向司法厅(局)写信反映	32	5.66%	6.94%
	向驻监检察室反映	69	12.21%	14.97%
	向检查或视察监狱的监督机构的代表反映	45	7.96%	9.76%
	委托律师维权	75	13.27%	16.27%
	委托亲友维权	129	22.83%	27.98%
	直接向人民法院起诉	38	6.74%	8.24%
总计		565	100%	

从表6-50来看,服刑人员自身合法权益受损后最有可能选择的维权方式,选中率从高到低依次为:当面向监狱长反映、委托亲友维权、委托律师维权、向驻监检察室反映、向检查或视察监狱的监督机构的代表反映、直接向人民法院起诉、向司法厅(局)写信反映、向监狱管理局写信控告。可以看出,监狱长、亲友、律师和驻监检察室是服刑人员最为信赖的处理其申诉或投诉请求的主体,这与表6-46的统计和分析结果基本吻合,比较客观地反映了被调查者的真实想法。

题目19:如果您有过投诉的经历,那么你对处理结果满意吗?

190

表6-51　服刑人员对投诉处理结果的评价

		次数	百分比	有效的百分比	累计百分比
有效	满意	52	11.3%	16.0%	16.0%
	比较满意	95	20.6%	29.3%	45.4%
	不太满意	82	17.8%	25.3%	70.7%
	不满意	95	20.6%	29.3%	100.0%
	总计	324	70.3%	100.0%	
遗漏	系统	137	29.7%		
总计		461	100.0%		

从表6-51可以看出,被调查者对投诉处理结果"满意"和"比较满意"的选中率为31.9%;被调查者对投诉处理结果"不太满意"和"不满意"的选中率为38.4%。整体来看,被调查者对投诉处理结果的评价不高。

三、我国狱内罪犯权利司法救济现状

为了了解我国狱内罪犯合法权利受损后的司法救济状况,我们在"北大法宝网"的《监狱法》条文的"法宝联想"栏内检索下载了2013年5月28日至2019年4月8日间的裁判文书207份,剔除不符合条件的121份裁判文书后,共获得监狱与服刑罪犯之间纠纷的有效裁判文书样本86份。在这86份有效裁判文书样本中,其中判决书6份,裁定书53份,决定书27份。对这86份有效裁判文书样本依据案由或诉讼(申诉)请求,以及审理结果进行类型化处理,基本情况如下:

表 6-52　监狱与服刑罪犯之间纠纷类型及裁判情况

份数	起诉(上诉)、申诉请求或案由	裁判结果
17	(1)监狱不作为;(2)监狱未履行法定职责;(3)监狱怠于履行职责,就医不及时导致罪犯死亡;(4)监狱怠于履行职责,罪犯被他人殴打导致伤残而提起国家赔偿;(5)监管失职,监狱侵犯罪犯人身权利违法;(6)监狱怠于行使职责,未能履行救助义务而致罪犯死亡,提出国家赔偿;(7)监狱不作为,侵犯罪犯生命权、健康权和身体权而致罪犯死亡;(8)监狱履行监管职责存在重大过失	(1)驳回上诉,维持原裁定;(2)裁定驳回起诉;(3)决定:维持复议机关决定;(4)裁定本院提审;(5)裁定驳回再审申请;(6)决定:维持不予国家赔偿决定;(7)决定:驳回申诉;(8)裁定不予立案
13	(1)确认监狱行政行为违法;(2)确认监狱扣押信件行为违法;(3)确认监狱加戴戒具的行政行为违法	(1)裁定驳回上诉,维持原裁定;(2)裁定驳回再审申请;(3)裁定驳回起诉;(4)裁定不予立案
13	(1)罪犯自杀提出国家赔偿;(2)罪犯受到殴打、虐待致伤或致死而提出国家赔偿;(3)因狱警违法使用武器、警械致伤或死而提出国家赔偿	(1)裁定驳回再审申请;(2)决定:维持刑事赔偿决定;(3)决定:驳回赔偿申请;(4)裁定不予立案;(5)决定:维持不予赔偿决定;(6)决定:维持监狱管理局国家赔偿复议决定;(7)决定:驳回申诉;(8)裁定驳回起诉
13	(1)医疗行为不当、存在过错;(2)未得到有效治疗导致罪犯死亡,提出国家赔偿;(3)就医不及时,医疗损害责任纠纷;(4)罪犯死亡,提出国家赔偿	(1)裁定驳回上诉,维持原裁定;(2)决定:维持监狱管理局国家赔偿复议决定;(3)裁定驳回起诉;(4)决定:驳回申诉;(5)裁定撤销民事判决,驳回起诉;(6)决定:维持不予赔偿复议决定
12	(1)健康权纠纷;(2)生命权、健康权、身体权纠纷;(3)人身权受到侵犯提起行政赔偿;(4)人身权受到侵犯提起刑事赔偿;(5)监狱监管不力或疏于防范,致使罪犯被他人打伤,健康权受到侵犯;(6)罪犯劳动时因地板湿滑摔倒致伤	(1)驳回上诉,维持原判;(2)裁定驳回起诉;(3)决定:驳回赔偿申请人的国家赔偿请求;(4)判决驳回其他诉讼请求;(5)裁定驳回上诉,维持原裁定;(6)判决:驳回上诉,维持原判;(7)判决驳回原告对监狱的诉讼请求;(8)判决,监狱补偿原告26000元;(9)裁定:撤销原民事判决,发回重审
11	(1)监狱未履行信息公开职责;(2)申请公开信息;(3)未公开服刑期间的病历信息	(1)判决支持;(2)撤销裁定,指令继续审理;(3)裁定驳回上诉,维持原裁定
3	(1)罪犯因工伤死亡而发生争议;(2)因工伤而请求赔偿	(1)撤销裁定,继续审理;(2)决定:驳回申诉;(3)裁定不予受理
1	监狱没收罪犯的现金	裁定驳回上诉

续表

份数	起诉(上诉)、申诉请求或案由	裁判结果
1	不服监狱管理行为及制度	裁定驳回上诉,维持原裁定
1	要求监狱答复有关事宜	裁定驳回起诉
1	非暴力性虐待罪犯,提出国家赔偿	决定:撤销不予刑事赔偿决定书和复议决定书,赔偿罪犯住院医疗费、残疾赔偿金、残疾生活辅助具费、精神损害抚慰金等

1. 因监狱不履行法定职责或失职造成罪犯权利受损而起诉或提出国家赔偿

从对86份有效裁判文书样本的类型化分析来看,罪犯及其近亲属认为因监狱不履行法定职责而导致罪犯人身权等受到侵害的裁判文书共17份,占比最大,占86份有效裁判文书的19.77%。在这17份裁判文书中,有的是罪犯自己提起诉讼或申请国家赔偿,一般在其刑满释放后提出;有的是由罪犯的近亲属或法定代理人提起诉讼或申请国家赔偿,此种情形通常是罪犯已经死亡或者没有诉讼行为能力。

此类案件中,罪犯和监狱争议的焦点在于:罪犯认为监狱不履行法定职责、或者怠于履行法定职责、或者监管失职或存在重大过失,由此导致罪犯人身权、健康权、生命权受到侵害,监狱负有不可推卸的法律责任。例如,在"甘瑞诉监狱不作为上诉案"中,上诉人甘瑞请求撤销原审法院的行政裁定书,依法改判:监狱将上诉人转院治疗;监狱向上诉人及其家属出具就诊病历等材料;监狱停止对上诉人通信自由权的侵犯。二审法院经审查认为起诉人甘瑞的起诉不属于行政诉讼受案范围,一审不予受理并无不当,裁定驳回上诉,维持原裁定。① 在"刘金山与山东省聊城监狱等健康权纠纷上诉案"中,上诉人刘金山认为,上诉人被被上诉人张桂雷持械殴打时,聊城监狱干警根本无人制止,如有人制止张桂雷不法侵害,上诉人所受伤程度不会如此严重,监狱未尽到管理职责具有过错,应该承担民事赔偿责任。二审法院经审理认为,上诉人诉求被上诉人聊城监狱承担赔偿责任于法无据,故原审法院对上诉人诉请聊城监狱承担赔偿责任不予支持并无不当。据此,判决"驳回上诉,维持原判"。②在"宁世庆诉山东省齐州监狱确认违法及行政赔偿案"中,原告宁世庆以监狱将其与同样具有××态人格的罪犯安排在同监室,导致其被殴打致眼睛受伤,监狱怠于行使医疗保健义务,导致原告因延误治疗而双目失明。原告宁世庆以被告监管不当、不履行劳动保障义务、不履行保护人身权职责、不履行医疗保健行政行为导致原告双目失明,应确认违法;请求赔偿伤残赔偿金等而提起行政诉讼。法院经审理认为,监狱作为刑罚执行机关,根据刑事诉讼法的明确授权实施刑罚执行职能。宁世庆诉监狱监管不当,不履行医疗保健义务的行为,系监狱在履行对宁世庆的刑罚执行过程中发生的,不属于行政诉讼的受案范围。一、二审法院对此认定正确。据此,法院裁定驳回宁世庆的再审申请。③ 上述此类案件的处理,绝大多数法院经审理后认为:"监狱在实施刑罚执行权的过程中与服刑人员之间形成的是监管与被监管的关系,而不是平等主体之间的民事法律关系,故

① 《甘瑞诉监狱不作为二审行政裁定书》[(2015)楚中行终字第 14 号],载北大法宝网,https://www.pkulaw.com/pfnl/. 2021 年 2 月 25 日访问。

② 《刘金山与山东省聊城监狱等健康权纠纷上诉案》[(2017)鲁 15 民终 1969 号],载北大法宝网,https://www.pkulaw.com/pfnl/. 2021 年 2 月 25 日访问。

③ 《宁世庆诉山东省齐州监狱确认违法及行政赔偿案》[(2017)鲁行申 502 号],载北大法宝网,https://www.pkulaw.com/pfnl/. 2021 年 2 月 25 日访问。

本案不属于民事诉讼的受案范围",或者认为"监狱依据刑事诉讼法的明确授权实施的执行刑罚过程中的行为不服产生的争议,不属于人民法院行政诉讼的受案范围",据此,分别作出了"驳回上诉,维持原裁定""裁定驳回起诉""裁定不予立案"等处理。

2. 请求确认监狱行政行为违法而起诉

在此类案件中,罪犯或其近亲属、法定代理人认为监狱实施的行政行为侵犯了罪犯的合法权益,以此为由提起了行政诉讼,请求法院裁判确认监狱实施的行政行为违法。例如,在"于军诉北京市司法局确认垦华监狱行政行为违法案"中,原告诉称:"其向垦华监狱的上级机关及司法机关写了15封对监狱及主管部门提出申告的信件。起诉人封口后交其所在监区的责任警官。按照有关规定,该信件应当由监区负责在收到后三个工作日内向收信人转递发出。但相应期满后,起诉人询问得知监区并未按期转发该信件,而是按照垦华监狱要求,统一交狱政管理部门进行检查处理。起诉人随即向驻垦华监狱检察室就垦华监狱违法扣押检查信件提出申诉,后该室检察官明确告知垦华监狱仅转发出其中四封信件。由此可以推定,其余11封信件被垦华监狱以行政强制扣押方式予以没收。起诉人认为垦华监狱作为行政机关,在相关信件处理的行政行为上违反了《监狱法》第23条、第47条和《行政强制法》第18条的规定,侵犯了起诉人的合法权益。"为此,于军向北京市司法局提出行政复议申请,北京市司法局以垦华监狱相关事项属于执行刑罚的行为为由作出了不予受理的行政决定。此后,于军向法院提起行政诉讼,请求法院判令:(1)确认垦华监狱检查、扣押相关信件的行政行为违法;(2)确认北京市司法局《不予受理行政复议申请决定书》(京司复[2018]11号)相关内容违法;

（3）垦华监狱履行及时转递相关信件的法定行政职责。北京市西城区人民法院经审理后认为,于军对监狱依据刑事诉讼法授权实施的执行刑罚行为不服产生的争议,不属于行政复议受案范围。对于该行政复议申请,无论复议机关是否作出答复,对于军的权利义务均不产生实际影响,故其起诉不属于人民法院行政诉讼的受案范围。据此裁定:对于军的起诉不予立案。①

在"于军诉垦华监狱加戴戒具行政行为违法案"中,起诉人诉称:"被起诉人在向其宣布行政管理决定时,起诉人虽对该决定质询法律依据,但并无'不服从'该管理决定的任何言行。在此情形下,被起诉人仍当场以起诉人'涉嫌不服从管理'为由给起诉人加戴手铐和脚镣,并单独拘禁连续至三日。起诉人认为被起诉人对其使用戒具并单独拘禁构成违法行为。"为此,于军起诉至法院请求判决确认被起诉人对起诉人加戴戒具的行政行为违法。法院经审理后认为,于军的起诉系对监狱依据刑事诉讼法授权实施的执行刑罚行为不服产生的争议,不属于行政诉讼的受案范围。据此,法院作出了不予立案的裁定。②

在"上诉人冷云孝诉被上诉人江苏省边城监狱请求确认行政行为违法案"中,上诉人冷云孝(罪犯冷剑波的父亲)认为,监狱有义务保障服刑人员在监狱服刑和生活期间的人身安全和健康权,当服刑人员发病时,监狱有义务全力采取救治救助等措施,江苏省边城监狱处理冷剑波在监狱服刑期间死亡的行政行为违法。上诉人上诉请求二审法院依法撤销一审裁定,指令一审法院继续审理本案。二审法院审理后认为,监狱依照刑事诉讼法的明确授权实施的行为,不属于人民法院行政诉讼的受案范围,已经立案的,应当裁定驳回起诉。本案中,上诉人对江苏省边城监狱处理冷剑波监狱内死亡的程序及行为提起诉讼,系对江苏省边城监狱依据刑事诉讼法的明确授权实施的执行刑罚过程中的行为不服产生的争议,不属于人民法院行政诉讼的受案范围,依法应不予立案。鉴于已经立案,一审法院依据《最高人民法院关于适用〈中华人民共和国行政诉讼法〉的解释》第 69 条第 1 款第(一)项之规定,裁定驳回其起诉,并无不当。据此,二审法院作出了"驳回上诉,维持原裁定"的裁定。①

在"金凌诉石河子监狱行刑行为违法"上诉一案中,上诉人金凌在一审中认为,石河子监狱对其在服刑期间强制超时劳动,取消周休日休息及法定节假日休假的行为违法。金凌在一审中请求法院认定新疆生产建设兵团第八师监狱管理局对起诉人在服刑期间强制超时间劳动,取消周休日休息和法定节日休假的司法行政行为违法。二审法院经审理后认为,监狱是国家的刑罚执行机关。监狱依法监管罪犯、执行刑罚的行为并非行政行为。原审裁定对金凌的起诉不予立案正确,裁定驳回上诉,维持原裁定。② 在"金凌不服其他行政行为上诉案"中,金凌认为,监狱管理局未将其举报狱外重大犯罪查证属实的证据材料及减刑建议报法院予以申报减刑。金凌认为监狱管理局不履行法定职责行政行为违法。二审法院经审理后认为,监狱依法监管罪犯、执行刑罚的行为并非行政行为,上诉人金凌在原审的起诉不符合《行政诉讼法》的相关规定,原审裁定对金凌的

---

① 《冷云孝与江苏省边城监狱行政确认二审行政裁定书》[(2018)苏 11 行终 227 号],载北大法宝网,https://www.pkulaw.com/pfnl/. 2021 年 2 月 25 日访问。
② 《金凌不服其他行政行为案》[(2016)兵 08 行终 11 号],载北大法宝网,https://www.pkulaw.com/pfnl/. 2021 年 2 月 25 日访问。

起诉不予立案正确,据此作出了"驳回上诉,维持原裁定"的裁定。①

综上,在上述较为典型的五起罪犯(或其近亲属)起诉确认监狱行刑行为违法的案件中,法院均以"监狱刑罚执行行为不属于行政诉讼受案范围"为由驳回了罪犯(或其近亲属)的起诉或上诉。

3. 罪犯因受到殴打、虐待致死或致伤而起诉或申请国家赔偿

在86份有效裁判文书样本中,有13份是罪犯诉称因受到殴打、虐待致死或致伤而提起诉讼或申请国家赔偿的案件。在此类案件中,既有诉称监狱及其工作人员积极作为的违法行为(例如殴打、虐待或者唆使其他罪犯殴打、虐待罪犯,或者违法使用武器、警械致罪犯死亡或受伤),也有诉称监狱及其工作人员消极的违法行为(例如不履行法定职责,放纵他人殴打、虐待罪犯),由此引发争议。例如,在"秦绪书与鹿泉监狱司法行政管理(司法行政)行政赔偿案"中,秦绪书认为,其在鹿泉监狱服刑期间,每天工作13—14小时,遭到体罚虐待,强迫超体力劳动,致其患病,严重影响了其本人的生产和生活。据此,秦绪书认为,其在服刑期间造成的疾病与监狱违法行政行为具有因果关系,监狱应无条件赔偿其经济损失,误工费、药费等20万元。法院经审查认为,监狱对原告的关押和改造,是根据刑事诉讼法明确授权实施的行为,不属于行政诉讼的受案范围。秦绪书如果认为监狱给自己造成伤害,应当向中级法院以上的赔偿委员会提出国家刑事赔偿,而不应提起行政赔偿。据此,法院作出了驳回秦绪书

---

① 《金凌不服其他行政行为案》[(2016)兵08行终8号],载北大法宝网,https://www.pkulaw.com/pfnl/. 2021年2月25日访问。

的起诉的裁定。①

在"马兰申请辽宁省女子监狱殴打、虐待国家赔偿案"中,赔偿请求人马兰申诉称:其在监狱服刑期间,因受到女子监狱干警李满华等人对其进行殴打、虐待,因无法承受肉体和精神上的摧残,在凌晨3点从监舍四楼跳楼自杀。因未得到及时治疗导致左臂至今骨头没有接上落下终身残疾。马兰认为赔偿义务机关对马兰跳楼致残负有不可推卸的责任,依法请求女子监狱承担全部赔偿责任。法院赔偿委员会认为,马兰的伤残并非女子监狱对其殴打、虐待所致,不符合《国家赔偿法》第17条第4款规定的殴打、虐待造成伤残的国家赔偿情形。马兰跳楼的行为属于《国家赔偿法》第19条第5款规定的因自伤、自残等故意行为致使损害发生的国家免责情形。最后,法院作出了"驳回赔偿请求人马兰的国家赔偿请求"。②

在"金凌不服其他行政行为上诉案"中,上诉人金凌在原审中诉称其在石河子监狱第六监区圆织车间劳动时报数期间发笑,监管人员即对其拳打脚踢致其受伤。故诉至法院,请求认定监狱管理局致使其在服刑期间遭受狱警殴打致伤的司法行政行为违法。法院经审理后认为,监狱是国家的刑罚执行机关,监狱依法监管罪犯、执行刑罚的行为并非行政行为,上诉人金凌在原审的起诉不符合《行政诉讼法》的有关规定,原审裁定对金凌的起诉不予立案正确,应予维持。故裁定驳回上诉,维持原裁

---

① 《秦绪书与河北省鹿泉监狱司法行政管理(司法行政)行政赔偿裁定书》[(2018)冀0110行赔初1号],载北大法宝网,https://www.pkulaw.com/pfnl/.2021年25日访问。
② 《赔偿请求人马兰申请辽宁省女子监狱殴打、虐待国家赔偿一案一审国家赔偿决定书》[(2017)辽委赔25号],载北大法宝网,https://www.pkulaw.com/pfnl/.2021年2月25日访问。

定。① 在另一起"金凌不服其他行政行为案"中,上诉人金凌在原审中诉称其在石河子市监狱服刑期间,因其他被监管人员将通道内的电视机搬至宿舍内观看且其本人在场,监管人员发现后不做调查便对其拳打脚踢,致其左耳鼓膜穿孔全聋。二审法院以与前述案件同样的理由驳回了上诉人的上诉,维持原裁定。②

在"廖忠祥申请阳春监狱违法使用警械殴打、虐待国家赔偿"中,赔偿请求人廖忠祥申请称:其服刑期间被监狱干警违法使用警械殴打、虐待廖忠祥致其身体严重伤害,阳春监狱在监管期间疏忽职守、管理不善,未能及早发现其本人患病并积极正确治疗,为此,廖忠祥提出了国家赔偿。法院经审理后认为,廖忠祥未能举证证明其在阳春监狱服刑期间存在被监狱干警违法使用警械对其殴打、虐待及放纵他人对其殴打、虐待的行为,也不能举证证明其脑萎缩是阳春监狱监管行为造成的。据此作出了维持广东省监狱管理局对廖忠祥不予国家赔偿的复议决定。③

在"××诉和田监狱怠于履行法定职责致其伤残行政赔偿案"中,再审申请人再审称:其在服刑期间,被同监室阿布都吉力力·卡斯木殴打致伤残,和田监狱存在怠于履行法定职责、疏于管理放纵罪犯阿布都吉力力·卡斯木殴打申请人致伤残,被申请人和田监狱、监狱管理局应该承担赔偿责任。故依法申请再审。法院经审理认为,××的再审申请符合《行政诉

---

① 《金凌不服其他行政行为案》[(2016)兵 08 行终 13 号],载北大法宝网,https://www.pkulaw.com/pfnl/。2021 年 2 月 25 日访问。

② 《金凌不服其他行政行为案》[(2016)兵 08 行终 12 号],载北大法宝网,https://www.pkulaw.com/pfnl/。2021 年 2 月 25 日访问。

③ 《廖忠祥与广东省阳春监狱国家赔偿决定书》[(2015)粤高法委赔字第 30 号],载北大法宝网,https://www.pkulaw.com/pfnl/。2021 年 2 月 25 日访问。

讼法》的规定,作出了本案由本院提审的裁定。①

在"蔡美贤申请番禺监狱违法使用武器、警械致伤、致死赔偿国家赔偿案"中,赔偿请求人蔡美贤(服刑人员蔡某某妻子)请求:由番禺监狱赔偿蔡美贤因虐待、违法使用警械、放纵他人殴打蔡某某,蔡某某患病后(监狱)怠于履行职责,致家属蔡某某死亡的死亡赔偿金、丧葬费 1625760 元,精神损害抚慰金 50000 元,共计 1675760 元。法院赔偿委员会经审理后认为,番禺监狱不存在非法使用戒具的情况;番禺监狱在蔡某某患病后,没有怠于履行法定职责的情况。法院以"蔡美贤的赔偿请求没有事实和法律依据"为由。作出了"维持广东省监狱管理局作出的赔偿义务机关番禺监狱不予赔偿"的决定。②

综上,在上述几例罪犯诉称因受到殴打、虐待致死或致伤而起诉或申请国家赔偿的案件中,法院要么以讼争不属于行政诉讼受案范围为由驳回起诉或上诉,要么以申请人的国家赔偿申请没有事实依据和法律依据为由,维持了复议机关作出的不予赔偿的决定。只有一例案件法院作出了提审的裁定,但最终裁判结果未知。

4. 医疗不及时或不当而致罪犯死亡或身体受到伤害而起诉或申请国家赔偿

此类案件,服刑人员或其近亲属申请国家赔偿的理由主要是"服刑人员生病后,监狱怠于或者拖延救治,致使损害后果发生或者加重"。例

---

① 《××诉新疆维吾尔自治区和田监狱等行政赔偿案》[(2017)新行申 67 号],载北大法宝网,https://www.pkulaw.com/pfnl. 2021 年 2 月 25 日访问。
② 《蔡美贤、广东省番禺监狱违法使用武器、警械致伤、致死赔偿国家赔偿决定书》[(2018)粤委赔 35 号],载北大法宝网,https://www.pkulaw.com/pfnl. 2021 年 2 月 25 日访问。

如,在"马娜等诉内蒙古自治区通辽监狱生命权、健康权、身体权纠纷案"中,原告马娜(系服刑人员马连军的女儿)诉称:通辽监狱存在疏于管理和延误治疗导致马连军病情加重死亡,应承担60%的赔偿责任。法院经审理后认为,通辽监狱是国家刑罚执行机关,履行的是国家刑事司法职责,通辽监狱与马连军之间是监管与被监管的关系,马连军在监狱服刑期间死亡,因马连军与被告不是平等民法主体,不受民事法律关系调整,因此,其亲属即本案原告提起的本案诉讼不属于民事诉讼受案范围。据此,法院以原告的起诉不符合法律规定的起诉条件为由作出了驳回原告起诉的裁定。①

在其他4例案件中,原告提出赔偿的理由包括:(1)监狱管理不当,致使服刑人员未得以及时治疗,导致其因病致残;(2)监狱违法履行法定监督管理义务和医院在医疗救治服刑人员过程中误诊、误治、漏诊漏治,导致服刑人员死亡;(3)监狱对服刑人员没有尽到及时、有效的救助义务,耽误了最佳治疗时机,在履行监管职责中存在重大过失;(4)监狱在服刑人员服刑期间提供的医疗行为不当,存在过错,造成服刑人员残疾的后果。审理法院均以"不属于行政诉讼受案范围"为由驳回了起诉。

5. 因申请信息公开引发争议而提起诉讼

罪犯或其近亲属因申请信息公开而与监狱发生争议,请求法院裁决的样本案例也占有一定比例,共有11例,占86份有效样本的12.79%。原告或上诉人的诉讼请求主要有:(1)依法判决监狱或监狱管理局公开服刑人员死亡的病因、死亡时间、服刑人员生病后的治疗经过及相关病历

---

① 《马娜等诉内蒙古自治区通辽监狱生命权、健康权、身体权纠纷案》[(2017)内0502民初749号],载北大法宝网,https://www.pkulaw.com/pfnl/.2021年2月25日访问。

资料;(2)申请公开服刑人员服刑期间的劳动改造得分、劳动项目、劳动岗位、劳动报酬相关情况;(3)申请公开服刑人员的《入狱体检表》及入狱时的身体健康状况和诊治情况。法院的一般做法是:以"监狱对罪犯执行刑罚是依照刑事诉讼法明确授权实施的行为,不属于行政诉讼受案范围"为由驳回了起诉或上诉。但在"张金聚诉河南省监狱管理局未履行信息公开职责案"中,原告张金聚(服刑人员张忠义之子)要求公开服刑人员张忠义死亡原因及相关病历资料。法院经审理后认为,被告河南省监狱管理局存在不履行法定职责的情形,且其辩解意见无事实和法律依据。依照《行政诉讼法》规定,判决被告于本判决生效后 15 个工作日内对原告提出的信息公开申请作出答复。①

6. 因罪犯工伤而起诉或申请国家赔偿

在此类案件中,起诉人诉请其在监狱从事生产劳动期间发生事故受伤致残应按工伤对待。法院经审理后认为,起诉人于服刑期间在煤矿从事劳动的行为,属于监狱部门执行刑罚的行为,起诉人与被起诉人之间不成立民事法律关系。根据《监狱法》的规定,罪犯在劳动中致伤、致残或者死亡的,由监狱参照国家劳动保险的有关规定处理。据此,法院以不属于民事诉讼的范围或国家赔偿的范围为由,作出了驳回起诉的裁定或驳回国家赔偿申请的决定。

7. 没收罪犯现金引发争议而提起诉讼

在 86 份有效裁判文书样本中,有一例较为特殊,涉及因监狱没收服

---

① 《张金聚与河南省监狱管理局司法行政管理(司法行政)一审行政判决书》[(2018)豫 7101 行初 420 号],载北大法宝网,https://www.pkulaw.com/pfnl/.2021 年 2 月 25 日访问。

刑人员现金而发生的争议,服刑人员诉请法院裁决。例如,在"上诉人何精强诉被上诉人辽宁省辽阳第二监狱没收现金案"中,上诉人何精强诉称,其在监狱服刑期间患有高血压、心脏病、心梗等疾病,其子送来10000元用于治病,花掉2000元后剩余8000元被监狱以犯罪赃款为由没收。上诉人认为,"一审法院错误的认定上诉人这8000元救命钱被监狱没收是被上诉人作为刑罚执行机关对服刑人员管理过程中产生的刑事司法行为,不属于行政诉讼的受案范围,这是错误的。"为此,上诉人请求撤销原审裁定,裁定原审法院重新审理本案。二审法院经审理后认为,上诉人不服被上诉人没收现金的行为是被上诉人作为刑罚执行机关对服刑人员管理过程中产生的刑事司法行为,对该行为产生的争议,不属于行政诉讼的受案范围。上诉人何精强的上诉请求缺乏相关法律依据,本院不予支持。据此,二审法院作出了"驳回上诉,维持原裁定"的裁定。[①]

8. 监狱对罪犯实施非暴力性虐待引发争议而申请国家赔偿

在86份有效裁判文书样本中,有一例案件也较为特殊,涉及罪犯诉称监狱对其实施软暴力而致残并请求国家赔偿的争议。例如,在"全庆哲与营口监狱国家赔偿案"中,全庆哲申请称:"其因患病无法参加劳动,营口监狱以抗拒改造为由,对其实施禁闭长达7天。此时正值北方严冬时节,禁闭室没有取暖设施,赔偿请求人双脚严重冻伤,后被强行截肢致残。"为此,全庆哲提出国家赔偿,营口监狱作出了不予刑事赔偿决定书,随后全庆哲向辽宁省监狱管理局申请复议,全庆哲对复议决定不服,向法院提出国家赔偿申请。法院经审理后认为,"赔偿请求人全庆哲因诈骗

---

① 参见《上诉人何精强诉被上诉人辽宁省辽阳第二监狱没收现金案》[(2016)辽10行终88号],载北大法宝网,https://www.pkulaw.com/pfnl/. 2021年2月25日访问。

罪被投入到营口监狱服刑。由于全庆哲不参加劳动、抗拒改造,被营口监狱关禁闭 7 天。在禁闭期间,正值冬季取暖季节,禁闭室无取暖设施,全庆哲双脚冻伤形成残疾。根据《中华人民共和国监狱法》第 53 条之规定:'罪犯居住的监舍应当坚固、通风、透光、保暖。'因此,营口监狱对全庆哲在关押禁闭期间形成的冻伤,应承担管理责任。此外,全庆哲主观上不服从改造、在关禁闭期间不听劝阻私自脱棉鞋,而且在冻伤后不配合治疗用冷水泡脚,对于冻伤的形成和扩大也应负有一定的责任。"后经法院主持调解,赔偿义务机关营口监狱与赔偿请求人全庆哲自愿达成协议,辽宁省营口监狱一次性赔偿赔偿请求人全庆哲住院医疗费、残疾赔偿金、残疾生活辅助具费、精神损害抚慰金等共计人民币 53.5 万元。①

　　上述案件是一起典型的监狱对罪犯实施的非暴力性虐待案件。所谓非暴力性虐待,是指监狱工作人员在行使职权过程中采用饥饿、饥渴、挨冻、不让睡觉等非暴力方式实施虐待行为,侵犯服刑人员生命健康权的违法行为。在全庆哲案中,监狱对全庆哲实施禁闭处罚,符合法律规定且审批程序合法、手续完备。但是,监狱不得采取非暴力的方式对服刑人员实施虐待。经查,全庆哲在接受禁闭处罚期间,正值东北地区的严冬时节,监狱将全庆哲关押在无取暖设备的禁闭室内,其做法不符合《监狱法》所规定的监舍应当符合保暖条件的要求②,是一种以积极作为的方式侵犯服刑人员人身权和健康权的非法行为,构成了非暴力性虐待。监狱工作人员的行

---

　　①　《全庆哲与营口监狱国家赔偿案——监狱机关非暴力性虐待的国家赔偿责任》[(2013)辽法委赔字第 10 号],载北大法宝网,https://www.pkulaw.com/pfnl/.2021 年 2 月 25 日访问。《全庆哲、辽宁省营口监狱殴打、虐待致伤、致死赔偿赔偿决定书》[(2013)辽法委赔字第 10 号],https://wenshu.court.gov.cn/website/wenshu/181107ANFZ0BXSK4/index.html? docId=c98c022843-dd43ac934fa99e00221c15,中国裁判文书网,2021 年 2 月 25 日访问。

　　②　《中华人民共和国监狱法》第 53 条规定:"罪犯居住的监舍应当坚固、通风、透光、清洁、保暖。"

为也符合《国家赔偿法》第 17 条第（4）项"刑讯逼供或者以殴打、虐待等行为或者唆使、放纵他人以殴打、虐待等行为造成公民身体伤害或者死亡的"规定,监狱应当对全庆哲受伤致残的后果承担一定的管理责任。就此,法院对监狱工作人员行为的认定和对全庆哲受伤致残的事实及原因的认定是正确的,最后通过调解的方式解决了争议,取得了较好的效果。

9. 罪犯对监狱监管行为不服引发争议而提起诉讼

在一些个别案例中,服刑人员对监狱的内部管理制度不服,而请求法院裁决其与监狱之间的争议。例如,在"上诉人熊隆飞与被上诉人江西省洪都监狱管理一案"中,一审法院认为,本案原告熊隆飞在被告江西省洪都监狱服刑期内被剃光头是被告对服刑期内原告（犯人）生活规范的内部管理的一种制度,符合司法部门发布的罪犯改造行为规范的规定。内部管理制度不属于行政诉讼范畴,具有普通约束力规定也不具备可诉性。原告在被告单位服刑期间被剃光头符合司法部相关规定,也具有普遍性,故原告的起诉不符合人民法院受理的条件。二审法院认同一审法院观点,同时认为,上诉人熊隆飞在江西省洪都监狱服刑期间,监狱给其剃短发（光头）,属监狱对服刑人员的监管行为,不属于人民法院行政诉讼的受案范围,一审裁定驳回熊隆飞的起诉符合法律规定。据此,法院作出了"驳回上诉,维持原裁定"的裁定。①

在"宋晓伟因虐待致伤申请云南省保山监狱国家赔偿案"中,申请人宋晓伟称:其在服刑期间遵守国家法律法规和各项监管规定,积极超额完成改造任务,但其在服刑期间遭到不法侵害导致患上了轻度肺气肿、小叶性

---

① 参见《熊隆飞、江西省洪都监狱司法行政管理（司法行政）二审行政裁定书》[（2017）赣 71 行终 2 号],载北大法宝网,https://www.pkulaw.com/pfnl/. 2021 年 2 月 25 日访问。

肺炎、消化道出血。服刑期间,保山监狱对宋晓伟进行的禁闭处理和隔离关押违反相关规定。为此提出国家赔偿。法院赔偿委员会经审理后认为,监狱对宋晓伟实施的禁闭处罚和隔离关押措施,认定事实清楚,行政程序合法,适用法律正确。法院还认为,宋晓伟所主张的其因为监狱的管理行为致使其肺部及消化道出现问题的主张无事实依据,不予支持。据此,法院作出了维持保山监狱和云南省监狱管理局的不予赔偿的决定和复议决定。①

综上,对于罪犯不服监狱监管行为和行刑行为而引发的争议,法院也会以"不属于行政诉讼受案范围"为由,或者以"服刑人员的诉请所陈述的事实没有依据"为由驳回起诉或上诉,或者作出了维持不予赔偿决定的决定。

第三节　我国狱内罪犯权利救济制度的立法现状评析

一、罪犯权利救济涉及的争议排除在行政复议和行政诉讼的受案范围之外

从我国现行《行政复议法》和《行政诉讼法》的规定来看,两部法律均将罪犯申诉或投诉涉及的争议排除在行政复议和行政诉讼的受案范围之

---

① 参见《宋晓伟申请云南省保山监狱殴打、虐待致伤、致死赔偿决定书案》[(2015)云高法委赔字第3号],载北大法宝网,https://www.pkulaw.com/pfnl/.2021年2月25日访问。

外。因此,狱内罪犯的权利救济机制是不完整的。针对狱内罪犯申诉或投诉所涉争议设计相对完善的行政复议和行政诉讼救济机制,不仅有利于维护罪犯的合法权益,而且有利于加强对监狱行刑行为的监督和审查,促进监狱及其工作人员纠正违法、规范执法和文明执法。当然,并不是所有的罪犯申诉或投诉所涉争议都需要通过行政复议或行政诉讼途径寻求解决,只有那些对罪犯合法权益影响重大的行刑行为,才有必要进行行政复议审查和司法审查。为此,应当进一步拓宽受案范围,把那些对罪犯权益影响重大的监狱行刑行为纳入行政复议和行政诉讼的范围。

二、《监狱法》没有规定罪犯权利救济的行政申诉程序

我国《监狱法》规定了罪犯申诉制度,但这种申诉是一种狭义上的申诉制度,仅指罪犯对生效判决不服而提起的申诉。《监狱法》并未对罪犯权利受损后的行政申诉程序作出明确规定。监狱在行刑过程中对罪犯实施的狱政管理、日常监管和教育改造等行为,直接作用于罪犯并对其权益形成影响,也难免发生争议。对此,应当有完善的行政申诉程序给罪犯救济的机会和途径。我国《监狱法》规定监狱对罪犯有实施警告、记过和禁闭等处罚的权力,但是对于罪犯不服监狱处罚决定申请行政复议的途径和期限并未作出规定。由于《行政诉讼法》把监狱行刑行为排除在行政诉讼的受案范围之外,《监狱法》也没有规定罪犯享有对监狱处罚行为不服而提起行政诉讼的权利。与此同时,《监狱法》规定了对罪犯的日常考核制度,但未规定罪犯对考核结果不服而申请复议的权利,更遑论规定申请复议的途径和期限了。

三、狱内罪犯权利救济的外部程序缺失

在狱内罪犯权利救济内部程序运转失灵的情形下,狱内罪犯权利救济外部程序能够发挥必不可少的替补作用。反观我国法律法规,难以找到狱内罪犯可以将申诉或投诉所涉争议诉诸外部途径寻求解决的直接法律依据。理论上,我国全国人民代表大会和地方各级人民代表大会都是国家权力机关,有权对各级行政机关和司法机关活动的合法性进行监督。监狱作为司法行政机关——司法部(司法厅、局)的下属单位,当然应当接受人大对其工作的监督。根据我国《各级人民代表大会常务委员会监督法》的规定,人大的监督是一种"集体监督",人大并不实施具体的"个案监督"。因此,即便人大开展对监狱执法工作的监督,它也是一种"集体监督",人大并不直接接受、处理狱内罪犯提出的投诉和控告。此外,国务院出台的《信访条例》赋予了公民有权以信访的形式对各级人民政府及县级以上人民政府工作部门反映情况、提出建议、意见或者投诉请求的权利。由此,可以推导出狱内罪犯也有权对作为政府工作部门的司法部、司法厅(局)的工作提出投诉请求。但是,由于罪犯人身自由受到剥夺,行使信访权利有一定难度。综上,无论是人大的集体监督,还是《信访条例》规定的信访程序,都不是完整意义上的狱内罪犯权利救济的外部程序。

驻监检察室是人民检察院派驻监狱对监狱刑罚执行活动实施法律监督的外部机构。根据《人民检察院监狱检察办法》的规定,驻监检察室有权对监狱的监管活动和狱政管理、教育改造活动等实施监狱检察,但是这些监狱检察活动是驻监检察室依职权主动实施的,并非因狱内罪犯申诉或投诉而引起。此外,《人民检察院监狱检察办法》第3条关于"人民检察院受

理罪犯及其法定代理人、近亲属的控告、举报和申诉"的规定,该条中的"申诉",如果结合《监狱法》来理解,应当是一种狭义上的"申诉",即它仅指罪犯对生效判决不服而提出的申诉。即使把《人民检察院监狱检察办法》第3条规定的"申诉"作扩大解释,即扩大至"罪犯对自己在服刑期间受到的不公正待遇、对监狱执法行为不服或有异议"而提出的申诉,也不能认为《人民检察院监狱检察办法》已经规定了完整的罪犯权利救济外部程序。因为《人民检察院监狱检察办法》缺乏关于罪犯申诉的启动、受理、时限、审查及处理等的明晰规定。

四、缺乏罪犯权利救济补救措施和保障制度的明确规定

完整的狱内罪犯权利救济制度包括实体规则和程序规则、补救措施和保障制度等内容。如前所述,我国缺乏罪犯权利救济的行政申诉程序(内部程序)和完整的罪犯权利救济外部程序。对于罪犯权利受损后的补救措施,也鲜见有法律对此作出明确规定,即使在其他法律法规中涉及了,也是零星的、碎片化的和不完整的。关于狱内罪犯权利救济的保障制度,例如法律援助制度、常态化的巡视制度、禁止不利追究原则等,法律规定仍为"空白"。

第七章　我国狱内罪犯权利
救济制度的建构

狱内罪犯的应有权利充其量是一种"纸面上的权利",这些应有权利能否实现以及能在多大程度上实现才是衡量罪犯人权保障和监狱文明程度的重要标尺。要将狱内罪犯的应有权利转化为实然权利,必须完善狱内罪犯权利实现的保障机制,尤其是应当完善或建构狱内罪犯权利受损后的救济制度。

第一节　我国狱内罪犯权利救济
制度的基本内容

一、明确启动狱内罪犯权利救济程序的实体条件和形式条件

1. 明确启动狱内罪犯权利救济程序的实体条件

所谓狱内罪犯权利救济程序的实体条件,易言之,是指狱内罪犯的权

利救济内容,或者是指狱内罪犯权利救济制度的适用范围,具体指罪犯提出的哪些权利救济请求会被纳入权利救济制度的调整范围。观照狱内罪犯权利救济实践,狱内罪犯申诉或投诉请求包罗万象,小到对监狱"剃光头"等内部管理行为的不满,大到生命健康权受到侵犯的赔偿请求,可以说事无巨细,合法诉求与不合法诉求并存。狱内罪犯权利救济制度不可能把罪犯提出的所有申诉或投诉请求都纳入到调整范围之内,应当依据重要性标准并结合罪犯权利规定而有所选择。具体而言,启动狱内罪犯权利救济程序的实体条件包括:

(1)对警告、记过、禁闭等监狱处罚和严管矫治措施不服的;

(2)对日常考核和计分考核结果持有异议或不服的;

(3)对监狱降低处遇等级的决定持有异议或不服的;

(4)对监狱行政奖励持有异议或不服的;

(5)认为符合监狱许可条件,监狱拒绝或者不予答复的;

(6)申请监狱履行保护人身权、财产权等合法权益的法定职责,监狱拒绝履行或者不予答复的;

(7)对没收罪犯财产的监狱强制执行行为不服的;

(8)监狱体罚、虐待、殴打罪犯或者纵容他人殴打罪犯的;

(9)违法使用武器、警械、戒具造成罪犯身体伤害或死亡的;

(10)因监狱执法行为导致罪犯身体受到伤害或者死亡的;

(11)对超时劳动、劳动条件恶劣等问题提出投诉意见的;

(12)对监狱饭菜质量不满意的;

(13)认为监狱的其他行刑行为侵犯罪犯合法权益的。

2. 规定启动狱内罪犯权利救济程序的形式条件

启动狱内罪犯权利救济程序的形式条件,是指狱内罪犯行使申诉或投诉权利的形式要件,具体包括:

(1)申诉或投诉请求人是受到不公正待遇或认为自己合法权益受到侵犯的狱内服刑罪犯

一般情况下,申诉或投诉请求人是认为自己受到不公正待遇或认为监狱执法行为侵犯了其合法权益的狱内服刑罪犯。但在狱内罪犯死亡、丧失行为能力或者因受强制、威吓等无法提出申诉或投诉请求的,狱内罪犯的法定代理人、近亲属可以代为提出申诉或投诉请求。狱内罪犯的法定代理人、近亲属告诉或者代为提出申诉或投诉请求的,应当提供与狱内罪犯具有近亲属关系的证明和狱内罪犯不能亲自提出申诉或投诉请求的原因的证明。

(2)如果要求追究监狱工作人员的法律责任,必须有明确的被请求人

如果狱内罪犯认为监狱工作人员的职务行为侵犯了自己的合法权益,要求追究其法律责任的,应当在口头申诉或投诉时指明或者在书面申诉或投诉时列明具体的被请求人。

(3)有具体的申诉或投诉请求和事实根据

狱内罪犯提出的申诉或投诉请求必须是具体的而不是抽象的,是针对自身合法权益受损或者受到了不公正待遇而提出的,必须有一定的事实根据。

(4)属于狱内罪犯权利救济制度调整的范围

狱内罪犯申诉或投诉请求针对的是监狱在监管与执法过程中发生的

争议和纠纷。申言之,是狱内罪犯针对自己受到的不公正待遇和合法权益受损而提出的。因此,狱内罪犯提出的针对监狱制定的具有普遍约束力的规章制度的请求,不属于狱内罪犯权利救济制度调整的范围。此外,与犯罪和判刑有关的案件问题,也不属于狱内罪犯权利救济制度调整的范围。

(5)狱内罪犯的权利救济请求一般应当以书面形式提出

狱内罪犯提出权利救济请求,一般应当以书面形式提出。书写书面申诉或投诉申请材料确有困难的,可以口头提出申诉或投诉请求,由受理机关记入笔录。书面申诉或投诉申请材料应当记明下列事项:①申诉或投诉请求人姓名及所属监区;②具体的申诉或投诉请求;③申诉或投诉请求的事实根据,包括时间、地点、人物和事件经过等;④申诉或投诉请求人签名;⑤申诉或投诉申请日期。

二、建立多元化的狱内罪犯权利救济机制

"机制"是指一个工作系统的组织或部分之间相互作用的过程和方式。① 建立多元化的狱内罪犯权利救济机制,是指应当构建狱内罪犯权利救济内部程序与外部程序兼备、行政申诉程序与司法审查程序互补的多渠道、全方位的权利救济和纠纷化解机制。从横向上看,多元化的狱内罪犯权利救济机制的内容包括狱内罪犯权利救济内部程序、外部程序和补救措施。狱内罪犯权利救济内部程序是一种行政申诉程序,从纵向上看,包括:受理、审查、处理程序,复查、复核程序。狱内罪犯权利救济外部

---

① 中国社会科学院语言研究所词典编辑室编:《现代汉语词典》(第5版),商务印书馆2005年,第628页。

程序包括:监狱视察委员会调查处理程序、人大监督监狱执法工作程序、驻监检察机构受理罪犯申诉或投诉申请及处理程序、狱内罪犯与监狱之间纠纷的行政诉讼程序。罪犯权利救济补救措施是指经过内部程序和外部程序处理后对处理结果所采取的执行措施。建立多元化的狱内罪犯权利救济机制,其目的在于针对申诉或投诉类型和解决争议主体的职能不同而设计不同的救济程序,实现申诉或投诉所涉争议解决的程序分流与程序衔接,促进申诉或投诉所涉争议全面地、终局性地予以解决。

多元化狱内罪犯权利救济机制具有以下特点:一是解决狱内罪犯申诉或投诉所涉争议的主体是多元化的,既有来自监狱内部及监狱系统的监区、监狱长、监狱内设职能部门、监狱管理局和司法行政部门等罪犯争议解决主体,也有来自外部的监狱视察委员会、人大、驻监检察机构和法院等争议解决主体。二是解决狱内罪犯申诉或投诉所涉争议的方式是多元化的,既有监狱及监狱系统内部的行政申诉途径的解决方式,也有法院司法审查的解决方式。既有独立的视察委员会的调查处理解决方式,也有人大对监狱实施的政治监督,还有驻监检察机构实施的法律监督方式。既有民事诉讼裁判或调解解决申诉或投诉所涉争议的方式,也有行政诉讼裁判解决申诉或投诉所涉争议的方式,更有申请、决定国家赔偿的争议解决方式。

三、建构完善的狱内罪犯权利救济内部程序

1. 狱内罪犯权利救济内部程序的机构设置与职责

为了规范狱内罪犯权利救济内部程序运行的基本秩序,首先应当设

置完整的罪犯申诉或投诉的受理和审查机构。具体设想是在监狱内部及监狱系统共设置三级罪犯权利救济机构,分述如下:

(1)第一层级为监狱内部的监区申诉(投诉)审查小组,成员由分队长、分监区长和监区长或副监区长等组成,接受狱内罪犯提出的口头申诉或投诉申请、书面申诉或投诉材料,并进行初步审查和调查了解,对于过于琐碎或毫无根据的申诉或投诉请求及时作出答复;对于一般的申诉或投诉请求,监区申诉或投诉审查小组有权在职责范围内作出相应处理;对于重大的申诉或投诉请求,及时提交上一级申诉或投诉解决机构处理。

(2)第二层级为监狱申诉(投诉)审查委员会,成员由监狱长或副监狱长、狱政科等相关科(处)室的负责人组成,负责审查、处理狱内罪犯提出的重大的申诉或投诉请求,并对狱内罪犯不服监区申诉(投诉)审查小组对一般申诉或投诉请求的处理决定而提出的复查申请进行审查,并作出复查决定。

(3)第三层级为省(自治区、直辖市)监狱管理局设立的罪犯申诉(投诉)审查办公室,该办公室为监狱管理局层次处理罪犯申诉或投诉请求的常设机构,负责管理本省(自治区、直辖市)监狱中的监区申诉(投诉)审查小组和监狱申诉(投诉)审查委员会的工作,并对罪犯不服监狱申诉(投诉)审查委员会就其提出的重大申诉或投诉请求所作出的处理决定的复核申请,进行审查,作出复核决定。监狱管理局设置的罪犯申诉(投诉)审查办公室还负责对罪犯提出的以下申诉或投诉请求进行审查处理并作出最终决定:①对监狱作出的警告、记过、禁闭等监狱处罚和严管矫治措施、降低处遇等级、没收财产等不服而提出的复议申请;②对监狱就罪犯日常考核、计分考核、表扬或物质奖励提出异议的复议申请;③认为符合监狱许可条件,监狱拒绝或者不予答复的复议申请;④申请监狱履行保护人身权、财产权等合法权益的法定职责,监狱拒绝履行或者不予答复的复议申请;⑤认为监狱的其他行刑行为侵犯罪犯合法权益的复议申请。

2. 狱内罪犯权利救济内部程序设置机构的性质与工作程序

(1)狱内罪犯权利救济内部程序设置机构的性质

上述监区申诉(投诉)审查小组是设置在监区层次处理简单的罪犯申诉或投诉请求的正式机构,相当于罪犯权利救济内部程序的"初审"机构。监狱申诉(投诉)审查委员会是监狱内部设置的处理狱内罪犯提出的"重大"申诉或投诉请求的"初审"机构,也是狱内罪犯一般申诉或投诉请求的"二审"机构或"救济审"机构。省(自治区、直辖市)监狱管理局设立的申诉(投诉)审查办公室是具体负责罪犯不服监狱申诉(投诉)审查委员会的处理决定和复查决定的复核机构,相当于监狱系统内部对罪犯申诉或投诉所反映问题进行处理的"终审"机构,除了可以提起诉讼的争议之外,监狱管理局申诉(投诉)审查办公室作出的复核决定具有终局的效力。

(2)狱内罪犯权利救济内部程序设置机构的工作程序

关于狱内罪犯权利救济内部程序设置机构的工作程序,具体可以设计如下:

①狱内罪犯权利救济请求的提出与受理

狱内罪犯对监狱行政处罚、严管矫正措施、降低处遇等级、行政奖励或计分考核结果不服的,可以自知道该监狱行刑行为之日起十日内提出复议申请。狱内罪犯认为自己受到了不公正待遇,或者认为监狱的其他行刑行为侵犯了其合法权益的,应当自知道或者应当知道之日起三十日内提出申诉或投诉请求。

　　狱内罪犯提出申诉或投诉请求时,一般应当以书面方式书写《申诉(投诉)请求书》,将其投入到监狱信箱或当面递交给分队长,再由分队长转交监狱内有关机构审查处理或移送有权处理的机构审查处理。书写有困难的罪犯,也可以向分队、分监区的负责人口头提出申诉或投诉请求,经记录后转递监区申诉(投诉)审查小组进行处理。有条件的监狱,狱内罪犯还可以通过监狱内部网络提交申诉或投诉请求材料,并由监狱内部的有关处理机构接收、审查和办理。

　　②狱内罪犯权利救济请求的处理

　　监区申诉(投诉)审查小组收到狱内罪犯的《申诉(投诉)请求书》或记载有罪犯申诉或投诉请求的材料后,应当立即阅读处理。如果罪犯申诉或投诉材料反映的问题明显属于琐碎或毫无根据的问题,应当以书面形式驳回并说明理由;如果罪犯的申诉或投诉请求属于一般问题,应当安排干警约谈罪犯,了解情况,必要时可以进行调查取证,在查明事实的基础上作出处理决定,并将处理决定送达罪犯本人;如果罪犯的申诉或投诉请求属于重大问题,应当自收到罪犯申诉或投诉材料之日起三日内,监区申诉(投诉)审查小组应当将其报请监狱申诉(投诉)审查委员会处理,并告知申请人。监区申诉(投诉)审查小组对于自己有权处理的申诉或投诉请求,应当在收到罪犯有关材料之日起十五日内办结。

　　监狱申诉(投诉)委员会对监区申诉(投诉)审查小组转交或自己受理的罪犯重大申诉或投诉请求,安排专人约谈罪犯、进行调查了解并在必要时组织召开听证会,在查清事实的基础上作出处理决定。监狱申诉(投诉)委员会对狱内罪犯重大申诉或投诉请求的处理,应当在收到罪犯申诉或投诉材料之日起三十日内办结。

　　③狱内罪犯一般权利救济请求的复查

　　狱内罪犯对监区申诉(投诉)审查小组就其提出的一般申诉或投诉请求作出的处理决定不服,可以向监狱申诉(投诉)委员会申请复查。监狱申诉(投诉)委员会收到罪犯的复查请求后,应当进行复查。在调查了解的基础上分别作出以下处理:维持原来的决定;变更原来的决定;作出新的决定。监狱申诉(投诉)委员会对罪犯一般申诉或投诉请求的复查决定应当在收到复查请求材料之日起十五日内作出。

　　④狱内罪犯重大权利救济请求的复核与监狱行政行为的复议

　　狱内罪犯对监狱申诉(投诉)委员会就其提出的重大权利救济请求所作出的处理决定不服的,可以向省(自治区、直辖市)监狱管理局的罪犯申诉(投诉)审查办公室申请复核。复核时,可以进行必要的调查取证、收集证人证言、约谈罪犯、组织听证会等,在查清事实的基础上分别作出以下处理决定:维持监狱作出的处理决定;监狱不履行法定职责的,决定其在一定期限内履行;撤销原处理决定,责令监狱重新作出处理决定。省(自治区、直辖市)监狱管理局罪犯申诉(投诉)审查办公室的复核决定应当在收到复核请求材料之日起六十日内作出。

　　由于监狱奖惩、监狱强制和监狱许可等影响罪犯权益的行政行为是由监狱作出的,为了避免自己监督审查自己的弊端,应当确定监狱的上级主管机关——监狱管理局为复议机关,具体的工作机构为省(自治区、直辖市)监狱管理局罪犯申诉(投诉)审查办公室。具体而言,有下列情形之一的,狱内罪犯可以依法向省(自治区、直辖市)监狱管理局罪犯申诉(投诉)审查办公室申请复议:a. 对监狱作出的警告、记过、禁闭等监狱处罚和严管矫治措施、降低处遇等级、没收财产等不服的;b. 对监狱就罪犯日常考核、计分考核、表扬或物质奖励提出异议的;c. 认为符合监狱许可条件,监狱拒绝或者不予答复的;d. 申请监狱履行保护人身权、财产权等合法权益的法定职责,监狱拒绝履行或者不予答复的;e. 认为监狱的其他行刑行为侵犯罪犯合法权益的。

省(自治区、直辖市)监狱管理局罪犯申诉(投诉)审查办公室收到复议申请后,应当在五日内进行审查,对不符合罪犯权利救济制度范围的复议申请,决定不予受理,并书面告知申请人。对罪犯提出的复议申请原则上采取书面审查的办法,但是申请人提出要求或者罪犯申诉(投诉)审查办公室认为有必要时,可以向监狱干警和其他罪犯调查情况,听取申请人、被申请人和第三人的意见。罪犯申诉(投诉)审查办公室应当自复议申请受理之日起七日内,将复议申请书副本或者复议申请笔录复印件发送被申请人。被申请人应当自收到申请书副本或者申请笔录复印件之日起十日内,提出书面答复,并提交当初作出监狱行政行为的证据、依据和其他有关材料。

省(自治区、直辖市)监狱管理局罪犯申诉(投诉)审查办公室对监狱行政行为进行审查后,根据不同情况分别作出以下复议决定:a. 监狱行政行为认定事实清楚,证据确凿,适用依据正确,程序合法,内容适当的,决定维持;b. 监狱不履行法定职责的,决定其在一定期限内履行;c. 监狱行政行为有下列情形之一的,决定撤销、变更或者确认该监狱行政行为违法;决定撤销或者确认该监狱行政行为违法的,可以责令监狱在一定期限内重新作出行政行为:(a)主要事实不清、证据不足的;(b)适用依据错误的;(c)违反法定程序的;(d)超越或者滥用职权的;(f)监狱行政行为明显不当的。

省(自治区、直辖市)监狱管理局罪犯申诉(投诉)审查办公室应当自受理罪犯复议申请之日起六十日内作出复议决定。狱内罪犯对复议决定不服的,可以依照行政诉讼法的规定向人民法院提起行政诉讼。

⑤规定紧急权利救济特别处理程序

通常情况下,狱内罪犯的权利救济申请依照一般程序规定的方式、时限、步骤进行处理,但在一些特别紧急的情况下,为了避免因程序烦琐而导致申诉或投诉反映的问题处理不及时进而造成罪犯权益遭受难以弥补的损失时,例如罪犯生命健康权的严重侵害等,应当设置紧急权利救济特别处理程序。依照紧急权利救济特别处理程序,罪犯申诉或投诉请求的提出时间、方式,处理罪犯申诉或投诉的受理主体、审查程序、处理时限等,均不受罪犯权利救济一般程序规定的限制,应当由法律另行作出规定。

四、设置狱内罪犯权利救济外部程序

1. 设置监狱视察委员会调查处理程序

为了加强监狱行刑工作的外部监督和方便狱内罪犯没有顾虑地提出申诉或投诉请求,应当设置监狱视察委员会调查处理程序。监狱视察委员会的成员由人大、监察委、检察机关、政协的工作人员及专家学者、律师、社会人士等组成,办事机构设在地(市)级以上的监察委员会内部。作为独立的第三方机构,监狱视察委员会定期对监狱开展视察,视察时可以接触罪犯,接受狱内罪犯提出的口头或书面申诉或投诉请求,听取和了解狱内罪犯反映的其所遭受的不公正待遇、对监狱工作人员的投诉和控告以及其他请求,视察委员会成员与罪犯的谈话活动和谈话内容不受监狱监控和监听。

监狱视察委员会收到狱内罪犯的申诉或投诉请求后,可以根据情况进行必要的调查了解,约谈监狱干警和罪犯本人及其他证人,在查清事实的基础上,于收到狱内罪犯申诉或投诉请求的三十日内以"向监狱或监狱管理局提出解决问题的建议和改进工作的意见"的方式作出处理决定。监狱应当在视察委员会作出处理意见后的三个月内进行整改,并将整改情况及时反馈给监狱视察委员会。

2. 探索人大监督监狱执法工作的新路径

监狱是国家的刑罚执行机关。我国监狱机关在对狱内服刑罪犯实施刑罚的过程中行使一定的执法权力。在执行刑罚的同时,还对狱内服刑罪犯实施教育、矫正、改造和管理等具体执法行为或活动。监狱的高度封闭性和刑罚执行的特殊性使得监狱执法权力在一个与正常社会严格隔离的环境中运行,如果缺乏完善的监督机制,监狱执法权力易被滥用或怠于行使,从而导致执法不公和执法权力异化,最终造成狱内服刑罪犯合法权利受到侵犯或受损。实践中,因监狱执法行为所引发的投诉问题,除了针对通常被视为琐碎的诸如"饭菜质量和居住卫生条件差"等问题的投诉之外,还有针对监狱机关在执法过程中实施行政处罚的正当性、计分奖励的公正性等关乎服刑罪犯切身利益问题的投诉。此外,一些狱内服刑罪犯的非正常死亡事件也引发了社会公众对服刑罪犯生命健康权被侵犯现象的关注,以及对监狱执法工作公正性和透明性的质疑。狱内服刑罪犯的人权保障是我国人权事业的重要组成部分,狱内服刑罪犯因监狱执法行为致其受到不公平待遇或者合法权益受损后,往往找不到合法的投诉途径或救济渠道。长此以往,矛盾纠纷积聚而难以化解,不利于罪犯的教育改造,也影响到了监狱刑罚执行制度的顺利运行。

用权必受监督,完善的监督机制是确保监狱执法权力依法行使、维护狱内服刑罪犯合法权益的重要保障。但就现状而言,我国目前的监狱监督法律制度尚不完善,具体表现在:针对监狱执法工作实施监督的法律规定较少且操作性不强;法定的监狱监督主体很少,且监督职责不够明确;监督主体对监狱的监督内容、监督职权、手段、程序等也缺乏明确的法律规定。① 对监狱执法工作的监督包括内部监督和外部监督两个方面。内部监督主要指作为监狱上级主管部门的监狱管理机关和司法行政部门的监督。外部监督主要包括司法监督、人大监督和社会监督等。从监督的实际效果来看,来自监狱上级主管部门的监督属于同体监督,有"自己人监督自己人"之嫌疑,往往出现"失之于宽和失之于软"的现象。司法监督虽然有法律的明文规定,但现行的监所检察监督和审判监督并未发挥应有的功能和作用。社会监督和新闻舆论监督尚不是法定的监督方式,对监狱执法工作实施监督的法律依据不足,缺乏监督的具体手段、途径和方式。来自国家权力机关的监督流于形式,难以取得真正的监督实效。因此,从总体上看,无论是制度建设层面还是实践操作层面,我国监狱执法的监督机制都存在严重不足和缺陷,影响到监狱执法工作的监督实效。有鉴于此,探索监狱执法的人大监督的新路径,对人大监督监狱执法工作的法律依据、监督现状及困境、监督主体和客体及内容、人大监督的实现路径作一初步探讨,以期完善我国监狱监督制度,提升监狱执法的规范化水平,维护狱内服刑罪犯的合法权益。

（1）人大监督监狱执法工作的法律依据

在我国,全国人民代表大会和地方各级人民代表大会都是国家权力机关,依据宪法和组织法的规定,人大有权对各级行政机关和司法机关活

---

① 最高人民检察院"监狱监督制度比较研究"课题组:《我国监狱监督制度存在的问题与完善》,《法学》2011 年第 4 期,第 129—142 页。

动的合法性进行监督。例如,《宪法》第 3 条第 3 款规定:"国家行政机关、监察机关、审判机关、检察机关都由人民代表大会产生,对它负责,受它监督。"《中华人民共和国全国人民代表大会组织法》(以下简称《全国人大组织法》)第 5 条规定:"全国人民代表大会及其常务委员会行使国家立法权,决定重大事项,监督宪法和法律的实施,维护社会主义法制的统一、尊严、权威,建设社会主义法治国家。"《中华人民共和国地方各级人民代表大会和地方各级人民政府组织法》(以下简称《地方人大和政府组织法》)第 44 条规定:"县级以上的地方各级人民代表大会常务委员会行使下列职权:(六)监督本级人民政府、人民法院和人民检察院的工作,联系本级人民代表大会代表,受理人民群众对上述机关和国家工作人员的申诉和意见。"《中华人民共和国各级人民代表大会常务委员会监督法》(以下简称《监督法》)第 5 条规定:"各级人民代表大会常务委员会对本级人民政府、人民法院和人民检察院的工作实施监督,促进依法行政、公正司法。"《中华人民共和国全国人民代表大会和地方各级人民代表大会代表法》(以下简称《代表法》)第 22 条规定:"县级以上的各级人民代表大会代表根据本级人民代表大会常务委员会的安排,对本级或者下级国家机关和有关单位的工作进行视察。"由此可见,我国宪法和全国人大组织法、地方人大和政府组织法、监督法、代表法等法律的规定,构成了对监狱执法工作实施人大监督的法律依据。

监狱作为刑罚执行机关,其上级主管部门为监狱管理局及司法厅(局)、司法部,从机构性质上讲属于行政机关的组成部分。就监狱的刑罚执行活动而言,"交付执行、刑罚执行变更和检察院对刑罚执行活动的监督"等内容是诉讼意义上的执行活动,属于司法权运行的范畴。除此之外,有关行刑活动涉及的服刑罪犯的处遇、监管、教育、矫正、改造、组织劳动等事项,从性质上讲属于司法行政活动。因此,基于人大有权对行政机关工作实施监督的法律规定,人大及其常委会有权对"以服刑罪犯为管理对象的司法行政管理活动"的监狱执法行为实施监督。

(2)人大监督监狱执法工作的现状及困境

①缺乏人大监督监狱执法工作的具体法律规定

我国《宪法》《全国人大组织法》《地方人大和政府组织法》《监督法》《代表法》就人大及其常委会对行政机关工作实施监督作出了原则性规定。《监督法》规定了人大常委会实施人大监督的七种法定监督形式,即:a.听取和审议人民政府、人民法院和人民检察院的专项工作报告;b.审查和批准决算,听取和审议国民经济和社会发展计划、预算的执行情况报告,听取和审议审计工作报告;c.法律法规实施情况的检查;d.规范性文件的备案审查;e.询问和质询;f.特定问题调查;g.撤职案的审议和决定。上述规定可以理解为是人大监督监狱执法工作的原则性规定和概括性规定,这些规定对于人大监督监狱执法的实际工作而言,既过于原则又过于抽象,操作性不强。我国《监督法》及现行涉及监狱工作的法律法规缺乏人大对监狱执法工作实施监督的程序、步骤、法律后果等内容的明晰规定,从而导致人大监督监狱执法工作缺乏具体的介入途径和工作"抓手",造成监督困难。

②人大及其常委会对监狱执法工作实施监督的主动性不够

由于缺乏针对监狱执法工作实施人大监督的具体法律规定,加之人大监督监狱执法工作的刚性不足等,人大及其常委会缺乏主动监督监狱执法工作的动力。实践中,与同属外部监督的检察监督相比,人大监督监狱执法工作的主动性不足。披露相关信息、了解监狱工作和接触监狱罪犯是进行有效监狱监督的必要条件。① 在实践中,人大及其常委会很少会主动了解监狱工作和接触狱内服刑罪犯。因此,人大及其常委会对监狱执法工作实施监督存在"空白时段"和"空白地带",难以发挥人大监督对于提升监狱执法规范化水平方面的积极作用。

③实践中人大监督监狱执法工作的方式单一

在实践中,人大监督监狱执法工作的方式单一,开展监狱法实施情况的执法检查和组织人大代表视察监狱,成了人大监督监狱执法工作的主要形式。从理论上讲,人大常委会在听取和审议"一府两院"专项工作报告,以及在"审查和批准决算,听取和审议计划、预算执行情况的报告和审计工作报告"时,如果上述报告中涉及监狱方面的内容,则是对监狱工作(包括监狱执法工作)的监督;人大常委会对涉及监狱方面内容的规范性文件进行备案审查,亦是对监狱工作(包括监狱执法工作)的监督;人大常委会组织监狱法实施情况的执法检查,通过询问和质询、特定问题调查、撤职案的审议和决定等方式对监狱工作实施监督,也是人大监督监狱执法工作的具体方式。

就实际运行情况来看,专项工作报告很少会涉及监狱执法工作的内容,人大监督无从谈起。开展监狱法实施情况的执法检查并非人大监督监狱执法工作的"常规动作",难以做到对监狱执法工作实施常态化的监督。此外,严格来说,《监督法》规定的组织人大代表视察监狱并非一种独立的监督方式,而是人大常委会听取和审议专项工作报告的一种辅助手段。至于询问和质询、特定问题调查等监督方式,在人大监督监狱执法的实践中基本上处于"休眠"状态,很少被主动采用。单一化的人大监督

---

① 吴宗宪:《监狱学导论》,法律出版社 2012 年版,第 584—585 页。

监狱执法工作的方式,影响了人大监督的权威性和综合效力的发挥。

④人大监督监狱执法工作流于形式

即便是较为常见的"开展监狱法实施情况的执法检查和组织人大代表视察监狱"的监督方式或监督辅助手段,其工作内容亦往往浮于表面,难以保证人大监督监狱执法工作的质效。例如,实践中也时有人大常委会组织部分人大代表到监狱、看守所视察,而实质上这种视察活动带有慰问、调研或者参观的性质,人大代表往往是听听监狱、看守所领导的介绍和工作汇报,到监室、食堂、劳动车间参观一下,很少有人大代表听取在押人员的诉求,或者向监狱、看守所提出改进工作的具体建议和意见。[①] 流于形式的人大监督难以倾听到服刑罪犯的真实诉求,也难以发现监狱执法中存在的突出问题,最终难以提出改进监狱执法工作的高质量意见和建议。

（3）人大监督监狱执法工作的主体、客体和内容

①人大监督监狱执法工作的主体

人大监督监狱执法工作,是权力对权力的监督,是公权力监督体系中对监狱执法工作实施的最高层次、最具权威性的监督。从我国现行法律规定的关于人大监督的各种形式来看,人大监督坚持"集体监督"原则,这是由人大的性质和工作形式所决定的。在我国,人民代表大会是权力机关,也是民意机关。人民代表大会的工作形式主要是会议,在会议上通过民意的表达来实现人大的功能。[②] 各级人民代表大会及其常委会主要以议事为其工作特征。因此,人大监督的主体是人大及其常委会,相应

---

①　最高人民检察院"监狱监督制度比较研究"课题组:《我国监狱监督制度存在的问题与完善》,《法学》2011 年第 4 期,第 129—142 页。

②　濮建东:《浅论个案监督存在的问题》,《知识经济》(半月刊)2010 年第 10 期,第 30 页。

地,人大监督监狱执法工作的监督主体是人大及其常委会。

需要指出的是,人大内设的各专门委员会是人大在某个方面的专门机构,受本级人民代表大会领导。人大常委会内设的工作委员会是常委会的办事机构,受本级人大常委会的领导。人大专门委员会和常委会的工作委员会不直接对外发号施令。因此,在实际工作中,人大专门委员会和常委会的工作委员会具体组织实施监狱执法的监督工作,但不是法定的监督主体。此外,以往在人大实施司法监督的实践中,有个别人大常委会成员、单个人大代表"利用提出议案、质询案、交办案件、要求复查案件等方式"对司法个案进行干预,实施所谓的"监督",这不仅于法无据,而且损害了人大监督的声誉和权威性。因此,人大常委会成员、单个人大代表无权对监狱执法工作实施人大监督,其不是人大监督的法定主体。

②人大监督监狱执法工作的客体

人大监督监狱执法工作的监督客体即监督对象是监狱机关及其工作人员的执法行为。人大监督司法中不仅涉及对检察院的司法监督,而且还涉及对审判机关、侦查机关以及刑罚执行机关等的司法监督。① 该学者把人大对监狱等刑罚执行机关的监督纳入到了司法监督的范围。对此,本书持有不同看法,在监狱的刑罚执行行为中,除了"交付执行、刑罚执行变更和检察院对刑罚执行活动的监督"等具有司法行为的性质之外,对狱内服刑罪犯的日常教育、矫正、改造和管理等活动,是典型的行政行为。因此,人大对监狱工作的监督,既有司法监督的内容,也有行政监督的内容监狱作出的具体的监狱强制、监狱许可和监狱奖惩是典型的行

---

① 汤维建:《人大监督司法之困境及其消解》,《苏州大学学报》(法学版)2014年第1期,第17—22页。

政执法行为,也是人大监督监狱执法工作的客体。

监狱作为一个高度封闭的"小社会",监狱机关及其工作人员对狱内服刑罪犯的管理涉及方方面面,包罗万象,但就人大监督而言,不可能事无巨细而面面俱到,应当围绕监狱执法的重点问题开展监督,促进监狱公正执法,推动监狱提升执法规范化水平。基于上述分析和论述,人大监督监狱执法工作的重点应在以下几个方面:(1)监狱强制。主要包括对罪犯的行为约束、强制劳动和教育等。(2)监狱许可。主要包括罪犯通信会见许可、分级处遇、特许离监等。(3)监狱奖惩。主要包括对罪犯的物质奖励、离监探亲、警告、记过、禁闭等。① 从监督标准上看,人大对监狱执法工作不仅包括合法性监督,而且包括合理性监督。具体包括:狱务公开是否得到了落实;监狱执法行为是否合法,即监狱机关及其工作人员是否依法行使职权和开展工作,是否合理行使执法权力;监狱及其工作人员在作出影响服刑罪犯权益的行政行为时,是否遵循了正当法律程序;狱内服刑罪犯权利受损的救济渠道和投诉机制是否畅通和完善,等等。

③人大监督监狱执法工作的内容

通常认为,人大监督的主要内容包括"法律监督、工作监督和人事监督"三类。法律监督的形式包括规范性文件备案审查、立法后评估(立法监督)、执法检查(执法监督),也包括案件监督等;工作监督的形式包括总体监督、计划和预算监督、听取和审议专项报告、工作评议等,也包括用于监督目的的工作视察、专题调查等;人事监督的形式包括述职评议、信任投票、罢免和撤职等;此外,还有一些属于综合性的监督形式,包括受理

---

① 乔成杰主编:《监狱执法实务》,化学工业出版社 2012 年版,第 18 页。

申述、控告、检举,询问和质询,特定问题调查等。[1] 就人大监督监狱执法工作的内容而言,主要包括:开展监狱法实施情况的执法检查;听取和审议监狱执法工作的专项报告;对监狱执法工作开展工作视察和专题调查;受理狱内服刑罪犯的申述、控告、检举;询问和质询;特定问题调查等。人大监督监狱执法工作的目的是保证监狱及其工作人员严格依法开展工作,正确履行宪法法律赋予的职权,在宪法法律规定的职责范围内开展工作,维护狱内服刑罪犯的合法权益。

(4)人大监督监狱执法工作的实现路径

根据我国现行法律的规定,并结合监狱执法的实际,以及考虑人大监督监狱执法工作的可操作性,人大对监狱执法工作实施监督,其实现路径如下:

①听取和审议监狱执法工作的专项工作报告

针对"人大常委会在监狱法执法检查中发现的突出问题,人大代表对监狱工作提出的建议、批评和意见集中反映的问题,人民代表大会专门委员会、常委会工作机构在调查研究中发现监狱工作的突出问题,狱内服刑罪犯申诉、控告集中反映的问题"等,确定人大常务委员会听取和审议本级人民政府关于监狱执法专项工作报告的议题,并安排听取和审议。

在听取和审议工作报告时,根据《监督法》的规定,可以采取"审议+专题询问"的方式,对监狱执法专项工作报告涉及的问题进行专题询问,以增强人大监督的针对性和有效性。这些问题应当是关乎狱内服刑罪犯合法权益的重大问题,例如,投诉机制是否完善畅通?狱务公开是否落实?罪犯基本人权和未被剥夺的合法权利是否得到保障?有无体罚、

---

[1] 席文启:《关于人大监督的几点常识》,《紫光阁》2017年第2期,第88—89页。

虐待狱内服刑罪犯的现象？是否存在监狱执法人员怠于行使职权的现象？对服刑罪犯的奖励、处罚是否公开、公平和公正？等等。

人大常委会在听取和审议本级人民政府关于监狱执法专项工作报告前，可以组织常委会组成人员和本级人大代表对监狱执法工作开展视察或者调研。人大常委会应当对监狱执法专项工作报告作出决议或形成审议意见，在决议或审议意见中明确提出监狱执法工作存在问题的具体整改要求，交由本级人民政府的监狱主管部门研究处理。监狱主管部门应当在决议规定的期限内，将决议执行情况或审议意见研究处理情况向人大常委会报告。

②组织人大代表对监狱执法工作进行视察

我国《监督法》和《代表法》分别规定了"代表视察"的工作方式。《监督法》规定的"代表视察"并非一种独立的监督方式，而是人大常委会听取和审议专项工作报告的一种辅助手段，对于"代表视察"能否适用于其他场合则没有规定。①《代表法》第22条规定，县级以上的各级人大代表根据本级人民代表大会常务委员会的安排，可以对本级或者下级国家机关和有关单位等的工作进行视察。监狱的上级主管部门是监狱管理局和司法行政机关，因此，根据《代表法》的规定，县级以上的各级人大代表根据本级人大常委会的安排，有权对监狱执法工作进行视察。

组织人大代表对监狱执法工作进行视察应当成为常态化的监督方式。根据人大常委会的安排，人大代表有权在任何时候不经监狱许可对监狱执法工作进行视察，可以不受阻碍地进入监狱的任何部位进行检查。按照《代表法》的规定，人大代表可以向监狱提出改进监狱执法工作的建

---

① 占善刚、严然:《"省统管"背景下地方人大监督同级司法机关问题研究》,《学习与实践》2015年第10期,第69—76页。

议、批评和意见，但不直接处理问题。人大代表参加视察形成的报告，由本级人大常委会办事机构转交监狱主管部门。对报告中提出的意见和建议的研究处理情况，监狱及其主管部门应当向代表反馈。

③受理狱内服刑罪犯的申诉和控告并转交监狱主管部门处理

《地方人大和政府组织法》第44条规定了县级以上的地方各级人民代表大会常务委员会"受理人民群众对上述机关和国家工作人员的申诉和意见"的职权，《监狱法》第7条规定了罪犯的申诉、控告、检举的权利。因此，狱内服刑罪犯有权就监狱执法人员的违法和失职行为向县级以上的地方各级人民代表大会常务委员会提出申诉和控告。

县级以上的地方各级人民代表大会常务委员会受理狱内服刑罪犯的申诉和控告材料来源主要有二：一是人大常委会信访机构接受或接待的狱内服刑罪犯（或其法定代理人和近亲属）的来信或来访；二是人大常委会组织人大代表进行工作视察或执法检查时收到的狱内服刑罪犯的申诉和控告材料。为了确保狱内服刑罪犯申诉和控告渠道畅通，应当完善相应设施或机制。例如，在狱内服刑罪犯和人大常委会的办事机构之间设立不受监狱官员检查的专门信箱；人大代表或工作人员在进行工作视察或开展执法检查时有权与狱内服刑罪犯进行秘密、自由的谈话，监狱工作人员不得在场监听，等等。

按照"监督不干预""调查不决定""视察不处理"的原则，县级以上的地方各级人民代表大会常务委员会受理的狱内服刑罪犯的申诉和控告，转交监狱主管部门进行处理，监狱主管部门应当在规定期限内向人大常委会报告处理结果。

④对于重大的监狱违法行为进行特定问题调查

特定问题调查权是《监督法》赋予各级人民代表大会常务委员会的

一项重要的监督权力。《监督法》对特定问题调查的适用情形、启动方式、调查委员会人员组成、调查报告的审议等问题作出了全面规定。但实践中,组织特定问题调查"却是各级人大及其常委会运用最少的监督形式,而且从县、市、省、全国呈现层层递减的现象,全国人大及其常委会至今没有运用过这种监督形式。"①对监狱执法行为采用特定问题调查的方式实施人大监督,目前仍然空白。组织特定问题调查是一种刚性和威慑力较强的人大监督方式。遇有因监狱违法行使职权导致狱内服刑罪犯合法权益严重受损的案件时,应当激活人大常委会的特定问题调查权,充分运用这一"监督利器"纠正和规范监狱执法行为。作为一种非常态的监督方式,组织特定问题调查应当适用于监狱及其执法人员严重侵犯狱内服刑罪犯合法权益的案件。例如,监狱监管人员殴打或者体罚虐待罪犯,或者故意指使某一罪犯对其他罪犯进行殴打或者实施人身伤害,或者对罪犯殴打、伤害他人的不法行为不予制止,从而导致罪犯生命健康权受到严重伤害或者非正常死亡的,人大常委会应当依照《监督法》规定的程序组织特定问题调查委员会主动介入案件调查。调查委员会进行调查时,可以查看监狱所有的执法资料,向被监禁人等有关人员调查取证,要求监狱提供有关执法资料和信息,监狱应当予以配合。② 调查委员会调查结束后,应当向产生它的常务委员会提出调查报告,人大常委会根据报告,可以作出相应的决议、决定。人大常委会作出的决议、决定提出了明确的整改意见的,由监狱主管部门督促监狱在决议、决定规定的期限内进行整改落实,并将整改情况以专题报告的形式向人大常委会报告。

---

① 罗星:《党和国家监督体系视域下的人大监督现状与改革路径》,《人大研究》2020 年第 6 期,第 33—37 页。

② 吴宗宪:《监狱学导论》,法律出版社 2012 年版,第 584—585 页。

⑤开展监狱法等相关法律实施情况的执法检查

组织开展法律、法规实施情况的执法检查,这是《监督法》赋予各级人大常委会的法定职责。1994 年《监狱法》出台后,各地人大常委会适时开展了《监狱法》实施情况的执法检查。2012 年我国《监狱法》进行了第一次修正,迄今已逾十一年多,罪犯人权保障、罪犯矫正改造理念随着时代的进步而不断更新。现行《监狱法》的有关规定明显滞后,其缺陷在监狱执法实践中多有暴露。例如,尚存在罪犯权利保障机制和罪犯权利救济机制不完善、罪犯获得律师帮助权阙如等诸多不足。与此同时,2012年以后已经通过了三个《刑法修正案》,《刑事诉讼法》于 2018 年进行了第三次修改,现行《监狱法》已不能满足新时期行刑工作和罪犯人权保障的需要。因此,由人大常委会适时组织现行《监狱法》实施情况的执法检查,不仅十分必要而且十分迫切。执法检查应当围绕罪犯权利保障、罪犯权利救济机制建设、罪犯收押释放、狱政管理、教育改造、劳动生产、行政刑事奖惩等关键环节的重点问题展开。通过执法检查,对 2012 年《监狱法》的实施情况进行评价,提出执法中存在的问题和改进执法工作的建议,并提出《监狱法》修改完善的建议。

3. 把监管活动检察程序改造为驻监检察机构主导的狱内罪犯权利救济程序

我国现行监狱检察中的禁闭检察、狱政管理和教育改造活动检察等,是驻监检察机构依职权主动对监狱监管活动实施检察监督的主要形式,而非狱内罪犯依申请启动的权利救济程序。此外,《监狱法》所规定的检察机关对罪犯申诉的处理主要指的是罪犯对生效判决不服而提出的申诉的处理;《人民检察院监狱检察办法》对"派驻检察机构受理罪犯及其法定代理人、近亲属向检察机关提出的控告、举报和申诉的处理程序"作出了规定,但未明确区分行政申诉和刑事申诉,尤其是缺乏对罪犯申诉或投诉而引发的行政申诉程序的详细规定。为此,应当在完善狱内罪犯申诉制度的基础上,把监管活动检察程序改造为驻监检察机构主导的狱内罪犯权利救济程序,具体思路如下:

(1)区分狱内罪犯的行政申诉和刑事申诉

对于狱内罪犯对生效判决不服的刑事申诉的处理,仍按原规定和渠道处理;对于狱内罪犯因监狱执法行为侵犯其合法权益或因受到不公正的待遇而提出的申诉或投诉请求,则按行政申诉处理。具体操作办法是:驻监检察机构通过检察官信箱、巡查活动、约谈罪犯、接受狱内罪犯口头或书面的申诉或投诉等途径受理罪犯申诉或投诉请求后,应当按照刑事申诉和行政申诉的分类口径分门别类地导入刑事申诉程序和狱内罪犯权利救济程序进行处理。

(2)设置驻监检察机构处理狱内罪犯权利救济程序

在改造现有的监管活动检察程序的基础上,设置驻监检察机构处理狱内罪犯权利救济程序。具体而言:狱内罪犯认为监狱的行刑行为侵犯了自己的合法权益或者在服刑期间受到了不公正的待遇,其有权向驻监检察机构提出救济请求。驻监检察机构收到罪犯救济请求后,经初步审查,符合条件的,依法予以受理。受理后,驻监检察机构可以进行必要的调查了解,约谈监狱干警和罪犯本人或者其他证人,在查清事实的基础上提出处理意见。驻监检察机构对罪犯申诉或投诉请求的处理意见为"提出纠正违法意见和检察建议"两种形式。监狱收到驻监检察机构提出的口头纠正意见或《纠正违法通知书》、检察建议后,应当及时纠正和整改,并将纠正情况和整改情况及时反馈给驻监检察机构。

驻监检察机构审查处理狱内罪犯申诉或投诉材料或口头申诉或投诉请求,应当在受理狱内罪犯申诉或投诉请求后 30 日内办结。

4. 把狱内罪犯权利救济纳入行政诉讼程序依法处理

(1)以行政诉讼方式救济狱内罪犯权利的必要性

①监狱监管的行政行为性质决定了其应当受到行政诉讼的司法审查

在司法实践中,法院对罪犯因监狱执法行为侵犯其权益而提起的诉讼均以"监狱刑罚执行是依刑事诉讼法明确授权实施的行为,不是行政行为且不属于行政诉讼受案范围"为由而裁定驳回起诉或不予受理。但正如本书所反复论述的那样,监狱的行刑行为主要包括两个部分:诉讼法意义上的监狱行刑行为和行政法意义上的监狱行刑行为。前者主要包括交付执行,刑罚执行过程中的变更执行等,具体指"收监、'对罪犯提出的申诉、控告、检举的处理'、监外执行、'减刑、假释'、释放和安置"等。后者主要包括监狱及其工作人员在监管过程中对罪犯实施的惩罚、奖励、管理、教育、改造等行为,这些行为显然是行政行为,不属于刑事法律的调整范围而应当受到行政法律的调整。例如,监狱对罪犯实施的警告处罚,是行政处罚中典型的声誉罚;对罪犯实施的禁闭处罚,类似于对普通公民实施的行政拘留处罚,只不过禁闭针对的是实施了违法行为的狱内罪犯。禁闭是在监狱内对实施违法行为的罪犯限制其人身自由的一种行政处罚,是行政处罚中人身自由罚的一种。无论是警告、记过,还是禁闭处罚,都会对罪犯申请减刑、假释产生直接的影响。此外,监狱在日常监管过程中对罪犯实施的计分考核、分级处遇和表扬、物质奖励等行为,从性质上讲也是行政行为,对罪犯自身利益尤其是申请减刑、假释影响甚巨。

再以监狱不履行保护罪犯人身权益不受侵犯的法定职责为例,罪犯在监狱内服刑并接受矫正改造,这就在监狱与服刑罪犯之间形成了一种保护与被保护的法定关系,监狱负有保护服刑罪犯人身权和生命权不受非法侵害的法定职责。监狱不履行或怠于履行该法定职责造成罪犯生命权、健康权受到不法侵害时,应当承担法律责任,罪犯有权提起行政诉讼。在司法实践中,普通公民因公安机关不履行法定职责而提起行政诉讼、公安机关承担法律责任的已有先例。例如,在 2009 年张美华等五人诉甘肃省天水市公安局麦积分局行政不作为赔偿案中,因公安机关未及时出警而致使被害人刘伟洲被他人抢劫伤害致死,被害人刘伟洲的近亲属张美华等五人以公安机关行政不作为为由向法院提起行政赔偿诉讼,该案在二审中以调解方式结案,天水市公安局麦积分局一次性给张美华等 5 人支付刘伟洲死亡赔偿金 20 万元,张美华等人放弃其他诉讼请求。① 与此同理,监狱工作人员不履行法定、怠于履行法定职责或者拖延履行法定职责造成罪犯被他人伤害或致死的,罪犯及其法定代理人、近亲属有权提起行政诉讼。

②行政诉讼方式是保护罪犯人权的最终和最权威的救济方式

罪犯内部权利救济程序虽然具有方便快捷、成本低廉的优势,但中立性和权威性不够;现有的罪犯外部权利救济程序由于建设滞后等原因,难以担当起救济罪犯权利的重任。因此,对罪犯权利的救济,诉诸法院并提起行政诉讼是最终的也是最权威的救济手段。尤其是对于罪犯及其法定代理人、近亲属与监狱之间因监狱执法行为而引发的争议解决而言,更是如此。例如,罪犯在服刑期间非正常死亡的,《监狱法》第 55 条规定:"人民检察院应当立即检验,对死亡原因作出鉴定。"《人民检察院监狱检察办法》第 32 条第 2 款也作出了类似规定,同时规定人民检察院"根据鉴定

---

① 《最高人民法院 2015 年 1 月 15 日公布行政不作为十大案例》。来源:最高人民法院网,发布时间:2015-02-10 10:18:05。最后访问日期:2021 年 3 月 15 日。

结论依法及时处理"。至于"如何处理",《监狱法》和其他相关司法解释并未作出进一步规定,实践中此类纠纷较多。站在罪犯及其法定代理人、近亲属的角度来看,罪犯在服刑期间非正常死亡的,如果提起民事诉讼,原告无法获得起诉必需的关键证据,如监狱的监控视频和罪犯死亡原因鉴定意见等。如果提起刑事自诉,自诉人也缺乏指控监狱工作人员或其他罪犯实施犯罪行为的证据。如果提起国家赔偿诉讼,赔偿请求人举证能力弱小,难以提出支持其主张的初步证据,即使《国家赔偿法》第 26 条第 2 款作出了"被羁押人在羁押期间死亡或者丧失行为能力的,赔偿义务机关的行为与被羁押人的死亡或者丧失行为能力是否存在因果关系,赔偿义务机关应当提供证据"的规定,但在实践中,法院通常会以"申请人的国家赔偿申请没有事实依据和法律依据"为由作出"维持复议机关作出的不予赔偿"的决定。因此,对于诸如因监狱执法行为而引发的服刑罪犯与监狱之间的争议和纠纷,行政诉讼是唯一可行、也是最为有效的罪犯权利救济手段。允许罪犯对影响自身权益甚巨的监狱处罚、监狱强制和监狱许可等监狱行政行为不服而提起行政诉讼,由监狱对其作出的行政行为承担举证责任,并提供作出该行政行为的证据和所依据的规范性文件,有利于减轻作为原告的罪犯及其法定代理人近亲属的举证负担,有利于查清案件事实,有利于最大限度地维护罪犯的合法权益。

③以行政诉讼方式处理权利争议是监狱工作法治化的必然要求

法治主义是当代法治国家的重要标志,其主要包括保留原则、法律主义原则、比例原则和司法救济等四个基本原则。① 监狱工作法治化是建设社会主义法治国家的重要一环。长期以来,监狱高度封闭的特点使得

---

① 参见赵新新:《日本服刑人员的法律地位及对中国的启示》,《中国监狱学刊》2020 年第 3 期,第 151—160 页。

监狱工作不为外界所熟悉,监狱工作法治化进程缺乏外部力量的有力推动。把狱内罪犯与监狱之间的争议和纠纷纳入行政诉讼的范围,由法院审查监狱执法行为的合法性和适当性,并作出最终评价和裁判,这是监狱工作法治化的必然要求。理由在于:以行政诉讼方式解决监狱与罪犯之间的争议,能够倒逼监狱不断改进执法工作,有利于监狱找准监狱执法工作中的不足,补齐监狱执法工作中的短板,提升监狱执法的规范化和法治化水平。此外,以行政诉讼方式处理狱内罪犯申诉或投诉所涉争议,它能够为罪犯提供一个类似减压安全阀一样的渠道,使其将心中的不满和冤屈予以释放和发泄。即使是那些没有机会成功的诉讼的当事罪犯,如果诉讼程序是正当的也坚守了过程正义,也能抚慰其不满的情绪,达到服判息讼的效果。反过来说,如果罪犯在监狱服刑期间受到了不公正的对待或者权益受到了侵害,而没有什么可行的救济手段,其心中的不满和怨气就会积聚,从而引发自伤、自残、破坏监狱设备等危及监狱安全和监管秩序的行为和事件发生。从长远看,不利于监狱事业的持续健康发展。

④对权利争议进行司法审查是开展罪犯人权保护国际交流和对话的需要

无救济则无权利,司法无疑是保护罪犯权利的最后一道防线。对罪犯与监狱之间的争议进行司法审查是国际公约的要求和域外国家的通常做法。一些重要的国际公约明确规定罪犯对其所受的监狱处罚有权请求司法审查。此外,域外许多法治发达国家一般允许罪犯对监狱行刑行为不服可以向法院提起诉讼,以寻求争议或纠纷的最终解决。例如,《纳尔逊·曼德拉规则》第 41 条第 4 项规定:"囚犯应有机会寻求对自己所受的纪律惩罚进行司法审查。"德国、瑞典、法国和意大利等国通过设置监狱法庭或由行政法院审理监狱与罪犯之间的诉冤争议,英国、美国和加拿大等国以及欧洲人权法院都确立了法院对罪犯诉冤请求进行司法审查的程序。

因此,把狱内罪犯申诉或投诉所涉争议纳入行政诉讼受案范围,不仅有利于保护罪犯的合法权益,而且也是开展罪犯人权保护的国际交流和对话的需要。

(2)狱内罪犯权利争议提起行政诉讼的可行性

①狱内罪犯权利争议提起行政诉讼的法律依据

我国《行政诉讼法》第2条规定:"公民、法人或者其他组织认为行政机关和行政机关工作人员的行政行为侵犯其合法权益,有权依照本法向人民法院提起诉讼。"从上文论述得出的结论来看,监狱在行刑过程中对罪犯实施的监狱处罚、监狱强制、监狱许可和监狱奖励等是典型的行政行为。因此,如果监狱的这些行政行为侵犯了罪犯的合法权益,罪犯及其法定代理人、近亲属有权提起行政诉讼。

当然,需要指出的是,根据《最高人民法院关于适用〈中华人民共和国行政诉讼法〉的解释》第1条第2款的规定,公安、国家安全等机关依照刑事诉讼法的明确授权实施的行为不属于人民法院行政诉讼的受案范围。对该条规定的"公安、国家安全等机关依照刑事诉讼法的明确授权实施的行为"应做限缩解释,而不应做扩大解释。就监狱的行刑行为而言,这里的"依照刑事诉讼法的明确授权实施的行为"仅仅是指与"收监、'对罪犯提出的申诉、控告、检举的处理'、监外执行、'减刑、假释'、释放和安置"等活动相关的行刑行为,而不包括"监狱及其工作人员对罪犯实施的惩罚、奖励、管理、教育、改造"等行刑行为。也就是说,监狱及其工作人员对罪犯实施的惩罚、奖励、管理、教育、改造等行刑行为,属于人民法院行政诉讼的受案范围。

②具有其他领域内部行政行为可诉性的先例作为引导

在我国,长期以来,监狱与服刑罪犯之间的关系、学校与在校学生之间的关系被视为内部管理关系,监狱对服刑罪犯的管理、学校对在校学生的管理被视为内部行政行为,从而被排除在人民法院行政诉讼的受案范围之外。这种做法对相对人权利的救济是极为不利的。值得肯定的是,自 20 世纪 90 年代末以来,学校对在校学生的管理行为被纳入了法院行政诉讼的受案范围,1998 年田永诉北京科技大学拒绝颁发毕业证、学位证案和 1999 年刘燕文诉北京大学不授予博士学位案就是较为典型的两则案例,受理法院均按行政诉讼程序进行了审理并作出了裁判。这意味着内部行政行为不可诉理论的"破产"。与此同理,因有教育领域的学校与在校学生之间争议以行政诉讼处理的先例作为引导,监狱对服刑罪犯的管理引发的争议,完全可以纳入人民法院行政诉讼的受案范围。

③设置派出法庭或视频法庭兼顾确保监狱安全和保障罪犯人权之需要

监狱拒绝将对罪犯的日常管理、矫正、改造、教育等行刑行为纳入行政诉讼的受案范围,一方面是监狱站在本位立场排斥外部监督的表现,另一方面是出于维护监狱安全的需要。就确保监狱安全而言,完全可以通过设置派出法庭或视频法庭的方式,来受理狱内罪犯就监狱执法行为提起的行政诉讼,以兼顾确保监狱安全与保障罪犯人权的双重需要。

关于设置派出监狱法庭的可行性,有派驻监狱的驻监检察机构的经验可供借鉴。在我国,驻监检察机构可以实施"禁闭检察、事故检察、狱政管理和教育改造活动检察"等监狱检察。同理,设置法院派出监狱法庭后,监狱法庭可以对监狱实施的禁闭处罚、狱政管理和教育改造活动等引发的行政争议进行审理。

此外,随着信息技术和互联网技术的发展,互联网法院早已落地生根,远程视频审判技术日趋成熟,现有的硬件和软件建设完全可以满足视频审判的需要。① 对于一些不便于线下开庭审判的监狱与服刑罪犯之间的行政案件,完全可以通过视频审判的方式进行审理。

(3)提起行政诉讼的条件

结合我国《行政诉讼法》的规定,狱内罪犯提起行政诉讼的条件如下:

①原告是认为监狱执法行为侵犯其合法权益的服刑罪犯。有权提起诉讼的服刑罪犯死亡,其法定代理人或近亲属可以提起诉讼。服刑罪犯及其法定代理人、近亲属可以委托律师作为诉讼代理人,代为提起行政诉讼。

②有明确的被告,具体指作出行政行为的监狱。

③有具体的诉讼请求和事实根据;

④属于人民法院受案范围和受诉人民法院管辖。

服刑罪犯及其法定代理人和近亲属、服刑罪犯的诉讼代理人提起行政诉讼,应当向人民法院递交起诉状,书写起诉状确有困难的,可以口头起诉。

对属于人民法院受案范围的行政案件,服刑罪犯提起行政诉讼之前,应当先向省(自治区、直辖市)监狱管理局申请复议,对复议决定不服的,再向人民法院提起诉讼。

---

① 2017年8月18日,中国乃至全世界第一家专业互联网法院——杭州互联网法院正式挂牌成立,此后,2018年9月,北京互联网法院、广州互联网法院相继成立。最高人民法院于2021年6月16日出台了《人民法院在线诉讼规则》,自2021年8月1日起施行。《人民法院在线诉讼规则》对"在线诉讼活动的法律效力、开展在线诉讼遵循的原则、案件适用范围、诉讼材料提交和录入、在线举证质证和证据交换、开展调解、调查询问、庭审等诉讼活动、电子送达"等内容作出了详细规定,其中第3条明确规定"可以对行政诉讼案件适用在线诉讼"。

（4）法院受理狱内罪犯提起行政诉讼的受案范围

将狱内罪犯提出的所有申诉或投诉请求所涉争议都纳入行政诉讼的范围，不仅是不现实的，也是不经济的。对于那些一般的申诉或投诉请求，完全可以通过内部权利救济程序予以最终解决，以实现程序分流，减轻法院办案压力。只有监狱作出的那些严重影响罪犯合法权益的行政行为，才允许罪犯提起行政诉讼。据此，有学者提出了三个判断标准：一是实际影响标准，即监狱具体行政行为必须对罪犯产生实际影响，没有产生实际影响的不可诉；二是重要性标准，即该实际影响必须是非常重要的，如果只是产生了实际影响但却并不是很重要的实际影响，仍然不可诉；三是基本权利标准，即监狱具体行政行为必须对罪犯宪法上的基本权利产生实际的重要影响，如果只是对派生于基本权利的其他非基本权利产生影响，仍然不可诉。以上三个条件必须同时具备。[1] 据此标准来判断，监狱对罪犯作出的警告、记过和禁闭处罚、采取的严管矫治措施、降低处遇等级等行刑行为，以及实施的监狱许可、监狱强制和监狱奖励等行刑行为，均可纳入行政诉讼的受案范围。具体列举如下：

①对警告、记过、禁闭等监狱处罚和严管矫治措施不服的；

②对日常考核和计分考核结果持有异议或不服的；[2]

③对监狱降低处遇等级的决定持有异议或不服的；

④对监狱行政奖励持有异议或不服的；

⑤认为符合监狱许可条件，监狱拒绝或者不予答复的；

⑥申请监狱履行保护人身权、财产权等合法权益的法定职责，监狱拒

---

[1]　金川主编：《罪犯权利缺损与救济研究》，清华大学出版社 2008 年版，第 121 页。

[2]　监狱对罪犯的日常考核、计分考核等行为，考核得分和考核结果是监狱对罪犯提请减刑或假释的重要依据，因此，属于对罪犯权益有重要影响的行刑行为，应当纳入行政诉讼的受案范围。

绝履行或者不予答复的；

　　⑦对没收罪犯财产的监狱强制执行行为不服的；

　　⑧监狱体罚、虐待、殴打罪犯或者纵容他人殴打罪犯的；

　　⑨违法使用武器、警械、戒具造成罪犯身体伤害或死亡的；

　　⑩因监狱执法行为导致罪犯身体受到伤害或者死亡的；

　　⑪认为监狱的其他行刑行为侵犯罪犯合法权益的。

五、明确狱内罪犯权利的救济措施

　　无论是通过罪犯权利救济内部程序还是外部程序处理监狱与狱内罪犯之间的争议,有权处理的机构一旦作出了支持罪犯请求的决定或裁决,就应当在法律所允许的范围内采取相应的补救措施消除侵害,使罪犯受损的权利恢复到侵害前的状态,或者对罪犯给予一定的补偿或者赔偿。具体的补救措施包括:恢复狱内罪犯权利原状;对人身或财产受到侵害的罪犯实施赔偿;改变政策、程序、规则或做法;督促监狱及其工作人员履行法定职责;重新作出行政行为。对此,上文第五章相关部分已有详细论述,在此不赘。

第二节　建构我国狱内罪犯权利救济
制度的其他修法建议

一、《监狱法》条文的增加与修改

　　我国《监狱法》既是程序法,又是实体法;《监狱法》既有刑事执行的内容规定,也有日常监管和矫正、教育、改造等以行政管理为主要特征的内容规定。单就对罪犯救济权利的保障和实现而言,《监狱法》存在诸多不足:首先,《监狱法》没有对刑事申诉和行政申诉作出明确界分。从体系解释的角度分析《监狱法》的相关条文,其所规定的申诉仅仅是指罪犯对生效判决不服而提出的诉求。《监狱法》并未明确规定罪犯享有对监狱执法行为不服或受到不公正待遇而提出申诉的权利。其次,《监狱法》没有规定狱内罪犯权利救济内部程序,致使狱内罪犯"诉冤无门",这是《监狱法》的一大缺憾。再次,《监狱法》没有明确规定狱内罪犯权利受损后的补救措施。因此,即使在现有有限的狱内罪犯权利救济渠道之下,申诉或投诉成功的罪犯的权利能否恢复,以及能够在多大程度上得到恢复是难以得到肯定答复的。

有鉴于此,就完善狱内罪犯权利救济制度而言,应当对《监狱法》作较大幅度的修改,区分刑事申诉和行政申诉。同时,增加狱内罪犯权利救济内部程序的完整规定,明确狱内罪犯提起申诉或投诉的条件、受理、审查、处理时限、处理结果、复查和复议程序、紧急权利救济特别处理程序等,从而为狱内罪犯寻求内部程序救济其合法权利提供制度保障。

此外,《监狱法》还应当对监狱处罚、监狱许可等行政行为与行政复议或行政诉讼的衔接问题作出明确规定,规定罪犯对监狱处罚、监狱许可、监狱强制等行政行为不服的,有权依法申请行政复议。对行政复议决定不服的,有权提起行政诉讼。

二、《行政复议法》条文的修改

我国《行政复议法》第 6 条规定了行政复议范围,为了建构狱内罪犯权利救济制度,结合监狱执法实践及狱内罪犯申诉或投诉请求的实际样态,应当把对罪犯权利有重要影响的监狱行政行为纳入行政复议范围,并据此对《行政复议法》第6条作出相应修改,增加以下内容:

有下列情形之一的,罪犯及其法定代理人、近亲属可以依照本法申请行政复议:

①对监狱作出的警告、记过、禁闭等监狱处罚和严管矫治措施、降低处遇等级、没收财产等不服的;

②对监狱就罪犯日常考核、计分考核、表扬或物质奖励提出异议的;

③认为符合监狱许可条件,监狱拒绝或者不予答复的;

④申请监狱履行保护人身权、财产权等合法权益的法定职责,监狱拒绝履行或者不予答复的;

⑤认为监狱的其他行刑行为侵犯罪犯合法权益的。

三、《行政诉讼法》条文的修改

将狱内罪犯与监狱之间的争议诉诸行政诉讼途径解决,是狱内罪犯权利救济外部程序的重要组成部分。为此,应当对《行政诉讼法》的相关条文作出相应修改,把那些对罪犯权益影响重大的监狱行政行为纳入行政诉讼的受案范围,具体内容上文已有详细论述,兹不赘言。

第三节　我国狱内罪犯权利救济
制度的配套制度

徒法不足以自行,将这句话套用在狱内罪犯权利救济制度上面,那就是仅有狱内罪犯权利救济制度是不够的,还需要相应的配套制度才能确保该制度的有效运转。因此,应当以系统思维对包括配套制度在内的狱内罪犯权利救济制度的构建进行通盘考虑。亦即在构建狱内罪犯权利救济制度的同时,应当配套性地完善狱务公开制度,规定狱内罪犯获得律师帮助的权利,建立罪犯申诉(投诉)保密制度,确立禁止不利对待原则等。

一、完善狱务公开制度

狱务公开是指监狱严格依照有关法律法规和规章规定的内容和程序,向社会公众、罪犯及其法定代理人、近亲属公开相关执法信息并接受监督的一种工作制度。

我国狱务公开的几个重要的规范性文件分别是:司法部于 1999 年 7 月 8 日发布的《监狱系统在执行刑罚过程中实行"两公开、一监督"的规定〈试行〉》、司法部于 2001 年 10 月 12 日出台的《司法部关于在监狱系统推行狱务公开的实施意见》、司法部于 2015 年 4 月 1 日印发的《司法部关于进一步深化狱务公开的意见》。其中,《司法部关于在监狱系统推行狱务公开的实施意见》已经失效,上述其余两部关于狱务公开的规范性文件仍然有效。《监狱系统在执行刑罚过程中实行"两公开、一监督"的规定〈试行〉》对全国监狱系统"公开执法依据、程序,公开结果;主动接受有关部门及社会各界的广泛监督"的主要内容作出了初步规定,是我国第一部狱务公开的规范性文件。已经失效的《司法部关于在监狱系统推行狱务公开的实施意见》中涉及罪犯权利救济的内容主要有:(1)罪犯对考核结果有异议的,可以向监狱提出复议申请,监狱应在 7 个工作日内作出答复;(2)罪犯对处遇等级有异议的,可以向监狱提出复议申请,监狱应在 7 个工作日内作出答复;(3)行政奖励的决定应当在罪犯中公开。罪犯对行政奖励决定有异议的,可以申请复议,监狱应在 7 个工作日内作出答复;(4)行政处罚的决定应当在罪犯中公开。罪犯对行政处罚决定有异议的,可以申请复议,监狱应在 7 个工作日内作出答复。现行有效的《司法部关于进一步深化狱务公开的意见》涉及罪犯权利救济的内容主要有:(1)监狱应当依法向罪犯近亲属公开有关罪犯的个人服刑信息,公开的内容包括:监狱对罪犯实行分级处遇、考评、奖惩的结果,以及对结果有异议的处理方式。(2)对罪犯公开,除向社会公众和罪犯近亲属公开的内容外,监狱还应当以监区或分监区为单位,向罪犯全面公开监狱执行刑罚和管理过程中的法律依据、程序、结果,以及对结果不服或者有异议的处理方式,但对涉及国家秘密、工作秘密和罪犯个人隐私的信息不得公开;(3)强化公示制度。要严格依法对罪犯计分考评、分级处遇、行政奖惩、立功、重大立功表现、提请减刑、假释和办理暂予监外执行等信息进行公示。对公示内容提出异议的,应当及时进行复核并告知结果。

综合上述规范性文件的规定,可以看出,我国目前的狱务公开制度尚有以下不足:一是立法位阶过低,已经失效或现行有效的有关狱务公开的规定都是部门的规范性文件,而非行政法规或法律,狱务公开依据的权威性不够。二是狱务公开的内容不尽完善,一些影响狱内罪犯重要权益的监狱行政行为尚未纳入狱务公开的范围,例如监狱许可、监狱强制以及严管矫治措施等。三是司法部发布的关于狱务公开的规范性文件没有对罪犯权利救济内部程序的详细操作步骤作出明确规定,遇有真正需要申诉或投诉的情形时,罪犯将无所适从。四是没有规定违反狱务公开制度的法律责任和罪犯信息知情权受损的救济机制。

为此,应当进一步完善我国现行的狱务公开制度,具体建议如下:首先,提升狱务公开制度的立法层次,从节约立法成本的角度考虑,在将来修改的《监狱法》中,将现行有效的《司法部关于进一步深化狱务公开的意见》第6条和第7条所规定的向罪犯近亲属及罪犯公开的内容写入《监狱法》。其次,完善狱务公开的内容,将所有涉及罪犯重要权益的信息均纳入狱务公开的范围,例如监狱许可、监狱强制和严管矫治措施等。再次,在狱务公开制度中规定完善的罪犯权利救济的程序内容,包括内部程序和外部程序的规定,明确规定罪犯对监狱作出的行政行为不服或对复议机关作出的复议决定不服时,有权提出复议申请或提起行政诉讼。最后,应当对监狱及其工作人员违反狱务公开制度的法律责任作出明确规定。同时规定:监狱未履行狱务公开义务侵犯罪犯信息知情权的,罪犯有权申请行政复议或提起行政诉讼。

二、规定狱内罪犯获得律师帮助的权利

狱内罪犯属于弱势群体,绝大多数不具有维护自身合法权益的专业法律知识。因此,由专业的律师为其提供有效的法律帮助必不可少。狱内罪犯获得律师帮助权具有丰富的内涵,根据美国学者弗兰克·施马莱格的研究,罪犯获得律师帮助权包括下列几项具体的权利:接受律师来访权、与律师的通信权、公费聘请律师权。关于接受律师来访权,根据美国法院判例,只要律师遵守矫正机构的所有规则,监狱官员不得无理阻挠律师会见其犯人委托人。与律师通信权是指犯人通过信件与律师讨论和协商法律问题的权利。公费聘请律师权是指贫穷犯人无钱自己聘请律师时

由政府委托律师为其辩护的权利。①

为了保障在押罪犯的权利,我国司法部于 2017 年 11 月 27 日出台了《律师会见监狱在押罪犯规定》,明确规定了律师可以接受在押罪犯委托或者法律援助机构指派,在行政诉讼程序中担任代理人、提供非诉讼法律服务、解答法律询问、代写诉讼文书和有关法律事务其他文书。因此,将来把罪犯对监狱行政行为不服而提起的纠纷纳入行政诉讼的受案范围后,狱内罪犯就有权委托律师作为行政案件中的诉讼代理人。同时,根据《律师会见监狱在押罪犯规定》的规定,狱内罪犯可以委托律师代其提出行政复议,向其咨询申诉或投诉中遇到的法律问题。

值得指出的是,司法部 2017 年出台的《律师会见监狱在押罪犯规定》比 2004 年 3 月 19 日出台的《律师会见监狱在押罪犯暂行规定》(已失效)有了很大进步,但仍有一定不足。例如,《律师会见监狱在押罪犯规定》第 11 条规定:"律师会见在押罪犯时,监狱可以根据案件情况和工作需要决定是否派警察在场。"该条规定与《纳尔逊·曼德拉规则》第 61 条的规定相悖。《纳尔逊·曼德拉规则》第 61 条之一规定:"应当依据适用的国内法律向囚犯提供适当机会、时间和设施,以便其在不受拖延、阻拦或审查且完全保密的情况下接受自己选择的法律顾问或法律援助提供者的探访并就任何法律问题与之沟通和咨询。咨询可在监狱工作人员视线范围内但听力范围外进行。"因此,应当对《律师会见监狱在押罪犯规定》第 11 条作出如下修改:"律师会见在押罪犯时,沟通和咨询内容不受监听。如果出于安全考虑需要监控时,律师会见在押罪犯可以在监狱工作人员视线范围内但听力范围外进行。"

① 吴宗宪:《当代西方监狱学》,法律出版社 2005 年版,第 447—450 页。

此外,《监狱法》应当对狱内罪犯申请法律援助的权利作出明确规定。具体而言,在狱内罪犯与监狱之间的行政诉讼案件中,狱内罪犯因经济困难而没有委托诉讼代理人的,本人及其法定代理人、近亲属可以向法律援助机构提出申请。对符合法律援助条件的,法律援助机构应当指派律师为其提供法律帮助。狱内罪犯通过监狱提出的法律援助申请,监狱工作人员应当及时向有关机构转达、递交,不得扣押、拖延。

三、建立罪犯申诉(投诉)保密制度

完善的保密制度是狱内罪犯权利救济制度顺畅运作的必要条件。为此,应当建立完善的罪犯申诉(投诉)保密制度,并在将来修改后的《监狱法》中有更加完整的体现。具体内容包括:(1)罪犯写给监狱的上级机关和司法机关以及其他有权处理狱内罪犯申诉或投诉问题的机构的信件,不受检查。(2)监狱内设置的监狱长信箱、纪委信箱、狱政管理科信箱、检察院信箱等各类信箱由专人开启,并经登记后转交相应部门予以处理。(3)与罪犯申诉或投诉请求有利害关系的监狱工作人员应当自行回避,不得参与罪犯申诉或投诉请求的处理。参与处理狱内罪犯申诉或投诉请求的监狱工作人员不得将罪犯申诉或投诉材料反映的信息内容透露给与之无关的任何人,更不应透露给与罪犯申诉或投诉请求有利害关系的监狱工作人员,否则,应当受到法律责任追究。(4)有权处理狱内罪犯申诉或投诉请求的机构的工作人员与罪犯的谈话内容,以及律师会见罪犯时的谈话内容不被监狱及其工作人员监听。

四、确立禁止不利对待原则

为了防止因罪犯提出申诉或投诉请求而遭受监狱及其工作人员的打击报复,应当确立禁止不利对待原则。即对于狱内罪犯通过合法途径提出的正常申诉或投诉请求,无论最终处理结果是否有利于罪犯本人,均不得以"无理缠诉"为由实施打击报复、威吓或作出不利对待。在实践中,有的监狱以罪犯连续多次(通常是三次以上)提出申诉或投诉请求构成"无理缠诉",进而对当事罪犯给予扣分、取消奖励分数或者其他处罚措施,这种做法显然是不妥当的,也是没有法律依据的。正是因为这种因素的存在,狱内罪犯即使受到了不公正的待遇或者其合法权益受到了侵害,出于提出申诉或投诉请求后可能面临的不利于己的风险和后果的考虑,不敢或不愿寻求合法途径救济自己受损的权利。

因此,为了确保狱内罪犯没有顾虑地行使救济权利和通过合法途径救济权利,应当在《监狱法》中确立禁止不利对待原则。同时,应当把罪犯提出的遭受打击报复的申诉或投诉请求也纳入狱内罪犯权利救济制度调整的范围,由有权处理机构进行调查处理,并对实施打击报复的监狱工作人员进行法律责任的追究。

结　　语

心理学家阿德勒曾说过:"幸福的人用童年治愈一生,不幸的人用一生治愈童年。"这句话深刻揭示了原生家庭对于一个人成长的重要性,也揭示了负面心理和失范行为矫正的艰巨性。一个正常的公民走向犯罪道路,对其个人、家庭和整个社会而言都是不幸的,个中原因也是复杂多样的。对狱内服刑罪犯心理、思想和行为的矫治是一个漫长的持续过程。犯罪行为应当受到谴责和法律责任的追究,监禁既是对罪犯的惩罚,也是对其越轨行为的矫正和改造。人类目前尚无法消灭犯罪现象,也不能对死刑犯之外的其他罪犯从肉体上予以消灭。因此,通过矫正、教育和改造,将罪犯改造成自食其力的守法公民,这是监狱刑罚执行的终极目的。

哪里有管理和因之形成的社会关系,哪里就有矛盾和冲突。对于监狱和服刑罪犯之间形成的管理和被管理的社会关系而言,也是如此。因此,因监狱行使行刑权力而产生的监狱与服刑罪犯之间的矛盾和冲突,是一种正常的现象。多年来形成的惯性思维和固有管理模式,使得监狱始终把安全放在第一位。在总体安全观的影响下,监狱及其工作人员抱着

"多一事不如少一事"的心态,压制或限制罪犯行使救济权利,消极抵触来自外部力量对监狱工作的监督,这是监狱的一贯做法。在立法层面,由于部门利益角力等因素的干扰,我国《监狱法》对罪犯权利救济程序没有作出明确规定,导致狱内罪犯权利救济几乎处于无法可依的尴尬境地。

放眼全球,随着人权事业的不断进步和刑罚观念的变迁以及矫治理念的更新,罪犯人权保障、行刑人道主义、监狱行刑社会化等思潮不断涌现并被付诸实践。保障罪犯人权尤其是保障罪犯救济权利的行使,这不是对监狱工作"挑刺"和设置障碍;相反,建立健全狱内罪犯权利救济机制,有利于及时化解矛盾和纠纷,有利于维护监狱秩序的安全稳定,有利于促进监狱改进行刑工作并提升规范化、法治化水平,从而促进监狱事业健康发展。

基于上述认识,应当客观、理性地认知罪犯权利,客观、理性地对待罪犯行使救济权利的行为。监狱执法人员不能总是站在对立、敌视的视角看待罪犯行使救济权的行为,而是要转变理念并摆正心态,为罪犯行使救济权利提供条件保障,畅通权利救济渠道,客观公正地处理罪犯权利救济请求并接受外部机构对罪犯权利救济请求的处理结果,主动纠正违法行为,不断改进执法工作。

监狱从封闭走向开放是历史发展的趋势。为此,监狱应当进一步加快开放的步伐,主动接受社会监督。没有人是一座孤岛,狱内服刑罪犯与普通守法公民一样仍然是一国的公民,同为休戚与共的命运共同体。狱内罪犯在服刑期满释放后能否重返社会并为社会所接纳,关系到每个人的幸福安宁。因此,全社会都应该关心狱内服刑罪犯,关注狱内罪犯的人权保障事业,并一起行动起来作出应有的努力。对狱内罪犯权利救济制度的研究就是这种努力的一份子。期望通过开展对狱内罪犯权利救济制度的研究,深化对刑罚执行和监狱矫治理论的认识,推动我国监狱法制的完善,推动监狱执法工作更上新台阶,推动罪犯人权保障事业的持续进步。

参 考 文 献

一、中文著作

陈光明:《走近监狱——监狱制度转型的时代絮语》,法律出版社 2010 年版。

陈新民:《中国行政法原理》,中国政法大学出版社 2002 年版。

陈兴良:《刑罚的启蒙》,法律出版社 1998 年版。

陈兴良:《陈兴良刑法学教科书之规范刑法学》,中国政法大学出版社 2003 年版。

戴艳玲:《中国监狱制度的改革与发展》,中国人民公安大学出版社 2005 年版。

冯建仓、陈文彬:《国际人权公约与中国监狱罪犯人权保障》,中国检察出版社 2006 年版。

葛炳瑶、孟宪军:《中国监狱法制建设研究》,人民法院出版社 2005 年版。

吉春华等:《心的呼唤:服刑人员亲属亲情关怀指南》,中国法制出版社 2016 年版。

姜金兵:《罪犯分类与处遇研究》,法律出版社 2015 年版。

金鉴:《监狱学总论》,法律出版社 1997 年版。

金川:《罪犯权利缺损与救济研究》,清华大学出版社 2008 年版。

林纪东:《行政法》,三民书局 1977 年版。

刘崇亮:《制度性需求下〈监狱法〉修改研究》,中国法制出版社 2018 年版。

柳忠卫:《监禁刑执行基本问题研究》,中国人民公安大学出版社 2008 年版。

龙学群:《新时期狱政管理问题研究》,中国市场出版社 2010 年版。

罗书平:《监狱罪犯维权指南》,中国民主法制出版社 2014 年版。

马金虎:《科学认知囚犯》,江苏人民出版社 2014 年版。

乔成杰:《监狱执法实务》,化学工业出版社 2012 年版。

乔成杰、宋行:《监狱生活卫生管理实务》,化学工业出版社 2014 年版。

邱兴隆、许章润:《刑罚学》,群众出版社 1988 年版。

孙平:《监狱亚文化》,社会科学文献出版社 2013 年版。

宋立军:《监狱社会化:中国监狱的角色转向》,知识产权出版社 2019 年版。

盛洪:《现代制度经济学(下卷)》,北京大学出版社 2003 年版。

吴宗宪:《中国现代文明监狱研究》,警官教育出版社 1996 年版。

吴宗宪:《当代西方监狱学》,法律出版社 2005 年版。

吴宗宪:《监狱学导论》,法律出版社 2012 年版。

汪勇:《理性对待罪犯权利》,中国检察出版社 2010 年版。

王传敏:《监狱体制转型时期的思考》,光明日报出版社 2013 年版。

王云海:《监狱行刑的法理》,中国人民大学出版社 2010 年版。

夏宗素:《狱政法律问题研究》,法律出版社 1997 年版。

杨殿升、张金桑:《中国特色监狱制度研究》,法律出版社 1999 年版。

张秀夫:《中国监狱法实施问题研究》,法律出版社 2000 年版。

赵运恒:《罪犯权利保障论》,法律出版社 2008 年版。

《中国大百科全书·法学卷》,中国大百科全书出版社 1984 年版。

中国社会科学院语言研究所词典编辑室编:《现代汉语词典(第 5 版)》,商务印书馆 2005 年版。

周育平、刘美华:《监所检察工作规范操作手册》,中国检察出版社 2012 年版。

二、中文译著

［英］A.J.M.米尔恩:《人的权利与人的多样性——人权哲学》,夏勇、张志铭译,中国大百科全书出版社1995年版。

［英］阿克顿:《自由与权力》,侯建、范亚峰译,商务印书馆2001年版。

［美］艾伦·德肖维茨:《最好的辩护》,唐交东译,法律出版社2014年版。

［瑞典］本特·维斯兰德尔:《瑞典的议会监察专员》,程洁译,清华大学出版社2001年版。

［南非］德克·凡·齐尔·斯米特、［德］弗里德·邓克尔:《监禁的现状和未来:从国际视角看囚犯的权利和监狱条件》,张青译,法律出版社2010年版。

［美］杰弗瑞·A.西格尔、哈罗德·J.斯皮斯:《正义背后的意识形态——最高法院与态度模型》(修订版),刘哲玮译,北京大学出版社2012年版。

［德］京特·凯泽:《欧美日本监狱制度比较》,刘瑞祥等译,中国政法大学出版社1989年版。

［德］康德:《实践理性批判》,韩水法译,商务印书馆2003年版。

［美］劳伦斯·M.弗里德曼:《法律制度——从社会科学角度观察》,李琼英、林欣译,中国政法大学出版社2004年版。

［美］理查德·霍金斯、杰弗里·P.阿尔珀特:《美国监狱制度——刑罚与正义》,孙晓雳、林遐译,中国人民公安大学出版社1991年版。

《马克思恩格斯选集》(第1卷),人民出版社1972年版。

《马克思恩格斯选集》(第3卷),人民出版社1995年版。

［法］孟德斯鸠:《论法的精神》(上册),张雁深译,商务印书馆1982年版。

［法］米歇尔·福柯:《规训与惩罚:监狱的诞生》,刘北成、杨远婴译,生活·读书·新知三联书店2003年版。

［日］室井力:《日本现代行政法》,吴微译,中国政法大学出版社1995年版。

薛波:《元照英美法词典》(缩印版),北京大学出版社2013年版。

三、中文论文

陈雪:《刑罚、持续性以及现代监狱制度——读〈论犯罪与刑罚〉》,《政法论坛》2019 年第 6 期。

戴艳玲等:《监狱恢复性司法实践路径研究》,《中国司法》2014 年第 11 期。

邓志:《有限可诉性:司法监督内部行政行为的一种路径》,《南京大学法律评论》2009 年秋季卷。

樊崇义、刘文化:《比较法视野下的服刑人员申诉权保障探析——以诉冤机制构建为视角》,《法学杂志》2014 年第 6 期。

冯季英、马汉钦:《监狱行政处罚手段比较研究与建言》,《求索》2007 年第 5 期。

冯卫国:《论我国监狱行刑的社会化》,《中国刑事法杂志》2003 年第 3 期。

冯卫国:《服刑人权利保护中的几个争议问题探析》,《山东警察学院学报》2010 年第 3 期。

冯卫国、李健:《服刑人权利保障的不足及其完善》,《理论探索》2012 年第 2 期。

黄学贤:《特别权力关系理论研究与实践发展——兼谈特别权力关系理论在我国的未来方位》,《苏州大学学报(哲学社会科学版)》2019 年第 5 期。

贾敬华:《罪犯生育权的性质和权源分析》,《法学杂志》2008 年第 6 期。

贾洛川:《监狱服刑人员的符号演进与文明治监》,《河北法学》2015 年第 5 期。

贾洛川:《关于罪犯申诉权保障的思考》,《警学研究》2019 年第 2 期。

李同民:《受刑人权利保障与监狱行刑制度的变革》,《东岳论丛》2007 年第 1 期。

李学永:《我国台湾地区特别权力关系理论的变迁——以"大法官"解释为视角》,《行政法学研究》2013 年第 4 期。

刘青峰、嵇焕飞:《论内部行政行为的司法审查》,《山东审判》2004 年第 2 期。

刘伦善:《人性化改造与罪犯的权利》,《检察风云》2005 年第 16 期。

刘晓山:《目的刑论之正当性探究》,《武汉大学学报(哲学社会科学版)》2011 年第 2 期。

刘崇亮:《本体与属性:监狱惩罚的新界定》,《法律科学(西北政法大学学报)》2012 年第 6 期。

刘崇亮:《监狱惩罚机能与改造机能的冲突与融合》,《河北法学》2012 年第 9 期。

刘勇:《罪犯投诉机制的经济学分析》,《中国刑事法杂志》2013 年第 10 期。

柳忠卫:《罪犯特许权论——以罪犯与其配偶同居权为分析对象》,《法商研究》2008 年第 4 期。

吕秋爽:《我国服刑人员权利的可诉性分析——以特别权力关系理论为视角》,《长春理工大学学报(社会科学版)》2007 年第 4 期。

罗星:《党和国家监督体系视域下的人大监督现状与改革路径》,《人大研究》2020 年第 6 期。

马克昌:《论刑罚的本质》,《法学评论》1995 年第 5 期。

濮建东:《浅论个案监督存在的问题》,《知识经济(旬刊)》2010 年第 5 期。

秦强:《特别权力关系理论与罪犯权利保护悖论之消解》,《山东警察学院学报》2007 年第 6 期。

任卓冉、贺蒽蒽:《美国犯人诉冤解决机制及其启示》,《求索》2015 年第 5 期。

司绍寒:《〈曼德拉规则〉与我国监狱法发展——评〈联合国囚犯待遇最低限度标准规则〉的最新修订》,《犯罪与改造研究》2015 年第 11 期。

司法部预防犯罪研究所课题组:《近年来国外监狱法规发展变化及对我国〈监狱法〉修改的思考借鉴》,《中国司法》2019 年第 6 期。

孙笑侠:《司法权的本质是判断权——司法权与行政权的十大区别》,《法学》1998 年第 8 期。

孙笑侠:《用什么来评估司法——司法评估"法理要素"简论暨问卷调查数据展示》,《中国法律评论》2019 年第 4 期。

孙延宏:《监狱在押罪犯权利的程序保障》,《上海市政法管理干部学院学报》

2001 年第 2 期。

孙平:《监狱的悖论——监狱亚文化的传承》,《河北法学》2012 年第 9 期。

邵名正、于同志:《刑事执行权理性配置》,《中国监狱学刊》2002 年第 5 期。

邵晓顺:《不同省份限制减刑罪犯服刑心理调查》,《中国监狱学刊》2020 年第 5 期。

汤维建:《人大监督司法之困境及其消解》,《苏州大学学报(法学版)》2014 年第 1 期。

王平、汪勇:《监狱工作社会化的作用与中国实践》,《西南科技大学学报(哲学社会科学版)》2008 年第 6 期。

王彬:《程序正义视野下的受刑人权利保护》,《公安研究》2008 年第 7 期。

王彬:《关于受刑人权利保护状况的调查报告》,《四川警察学院学报》2009 年第 2 期。

王辉:《监狱刑罚执行性质的多维度思索》,《河北法学》2010 年第 3 期。

王传敏:《监狱行刑理念现代化的内涵解读》,《甘肃社会科学》2012 年第 3 期。

吴万得:《德日两国特别权力关系理论之探讨》,《政法论坛》2001 年第 5 期。

吴小龙、王族臻:《特别权力关系理论与我国的"引进"》,《法学》2005 年第 4 期。

吴宗宪:《论美国犯人的法律权利》,《中国刑事法杂志》2007 年第 6 期。

吴宗宪:《论充分保障罪犯申诉权》,《犯罪与改造研究》2016 年第 5 期。

吴宗宪译:《欧洲监狱规则》(2006 年版),《犯罪与改造研究》2019 年第 6 期。

武玉红:《行刑社会化的内涵构成及实施载体》,《法学论坛》2008 年第 4 期。

席文启:《关于人大监督的几点常识》,《紫光阁》2017 年第 2 期。

熊光清:《流动人口权利社会救济的现状与未来——从基本理论到当代中国语境》,《学术前沿》2014 年第 6 期上。

最高人民检察院"监狱监督制度比较研究"课题组:《我国监狱监督制度存在的问题与完善》,《法学》2011 年第 4 期。

占善刚、严然:《"省统管"背景下地方人大监督同级司法机关问题研究》,《学习与实践》2015 年第 10 期。

张绍彦:《刑罚权与行刑权的运行机制探析》,《法学评论》1999 年第 3 期。

张全仁、张鸥:《监狱行刑的功能与目的》,《中国法学》2000 年第 4 期。

张兆松、谢如程:《试论构建监狱法律援助制度的必要性和可行性》,《求实》2008 年第 2 期。

张丽芬等:《监狱:一种社会学视角的分析及启示》,《湖北社会科学》2012 年第 1 期。

张绍彦:《行刑程序与监狱监督论纲——侧重比较研究和可行性的分析》,《政法论丛》2012 年第 6 期。

张晶:《国际视野下现代监狱制度建设研究》,《犯罪与改造研究》2016 年第 11 期。

赵新新:《日本服刑人员的法律地位及对中国的启示》,《中国监狱学刊》2020 年第 3 期。

浙江省乔司监狱课题组:《智能化现代文明监狱建设研究》,《犯罪与改造研究》2016 年第 10 期。

周国强:《罪犯处遇的历史嬗变与现实定位——以宽严相济刑事政策为分析视角》,《法学杂志》2010 年第 10 期。

四、外文文献

Bryan A. Garner, *Black's Law Dictionary* (*Tenth Edition*), 2004 West, a Thomson business.

Ashbel T. Wall Ⅱ, "*Inmate grievance procedures*," in Peter M. Carlson & Tudith Simon Garrett (eds.), *Prison and jail administration: Practice and theory*, Graithersburg, MD: Aspen Publishers, 1999.

Dalberg‐Acton, John Emerich Edward, *Essays on Freedom and Power*, Boston: The Beacon Press, 1949.

H.L.A Hart, *The Concept of Law*, Oxford: Clarendon Press, 1961.

Texas Department Of Criminal Justice, *Offender Orientation Handbook*.

Peter J.P.Tak, *Essays on Dutch criminal policy*, The Netherlands: Wolf Legal Productions, 2002.

Alex Friedmann, "*Apples-to-Fish: Public and Private Prison Cost Comparisons*", Fordham Urban Law Journal December, 2014.

Alison M. Mikkor, "*Correcting for Bias and Blind Spots in Plra Exhaustion*", LAW. George Mason Law Review, Spring, 2014.

Laura Cohen, "*Extend the Guiding Hand: Incarcerated Youth, Law School Clinics, and Expanding Access to Counsel*", University of Pennsylvania Journal of Law and Social Change, 2014.

Tasha Hill, "*Inmates' Need for Federally Funded Lawyers: How the Prison Litication Reform Act, Casey, and Iqbal Combine with Implicit Bias to Eviscerate Inmate Civil Rihgts*", UCLA Law Review, January, 2015.

Andrea C.Armstrong, "*No Prisoner Left behind? Enhancing Public Tranaparency of Penal Institutions*", Stanford Law and Policy Review, 2014.

Margo Schlanger, "*Prisoners' Rights Lawyers' Strategies for Preserving the Role of the Courts*", University of Miami Law Review, Winter, 2015.

Margo Schlanger, "*The Just Barely Sustainable California Prisoners' Rights Ecosyst*", Annals of the American Academy of Political and Social Science, March, 2016.

Margo Schlanger, "*Trends in Prisoner Litigation, as the Plra Enters Adulthood*", UC Irvine Law Review, April, 2015.

附录一　域外国家狱内罪犯
权利救济制度考察

　　对罪犯的监禁是随着国家的产生和监狱的出现而产生的社会现象。现代意义上的罪犯监禁制度更加注重对服刑人员合法权利的保护。这种对服刑人员合法权利的保护不仅是对其人身权和财产权等实体性权利的保护,而且还包括对其实体权利受到侵犯后申诉或投诉(诉冤)权利等程序性权利的保护。为此,域外许多国家都建立了相对完善的罪犯诉冤程序(inmate grievance procedures)或者投诉程序(complaint procedures),这些程序和其他相关的实体性规定构成了相对完备的狱内罪犯权利救济制度。

　　他山之石,可以攻玉。梳理域外国家狱内罪犯权利救济的主要内容、运作程序及保障制度,归纳总结其成功经验和做法,有助于深化对狱内罪犯权利救济规律的认识。

第一节　域外国家狱内罪犯权利
救济的主要内容

　　理论上讲,罪犯针对在监狱服刑期间受到的与自身利益相关的所有不公正待遇和被侵犯的合法权利,都有提出申诉或投诉的权利。实践中,其申诉或投诉请求能否被接受及处理,以及由哪一级主体、哪个主体来处理,则又是另外一回事。从西方国家的实践来看,狱内罪犯申诉或投诉请求的内容主要集中在以下方面:

一、监狱监禁政策及其执行

　　监狱为了保证其自身的有效运转和刑罚执行,制定了大量的政策、制度和规则,涉及狱内罪犯生活、矫正、教育和改造的方方面面。监狱及其工作人员执行这些政策、实施这些规则和制度,必然会对服刑罪犯施加直接的影响。这种影响对狱内罪犯而言,有些是积极、正面的影响,有些是消极、负面的影响。积极、正面的影响体现为对服刑罪犯合法权益的有效保护,而消极、负面的影响则体现为对罪犯合法权利的侵犯以及施加的不公正待遇等。狱内罪犯一旦认为这些政策的执行使自己受到了不公正的待遇或者侵犯了自身的合法权利,就有权诉诸相关途径寻求帮助或救济。监狱强制、监狱惩戒等是最常见的诱发罪犯诉冤的重要因素。例如,在荷兰,犯人每年大约提起 4000 件诉冤要求,其中的 1/4 涉及违纪惩戒措施的使用。① 在美国,罪犯诉冤的常见类型有"财物的损害与赔偿,对医疗条件的不满,还有守卫的暴力行为"等。② 此外,监狱中的健康和安全危险、缺乏分类制度等也是罪犯诉冤和法院审查的重要内容。在美国 1974 年的沃尔夫诉麦克唐奈案中,罪犯麦克唐奈起诉内布拉斯加州政府,认为该州的违纪惩戒程序,特别是与善时制分数丧失有关的程序,是违反宪法;要求恢复他被剥夺的善时制分数,评价矫正官员对其造成的损害。③ 在奥地利,狱内罪犯提出的申诉主要涉及以下几个方面:对伙食、工作人员态度粗暴,短期离监请求遭到拒绝,医疗服务质量等一些问题的不满等。④ 根据丹麦《刑罚执行法典》的规定,可以提请法院裁决的问题包括 9 项,其中涉及罪犯诉冤的事项包括"违纪处罚关禁闭超过 7 天,没收钱物或扣除的赔偿金数额多于囚犯的每周收入"。⑤ 由此可见,监禁政策、程序、规则和制度是对罪犯实施监管、矫正、教育的直接依据,由此引发的监狱与罪犯之间的诉冤争议占了很大一部分。

二、监狱中的人际关系

监狱中的人际关系,也是容易引起犯人诉冤请求的重要事项。对此,美国司法部制定的罪犯诉冤解决机制的最低标准明确要求"适用于监管

---

① Peter J. P. Tak, *Essays on Dutch criminal policy* (The Netherlands: Wolf Legal Productions, 2002) , p. 168. 转引自吴宗宪:《当代西方监狱学》,法律出版社 2005 年版,第 489 页。
② 任卓冉、贺蕙葸:《美国犯人诉冤解决机制及其启示》,《求索》2015 年第 5 期,第 92 页。
③ 吴宗宪:《当代西方监狱学》,法律出版社 2005 年版,第 429 页。
④ [南非]德克·凡·齐尔·斯米特、[德]弗里德·邓克尔:《监禁的现状和未来:从国际视角看囚犯的权利和监狱条件》,张青译,法律出版社 2010 年版,第 11 页。
⑤ [南非]德克·凡·齐尔·斯米特、[德]弗里德·邓克尔:《监禁的现状和未来:从国际视角看囚犯的权利和监狱条件》,张青译,法律出版社 2010 年版,第 144 页。

场所内发生的涉及犯人及监管人员的纠纷,且适用于所有犯人。"①在实践中,最有可能引起犯人诉冤行为的人际关系问题,主要包括下列方面:(1)监狱工作人员与犯人之间的关系。(2)犯人之间的人际关系问题。②与罪犯诉冤请求有关的监狱与罪犯之间的人际关系问题,主要是指监狱工作人员在行刑过程中履行职务行为而与罪犯产生的争议和纠纷。具体指监狱工作人员对罪犯实施的不恰当的惩罚、给予的歧视性待遇和其他不当行为等,作为相对人的服刑罪犯对此提出的诉冤请求。与罪犯诉冤请求有关的罪犯与罪犯之间的人际关系问题,主要是指由于监狱及其工作人员未能尽到管理和保护职责,导致监狱内其他罪犯对诉冤罪犯实施了虐待、殴打、欺凌等非法行为而造成人身伤害,受到其他罪犯非法行为侵害的罪犯以监狱工作人员未尽到监管和保护职责为由而提出的诉冤请求。例如,在西方国家尤其是美国于 20 世纪 60 年代兴起的犯人权利运动(prisoners' rights movement)中,美国法院的一些判例中就涉及与监狱中的人际关系有关的诉冤纠纷。1970 年戈德伯格诉凯里案中,确立了"当犯人有可能受到任意的或者错误的官方决定的威胁时,有权要求采用正当程序"的原则;1974 年的沃尔夫诉麦克唐奈案中,确立了关于罪犯违纪行为听证会的正当程序;1978 年的哈托诉芬尼案中,法院判决认为"在隔离监舍禁闭 30 天是残忍的、异常的惩罚",违反了美国《联邦宪法第八修正案》"禁止残忍的、异常的惩罚"的规定;1979 年的哈德森诉麦克米兰案中,法院判决认为"看守殴打犯人或者使用过度的武力,即使没有导致重伤,也会构成残忍的、异常的惩罚。"③可见,在域外国家,罪犯对监

---

①　任卓冉、贺蒽蒽:《美国犯人诉冤解决机制及其启示》,《求索》2015 年第 5 期,第92 页。
②　吴宗宪:《当代西方监狱学》,法律出版社 2005 年版,第 490 页。
③　参见吴宗宪:《当代西方监狱学》,法律出版社 2005 年版,第 426—429 页。

267

狱中人际关系的诉冤尤其是监狱监管人员与罪犯之间的诉冤纠纷在整个诉冤请求中占有很大比重。

三、监狱矫正计划与服务

对罪犯的监禁不是目的,而是在刑满释放后将其改造成为自食其力的守法公民的手段。这一点,中外莫不如此。在西方国家,出于矫正改造的目的,监狱通常会向罪犯提供大量的矫正计划和矫正服务。如果罪犯对监狱提供的矫正计划和矫正服务并不满意或持有异议,就有可能引发罪犯提出诉冤请求。

四、监狱生活条件

对监狱生活条件的抱怨也是狱内罪犯申诉或投诉请求中所反映的常见问题。主要集中于监狱住宿条件的过度拥挤问题,饭菜质量低下问题,饭菜数量与供应方式问题,劳动时间延长和劳动条件恶劣问题,以及劳动报酬偏少等问题。例如,在英国,尽管实践中有罪犯就监禁条件提出诉冤,但是对于一般性的不良监禁条件提起的诉讼不大可能胜诉。在德国,囚犯的申诉主要涉及出狱假遭到拒绝、转监和对监狱官员行为的抱怨,但也涉及如牢房内究竟摆放几个花盆或者某几餐饭不足量等实际问题。在荷兰,过去的罪犯申诉多数与食物和咖啡的温度和质量有关,如今的申诉涉及监狱生活的一切事宜。[1] 在美国,隔离牢房的条件、医疗设施与治

---

[1] 参见[南非]德克·凡·齐尔·斯米特、[德]弗里德·邓克尔:《监禁的现状和未来:从国际视角看囚犯的权利和监狱条件》,张青译,法律出版社 2010 年版,第 166、242、375 页。

疗、食物供应等也是罪犯投诉和法院审查的重要内容。总之,从域外国家的实践来看,与罪犯提出的其他诉冤请求相比,对监狱生活条件的抱怨虽然相对琐碎,但也与罪犯在监狱的日常生活息息相关,域外国家一般都对此类诉冤请求予以受理并进行相应处理。

第二节　域外国家狱内罪犯权利救济制度的运行

从域外国家狱内罪犯权利救济制度的运行实践来看,大体上包括内部程序和外部程序两个方面。内部程序是指监狱内部及监狱系统内设置的罪犯权利救济程序,外部程序是指监狱外部所有有权接受并处理狱内罪犯申诉或投诉请求的主体处理和裁决申诉或投诉所涉争议的各种程序的总和。

一、域外国家狱内罪犯权利救济的内部程序

域外国家狱内罪犯权利救济的内部程序包括监狱官员层次的诉冤程序、监狱长层次的诉冤程序、监狱管理局或者类似层次的诉冤程序。

1. 监狱官员层次的诉冤程序

监狱官员层次的诉冤程序是狱内罪犯诉冤纠纷解决的初级层次。一般情况下,监区长或单元经理等直接管理罪犯的监狱工作人员收到罪犯的诉冤请求后,应当按照规定进行必要的调查并向诉冤罪犯作出答复。

例如,根据加拿大《矫正与有条件释放法》(CCRA)第 74 条第 2 款规定:
"监狱工作人员应尽最大努力和囚犯一道非正式地解决囚犯所抱怨的问
题。"监狱工作人员层次是加拿大监狱罪犯诉冤解决的第一层途径,其他
三个层次分别为监狱长层次、地区监狱管理部门层次和矫正署长层次。
在英国,囚犯应当先向单元经理(unit manager)、监狱长或当地的探访者
委员会提出申诉,如果对结果不满意,他们还可以向地区经理(area man-
ager)反映情况。必须在一定期限内以书面形式对囚犯的申诉作出合理
的答复。① 上述国家的相关法律还规定,如果狱内罪犯对监狱官员层次
的诉冤处理结果不服或者不满意,其还可以向监狱长当面或以书面形式
提出诉冤请求。

2. 监狱长层次的诉冤程序

狱内罪犯将其诉冤请求向监狱长提交寻求解决,是域外国家最为常
见的做法。一般情况下,如果罪犯对监狱官员层次处理其诉冤请求的结
果不满意,就可以向监狱长提出诉冤请求,由监狱长组织人员进行调查并
作出处理决定。例如,德国《基本法》(2009 年)第 17 条规定:"人人均有
以个人方式或与他人共同的方式书面向主管机构和人民代表机构提出请
求和申诉的权利。"根据德国《监狱法》第 108 条的规定,囚犯可以向司法
部的有关官员提出上诉,向其提交请求行政复议的申请状或请求书,也可
向监狱长提出请求或建议。② 英国、法国的相关法律也明确规定,任何罪
犯都有向监狱长申诉的权利,允许罪犯当面向监狱长或其他视察监狱的

---

① 参见[南非]德克·凡·齐尔·斯米特、[德]弗里德·邓克尔:《监禁的现状和未来:从
国际视角看囚犯的权利和监狱条件》,张青译,法律出版社 2010 年版,第 99、167 页。
② 参见[南非]德克·凡·齐尔·斯米特、[德]弗里德·邓克尔:《监禁的现状和未来:从
国际视角看囚犯的权利和监狱条件》,张青译,法律出版社 2010 年版,第 241 页。

监狱机构的代表提出申诉或其他请求。① 在奥地利,囚犯可以对影响其权利的任何一项决定、任何一个法律和监狱工作人员的任何行为提出申诉,监狱长负责处理这些申诉。比利时的《监狱工作总则》规定囚犯可以向包括监狱工作人员、监狱长和局长在内的监狱管理局的官员提出申诉,在实践中,大部分申诉都是提交给监狱长(监狱长在每日报告时处理)或是局长的。在加拿大,如果罪犯的申诉在监狱工作人员层面没有得到非正式的解决,应提交监狱长处理,无论有没有囚犯申诉委员会的建议都可以。在丹麦,囚犯对监狱工作人员的申诉大部分提交给地方监狱的监狱长或副监狱长。在匈牙利,囚犯可以就对其监禁存在影响的决定或疏漏的决定向监狱长提出申诉。在日本,权利受到侵害的囚犯可以申请与监狱长面谈,但是与他面谈的往往正是他要投诉的看守。在南非,根据相关程序的规定,必须让囚犯每天都有向监狱长提出申诉的机会,对囚犯申诉必须记录在册,如果犯人对处理结果不满意,还可以向更高级别的矫正官僚机构提出申诉。② 罪犯的诉冤请求经过监狱长层次处理后,如果罪犯对该处理结果还不满意,其有权向更高一级的有权处理机构提出诉冤请求,以求得诉冤纠纷的解决。

3. 监狱管理局或者类似层次的诉冤程序

如果狱内罪犯对监狱官员层次和监狱长层次的处理结果仍不满意,其有权向监狱的上级管理机构——监狱管理局或者类似层次的机构提出

---

① 戴艳玲:《中国监狱制度的改革与发展》,中国人民公安大学出版社 2005 年版,第125 页。
② 参见[南非]德克·凡·齐尔·斯米特、[德]弗里德·邓克尔:《监禁的现状和未来:从国际视角看囚犯的权利和监狱条件》,张青译,法律出版社 2010 年版,第 11、38、99、144、278、333、453 页。

诉冤请求,受理罪犯诉冤请求的机构必须在规定的时间内进行调查并作出处理决定。在一些监狱系统规模很大,而且监狱系统划分为联邦和州(省、地区)等不同系统的国家,这一级可能是州矫正局或者监狱管理局,例如,美国就是如此。在一些国家较小,对监狱系统管理比较简单、管理比较集中的国家,这一级可能就是国家的监狱管理局或者矫正局。[①] 例如,在奥地利,上一级的监狱管理机构或联邦司法部负责处理对监狱长的申诉。囚犯也可以向上一级监狱管理机构就监狱对他们的监管提出申诉。在比利时,罪犯提出的申诉提交给中央监狱管理局长后,通常由中央监狱管理局的个案处处长负责调查,他会向当地监狱长核查事件原委。在日本,囚犯可以向法务省长提交保密的书面请愿。[②] 在美国马里兰州,狱内罪犯可以就监狱长作出的任何惩戒决定向矫正局长提出上诉。综合域外国家罪犯诉冤内部程序的运行实践来看,监狱管理局或者类似层次的诉冤程序是域外国家罪犯诉冤内部程序的最后一个层级,经过三个层次的罪犯诉冤内部程序的审查和处理,绝大多数罪犯提出的诉冤争议一般都能得到较好的解决,但仍然有一些诉冤争议未能得到最终的解决,对此,在设置罪犯诉冤外部程序或其他类似程序的国家,罪犯还有机会将其诉冤申请提交监狱外部的有权处理主体进行处理或者裁决。

二、域外国家狱内罪犯权利救济的外部程序

除了罪犯权利救济的内部程序之外,域外国家一般都设置了罪犯权

---

① 吴宗宪:《当代西方监狱学》,法律出版社 2005 年版,第 493 页。

② 参见[南非]德克·凡·齐尔·斯米特、[德]弗里德·邓克尔:《监禁的现状和未来:从国际视角看囚犯的权利和监狱条件》,张青译,法律出版社 2010 年版,第 11、38、333 页。

利救济的外部程序,这些外部程序尽管在不同的国家有不同的称谓或者有不同的设置,但其在救济罪犯权利、维护罪犯合法权益方面都发挥了重要作用。

1. 向外部写信寻求救济

在域外一些国家,狱内罪犯可以通过向外部主体写信的方式提出请求或控告,以寻求帮助。例如,在英国,除了正式的诉冤机制外,狱内罪犯还可以通过向国会议员写信、给律师写信、给警察局长写信的方式寻求帮助和指导、咨询有关问题和要求调查。[①] 在比利时,囚犯有给监狱系统以外的人写信而不受审查的权利,其中包括政府机构人员(国王、部长、顾问委员会)、立法机构人员(议会成员)、司法部门人员(法官、参政院)、欧洲防止酷刑委员会主席、他的律师等。[②] 为了保密需要和防止监狱工作人员事后实施报复,域外国家一般规定罪犯向外部书写的含有诉冤请求内容的信件免于检查。当然,实践中能否做到"对罪犯向外部书写的含有诉冤请求内容的信件免于检查"又是另外一回事。

2. 外部机构的介入

外部机构介入狱内罪犯诉冤争议的解决,是域外国家的一大特色。在奥地利,罪犯可以向人权委员会提出申诉。奥地利的联邦司法部长手里握有一张长期有效的请柬,他可以邀请奥地利议会的所有议员随时突击检查各个监狱。各联邦州的监狱委员会每年至少在不提前通知的情况

[①]　参见吴宗宪:《当代西方监狱学》,法律出版社 2005 年版,第 494—495 页。
[②]　[南非]德克·凡·齐尔·斯米特、[德]弗里德·邓克尔:《监禁的现状和未来:从国际视角看囚犯的权利和监狱条件》,张青译,法律出版社 2010 年版,第 38 页。

下对该州的所有监狱进行一次检查,并将检查报告递交联邦司法部。由于奥地利是《欧洲防止酷刑和不人道或有辱人格的待遇或处罚的公约》的缔约国,"防止酷刑委员会"(the commission for the Prevention of Torture,CPT)也有权检查每一所奥地利监狱。在比利时,其《监狱工作总则》对行政委员会对监狱的监督予以认可,该委员会是一个与每所监狱相连的监督机构,由志愿者、检察官和市长组成。他们同样可以接受未经审查的信件,定期探视囚犯,以及将所有有用的信息上报司法部长。在博茨瓦纳,根据《监狱法》规定设置了视察员和视察委员会,其部分职责是:"视察监狱的任何部分,与任何囚犯会面,包括关禁闭的囚犯;调查囚犯的任何申诉或请求。"因此,博茨瓦纳的囚犯能够自由地向视察员和视察委员会提出申诉,他们甚至可以向劳动与内务部常任秘书和部长本人、行政监察官或共和国总统提出申诉。在加拿大,根据《矫正与有条件释放法》的规定,如果囚犯对监狱的处理结果不满意,他有权将申诉提交到"外部复审委员会"。在丹麦,作为议会代表的监察官可以将囚犯的申诉追究到底并定期视察监狱,议会法律事务常务委员会和司法部长偶尔也会过问与监狱条件有关的事宜,委员会成员定期应邀参观并视察监狱。在德国,囚犯有权向各自的州议会提交申请状。在日本,律师协会设有"公民自由委员会",囚犯可以向这个委员会提出法律救济请求。在荷兰,根据1953年《刑罚原则法案》的规定,所有的监禁机构都成立了独立的、由外界人士组成的监督委员会,他们的工作是代表社会对监狱和拘留所的工作进行监督,确保其中的囚犯得到恰当的待遇。监督委员会的成员每月轮流出任专员,处理囚犯的所有申诉和冤情陈述。在南非,在每个监狱委派的由民间人士担任的监狱巡查员的主要职能是听取囚犯的申诉,并经过与监狱长协调解决申诉所涉及的问题。在西班牙,犯人有权直接向议会的高级专员——监察员(护民官)提出请愿和申诉。在瑞典,与其他公民一样,犯人也可以选择向监察员提出申诉。① 在美国,监管场所设置的监察专员制度是仅次于诉冤程序的罪犯诉冤解决机制,监察专员要么是由政府或立法委员会任命的,要么是由监管场所雇用或监狱的监狱长指定的。监察专员的职责是接受罪犯诉冤请求,进行调查并作出决定;引导罪犯和监狱进行非正式或渐进的诉冤调查和协商。② 在英国,每个监狱都设立了探监者委员会,该委员会是由内政大臣为每个监狱任命的,其成员为治安法官。探监者委员会担负着恰当对待犯人和审理犯人投诉的法定义务。除此之外,罪犯在遇到自己认为不公平的待遇之后,可以通过"向英国女王或者国会请愿、向欧洲议会的议员请愿、向欧洲人权委员会请愿"③的方式提出请求和投诉,以获得来自监狱外部的帮助。2006年日本废除了旧《监狱法》,出台了日本《刑事设施及服刑者处遇法》,此后对《刑事设施及服刑者处遇法》又进行了数次修改并于2014年最后定名为日本《刑事收容设施与被收容者处遇法》。④ 根据日本《刑事收容设施与被收容者处遇法》的规定,在各个刑事设施(刑务所、少年刑务所等)内设立了刑事设施视察委员会,成员由律师、医师、地方公共团体职员和当地的住民等10人组成,其职责和权限为:对刑事设施进行视察,要求刑事设施长提供相关所需的信息,接受被收押者提交的书面意见

---

① 参见[南非]德克·凡·齐尔·斯米特、[德]弗里德·邓克尔:《监禁的现状和未来:从国际视角看囚犯的权利和监狱条件》,张青译,法律出版社2010年版,第11、38、69、99、145、241、333、374—375、453、469、487页。
② 参见任卓冉、贺蕙蕙:《美国犯人诉冤解决机制及其启示》,《求索》2015年第5期,第93页。
③ 参见吴宗宪:《当代西方监狱学》,法律出版社2005年版,第493—495页。
④ 司法部预防犯罪研究所课题组:《近年来国外监狱法规发展变化及对我国〈监狱法〉修改的思考借鉴》,《中国司法》2019年第6期,第100页。

并进行调查,与被收押者面谈等。① 综上,域外国家介入罪犯诉冤的外部机构尽管名称五花八门,机构设置各异,但在监督监狱工作、维护罪犯合法权益方面发挥了不可或缺的重要作用。

3. 法院司法审查

由法院对罪犯与监狱之间产生的纠纷进行裁决,作出的裁决具有权威性、终局性等特点,因此为罪犯所欢迎和接受。在域外国家,并不是所有的诉冤请求都可以获得法院进行司法请求的支持。一般情况下,只有那些对罪犯权益影响重大的诉冤请求才有可能启动司法审查程序,由法院进行审理并作出裁决。例如,在奥地利,囚犯可以向宪法法院或者行政法庭就监狱对他们的监管提出申诉。在比利时,囚犯有权提起刑事或民事诉讼,有权向参政院提起诉讼,有权向法院院长就紧急事务提起诉讼,或是基于《欧洲人权公约》提起诉讼。在这些渠道中,向法院院长提起诉讼的案例增长最为显著,其中大都以《欧洲人权公约》第 3 条(非人道和有辱人格的待遇)或欧洲防止酷刑委员会报告中有关未决犯监狱的生活条件的内容为依据。在加拿大,理论上监狱中的囚犯有权通过法院维护他们的合法权益,对于监狱内部决定的争议可以通过申请司法复审的方式向联邦法院初审厅提起诉讼。围绕监狱条件产生的争议往往是由于囚犯声称监狱未能遵守法律要求,或者侵犯了加拿大《权利和自由宪章》中有关囚犯免受残酷的、非正常的惩罚和享有平等的权利的规定。在英国,囚犯可以寻求司法审查,这条途径对于监狱管理者的决策(囚犯违纪案

---

① 参见鲁兰《〈日本监狱法〉修改后,对中国有哪些借鉴意义?》,为你辩护网,http://www.360doc.com/content/20/0907/23/29808960_934477593.shtml. 最后访问日期 2021 年 12 月 10 日。

件的审理程序、囚犯能否获得法院的帮助、囚犯的通信等方面)也产生了积极的影响。在法国,根据有关法令的规定,罪犯有权利在行政法庭上对任何纪律处罚提起抗辩。在德国,《监狱法》第109条至第121条规定,要对剥夺囚犯权利的监狱决定进行司法审查,司法审查只涉及监狱所采取的具体措施,而不涉及监狱的规定或一般行政命令。德国专门的州级刑事执行庭负责审理所有与判决和监禁刑执行有关的重大决定。在匈牙利,如果囚犯对监狱长就其申诉所作出的决定不满意,他们有权向刑务法官提起上诉,或向民事法院提起诉讼。在印度,自20世纪70年代后期起,印度司法部门开始关注监狱管理和囚犯权利问题,从而大大推动了对监狱管理的外部调控,此后通过一系列案件的判决,在维护罪犯权利、改善监禁条件等方面取得了一些积极的进展。在日本,罪犯诉冤的司法程序包括行政诉讼、向国家提起民事赔偿诉讼和向公诉机关提起申诉或起诉。在荷兰,如果囚犯认为受到了司法部的不公正待遇,他可以对国家提起简易诉讼。在波兰,根据《刑罚执行法典》的规定,囚犯在接到监狱当局通知后7天内可对其决定向监狱法庭提出上诉;此外,根据《宪法》第78条的规定,按照常规,囚犯还可以向宪法法院提出申请。在俄罗斯,根据其《监狱法》的规定,法院对囚犯申诉具有司法审查的权力,囚犯可以在法庭上对监狱当局所作的决定进行辩驳。在瑞典,只有对经中央监狱管理部门裁定的个别案件才能上诉到行政法院。在瑞士,如果囚犯对州级裁决不满,他可以最后向联邦法院提起上诉。[①] 在美国,法院通过判例等方法明确宣布和确认受刑人具有完全独立的法律地位,享有诸如言论

[①]　[南非]德克·凡·齐尔·斯米特、[德]弗里德·邓克尔:《监禁的现状和未来:从国际视角看囚犯的权利和监狱条件》,张青译,法律出版社2010年版,第11、39、100—101、166—167、198、241、278、333、378、402—403、432、487、504页。

自由、宗教自由、结婚自由、诉诸法院权利、获得平等保护权、正当程序权、抵制残酷异常刑罚权等权利,当认为自己的权利受到不法侵害时,可以提起诉讼,请求司法救济。[1] 美国 1996 年颁布的《监狱诉讼改革法》强调犯人在将有关监禁条件的诉讼请求诉诸联邦法院之前,必须穷尽任何可用的救济措施。[2] 美国《被监禁人员民事权利法》规定,州监狱中的犯人必须在用尽州内所有补救措施之后,才能向联邦法院提交人身保护令状请愿书,联邦监狱的犯人仍然可以直接向联邦法院提交人身保护令状请愿书。[3] 综上,可以看出,域外许多国家都设置了罪犯诉冤的司法审查制度,尽管法院名称各异,受理法院层级不尽完全相同,但对罪犯权利提供司法审查的最终保障是普遍共识和做法。当然,许多国家一般都规定:法院对罪犯诉冤请求进行司法救济的前提是罪犯已经穷尽了其他途径的救济。对于受案范围,许多国家的立法规定和司法实践表明,并不是所有的诉冤争议都会被纳入法院司法审查的范围,只有那些对罪犯权利影响重大的争议和纠纷,法院才会进行受理并作出裁判,真正实现了在罪犯诉冤问题上的"择案而审"。

第三节　域外国家狱内罪犯权利救济的保障制度

为了保证狱内罪犯权利救济制度的顺利运行,切实保障狱内罪犯通

---

[1]　王云海:《监狱行刑的法理》,中国人民大学出版社 2010 年版,第 53 页。
[2]　任卓冉、贺蕙蕙:《美国犯人诉冤解决机制及其启示》,《求索》2015 年第 5 期,第 92 页。
[3]　参见吴宗宪:《当代西方监狱学》,法律出版社 2005 年版,第 428 页。

过申诉或投诉维护自身合法权益,域外国家一般都建立了相应的保障制度,大体上有以下几种:

一、资料获得与权利义务告知制度

知晓自己享有的权利和承担的义务,以及合法权利受损后的救济途径,这是罪犯行使救济权利维护自身合法权益的前提。对此,《联合国囚犯待遇最低限度标准规则》[又称《纳尔逊·曼德拉规则》(2015 年)]就"囚犯获得资料"的事宜作出明确规定,其中规则第 54 条规定:"囚犯入狱时应立即发给书面资料,载述以下信息:(a)监狱法和适用的监狱规章;(b)囚犯的权利,包括允许以何种方式寻求资料、获得法律咨询,包括借助法律援助计划,以及提出请求或申诉的程序;(c)囚犯的义务,包括适用的纪律惩罚;(d)使囚犯能够适应监狱生活的所有其他必要事项。"《纳尔逊·曼德拉规则》之规则第 55 条规定:"1. 规则 54 提及的资料应根据监狱囚犯的需要以最通用的语言提供。如果囚犯不懂其中任何语言,应当提供口译协助。2. 如果囚犯为文盲,应当向其口头传达资料。对于有感官残疾的囚犯,应以适合其需要的方式提供资料。3. 监狱管理部门应当在监狱的公共区域突出展示资料概要。"在西班牙,为了充分保障罪犯行使向有关机关提出请愿或申诉的权利,其《监禁细则》第 94 条规定,犯人应该得到关于监狱的规章和制度、他们的权利和义务、惩戒程序和他们提起请愿、申诉或上诉的权利的信息。监狱管理机关必须用西班牙语和各个自治区的官方语言(加泰罗尼亚语、巴斯克语、加利西亚语)将这些信息以书面形式提供给犯人。此外,监狱图书馆应该存有多本《监禁法案》《监禁细则》和本监狱内部规范,以供犯人查阅(《细则》

第 52 条）。①在美国,为了保证罪犯顺利行使向法院起诉的权利,监狱有义务在图书馆中为罪犯提供适当的法律书籍和资料供罪犯查阅、利用。并且罪犯有获得监狱工作人员帮助其起诉的权利。比如,当罪犯是文盲或因身体残疾或者疾病不能正常行使这项权利的时候,监狱工作人员应当帮助其准备有关的表格、申请书等程序性文件。② 根据韩国新《刑事执行法》第 17 条第 3 款的规定,通过国家人权委员会的申请以及其他管理救济事项应需书面或口头告知。管理救济事项在监狱生活中为必要事项,追加在新入者或转移者的告知事项中。③

应该说,资料获得与权利义务告知制度的建立为狱内罪犯提出权利救济请求创造了必要条件。因为大多数罪犯并非通晓法律的专业人士,即使是知晓一些法律知识的罪犯,由于身陷囹圄而无从知道应该诉诸什么途径救济自己的权利,资料获得与权利义务告知制度则为罪犯提出申诉或投诉请求提供了必要的前提条件保障。

二、罪犯权利救济请求信息保密制度

对罪犯的权利救济请求信息进行保密,一方面是为了防止因权利救济请求信息泄密而导致罪犯受到监狱监管人员的事后报复,另一方面也是出于公正处理罪犯权利救济请求的考虑。对此,《联合国囚犯待遇最低限度标准规则》[又称《纳尔逊·曼德拉规则》(2015 年)]之规则第 56

---

① [南非]德克·凡·齐尔·斯米特、[德]弗里德·邓克尔:《监禁的现状和未来:从国际视角看囚犯的权利和监狱条件》,张青译,法律出版社 2010 年版,第 468 页。
② 赵运恒:《罪犯权利保障论》,法律出版社 2008 年版,第 110—111 页。
③ 樊崇义、刘文化:《比较法视野下的服刑人员申诉权保障探析——以诉冤机制构建为视角》载《法学杂志》2014 年第 6 期,第 5 页。

条第 2 款和第 3 款分别规定:"2. 在监狱检查员进行检查时,应可向其提出请求或申诉。囚犯应有机会同检查员或其他检查官员进行自由和完全保密的谈话,监狱长或其他工作人员不得在场。3. 应允许囚犯向中央监狱管理部门、司法主管机关或其他主管机关,包括有审查或纠正权的机关,提出关于其待遇的请求或申诉,内容不受检查。"《纳尔逊·曼德拉规则》第 57 条第 2 款还规定:"应当规定保障措施,确保囚犯可安全地提出请求或申诉,并在申诉人请求保密的情况下确保保密。不得使规则 56 第 4 款提及的囚犯或其他人因提出请求或申诉而承受任何报复、威吓或其他负面后果的风险。"在日本,囚犯可以在没有监狱工作人员在场的情况下,向每两年到监狱巡视一次的视察官以书面或口头形式提出请愿,囚犯可以向法务省长提交保密的书面请愿,上述两种机制的罪犯申诉都是免于审查的。[①] 为了保证罪犯与律师通信的权利不受侵犯,西方国家普遍认为,允许监狱官员当着犯人的面打开犯人与律师的信件,检查是否夹带违禁品,但是,不得阅读其内容。在英国,监狱部门中的任何人都不得阅读或者扣押犯人与律师之间的信件。这也是目前西方国家监狱系统的普遍做法。[②] 根据法国的有关规定,"任何囚犯均可以要求负责检查或视察监狱的官员在无监狱工作人员在场监听的情况下,听取他们的意见。"德国《刑罚执行法》第 165 条还特别规定了监狱顾问委员会成员的保密义务:"除非履行职务,顾问委员会成员对秘密的事项,特别是犯人的姓名和身份情况有保密义务,本规定亦适用于完成职务活动后。"德国矫正法

---

① 参见[南非]德克·凡·齐尔·斯米特、[德]弗里德·邓克尔:《监禁的现状和未来:从国际视角看囚犯的权利和监狱条件》,张青译,法律出版社 2010 年版,第 333 页。
② 参见吴宗宪:《当代西方监狱学》,法律出版社 2005 年版,第 449 页。

典还规定,罪犯与自己律师的通信不受检查。①

可见,在域外许多国家,无论是监狱内部的权利救济程序,还是监狱外部的权利救济程序,由与申诉或投诉所涉争议无利害关系的第三方主体处理申诉或投诉请求或裁决争议,并且对罪犯权利救济请求的内容予以保密,这是普遍的做法。

三、罪犯权利救济法律帮助制度

获得法律帮助的权利是狱内罪犯应当享有的权利,而设置以此项权利实现为内容的法律帮助制度则是狱内罪犯权利救济制度运行的重要保障制度。根据弗兰克·施马莱格的论述,罪犯的获得法律帮助权具体包括"接触法庭权、获得律师帮助权、与法律帮助组织通信权、获得犯人律师法律帮助权"等。② 关于罪犯权利救济法律帮助制度,联合国《保护所有遭受任何形式拘留或监禁的人的原则》第 18 条规定:"1. 被拘留人或被监禁人应有权与其法律顾问联络和磋商。2. 应允许被拘留人或被监禁人有充分的时间和便利与其法律顾问进行磋商。"《欧洲监狱规则》(2006 年版)第 70.7 条规定:"犯人有权就申诉和上诉程序寻求法律咨询,并且在司法利益需要时寻求法律援助。"③在美国,1971 年的扬格诉吉尔摩案中,最高法院裁决政府必须在图书馆中提供适当数量的法律书籍和其他法律材料,以使犯人了解有关法律问题。在英国,监狱管理局发

---

① 樊崇义、刘文化:《比较法视野下的服刑人员申诉权保障探析——以诉冤机制构建为视角》,《法学杂志》2014 年第 6 期,第 4 页。
② 参见吴宗宪:《当代西方监狱学》,法律出版社 2005 年版,第 445—452 页。
③ 《欧洲监狱规则》(2006 年版),吴宗宪译,《犯罪与改造研究》2019 年第 6 期,第 77 页。

布的《给监狱长的指示》规定,监狱图书馆中必须有一定数量的法律资料(包括这份文件本身)。在美国,1974 年的普热卡尼马丁内斯案件中,肯定了犯人享有接触律师助手或者法律学生权。法院裁定:当律师在监狱中进行调查时,监狱不得禁止准专业法律人员或者法律学生进入监狱协助律师工作;在 1970 年的哈雷尔案件中,加利福尼亚州最高法院赋予犯人在合适的时间内会见律师的权利;在 1980 年的里诺特诉亨德森案中,第五巡回审判区上诉法院裁决,只要律师遵守矫正机构的所有规则,监狱官员不得无理阻挠律师会见其犯人委托人;最高法院在 1976 年的泰勒诉斯特莱特案中,承认犯人享有与律师通信的权利,尽管法院允许监狱官员打开律师与犯人的信件以便检查违禁品,但是,不允许阅读信件。[①]美国最高法院在 1969 年约翰逊诉艾夫里案中,第一次肯定了监狱犯人享有获得犯人律师帮助的权利;在 1974 年的沃尔夫诉麦克唐奈案中,美国最高法院裁决,罪犯有权获得犯人律师的法律帮助,犯人律师不仅可以帮助其他罪犯提起人身保护令状请求,也可以帮助其他罪犯对监狱官员提起民事诉讼。[②]可见,域外许多国家的监狱法律法规或判例规定或确认了罪犯权利救济法律帮助制度,这对于狱内罪犯有效维护自身权益十分重要。

第四节　域外国家狱内罪犯权利救济制度启示及借鉴

综观域外国家狱内罪犯权利救济制度的监狱立法规定和判例,以及

---

① 参见吴宗宪:《当代西方监狱学》,法律出版社 2005 年版,第 446—448 页。
② 参见赵运恒:《罪犯权利保障论》,法律出版社 2008 年版,第 111—112 页。

制度运行实践,以下几点具有一定的启示和借鉴意义。

一、建立了多元化的罪犯权利救济及纠纷解决机制

狱内罪犯提出的申诉或投诉请求,其实质是监狱监管人员与服刑罪犯、服刑罪犯与服刑罪犯之间矛盾和纠纷的外在表现形式。有矛盾和纠纷,就必然需要一套成熟的纠纷解决机制,以化解矛盾和冲突。域外国家在长期的监狱监禁和罪犯矫正改造实践中,通过立法和判例逐步建立了一套多元化的罪犯权利救济和纠纷解决机制,形成了罪犯权利救济内部程序和外部程序互补、行政申诉程序和司法审查程序相互衔接的矛盾纠纷化解体系。例如,美国罪犯诉冤解决机制的典型形式包括"罪犯诉冤程序、监察专员调查处理程序、罪犯诉冤调解程序、罪犯委员会的沟通程序、罪犯诉冤法律援助程序和外部审查程序"等。在英国,除了正式的诉冤机制之外,罪犯还可以通过向国会议员、律师或警察局长写信,以及向英国女王或者国会、欧洲议会的议员和欧洲人权委员会请愿的方式提出诉冤请求和控告。在西方许多国家,在监狱外部设置的监狱视察委员会、探访者委员会、外部复审委员会、监狱监督委员会、刑事设施视察委员会,以及监察专员、监察员(护民官)、巡狱太平绅士、独立矫正中心访问者等,在监督监狱工作、处理罪犯诉冤请求方面发挥了重要作用,也为狱内罪犯救济权利提供了一条可供选择的路径。

值得指出的是,调解是化解诉冤纠纷的有效手段。《欧洲监狱规则》(2006年版)第70.2条规定:"如果看起来适合进行调解,应当首先尝试

调解。"①美国在罪犯诉冤制度中引入了调解机制,即在罪犯的诉冤请求提交联邦法院后由诉冤调解员对诉冤争议进行"立案后调解",调解具有其他纠纷解决机制无可比拟的优势。首先,它使各方主体都能全程参与纠纷的解决,程序的参与性较强;其次,由于调解也是各方争点和意见交涉并最终达成合意的过程,因此,各方对纠纷解决方案的接受性和满意度较高;再次,成功的诉冤调解还能够起到像安全阀一样的重要作用,消除监狱工作人员和服刑罪犯的对立情绪和紧张关系,促进监狱改进工作,促使服刑罪犯安心接受改造,保持监狱秩序持续安全稳定。

总之,罪犯申诉或投诉所涉纠纷多元化解决机制的建立,有助于减轻法院管辖罪犯与监狱之间纠纷案件的压力,有助于确保狱内罪犯行使更为广泛的程序选择权,有助于消解监狱工作人员与服刑罪犯之间的紧张关系,有助于有针对性地解决所涉纠纷。

二、相对完备的狱内罪犯权利救济内部程序

狱内罪犯权利救济内部程序是罪犯权利救济制度的重要组成部分,完备的狱内罪犯权利救济内部程序能够"拦截"绝大部分罪犯申诉或投诉请求,避免和防止矛盾和纠纷"外溢"、"上交"和激化。例如,美国马里兰州的罪犯诉冤内部程序结构如下:罪犯提出诉冤请求→监狱内部的行政补救协调员→监狱长启动行政补救程序→监狱长作出惩戒决定→罪犯向矫正局长提出上诉→罪犯对矫正局长的决定不服向罪犯诉冤办公室提

---

① 《欧洲监狱规则》(2006 年版),吴宗宪译,《犯罪与改造研究》2019 年第 6 期,第 77 页。

出上诉→罪犯对诉冤办公室的决定不服→向法院提出控告。① 在日本,根据其《刑事收容审查法》的规定,当服刑人员对刑事设施长官作出的处分决定有异议和身体被违法使用有形力存有异议时,可以向矫正管区长官分别提出审查的申请和事实申告;服刑人员对矫正管区长官所作出的裁决或者下达的通知有异议时,可以向法务大臣提出异议申请。②

在域外许多国家,针对罪犯诉冤的不同情形,在监狱内部和监狱系统分别设置了监区长或者单元主任(单元经理)、监狱长、监狱管理局等多层次的罪犯诉冤内部程序,罪犯对每一层级的处理决定不服或者不满意,都有权逐级向上一层级寻求救济。这种相对完备的罪犯诉冤内部程序,使得大部分诉冤请求在监狱内部或监狱系统得到了恰当解决。

三、普遍允许对罪犯提出的权利救济请求进行司法审查

在域外许多国家,普遍允许对罪犯提出的权利救济请求进行司法审查。由于狱内罪犯权利救济内部程序过滤掉了绝大部分罪犯申诉或投诉请求,真正最后提交到法院裁决处理的申诉或投诉争议占了很小的一部分。对申诉或投诉争议进行司法审查,是罪犯权利救济的最后一道防线,具有其他纠纷解决机制不可替代的独特作用。从罪犯心理角度分析,由法院对狱内罪犯的权利救济请求进行司法审查,有助于缓解和克服狱内罪犯的无助感,维持其"心理健康"。因为狱内罪犯认为与自身利益相关

---

① 参见樊崇义、刘文化:《比较法视野下的服刑人员申诉权保障探析——以诉冤机制构建为视角》,《法学杂志》2014年第6期,第3页。
② 参见赵新新:《日本服刑人员的法律地位及对中国的启示》,《中国监狱学刊》2020年第3期,第159页。

的所有事宜都应得到应有的重视,因此,狱内罪犯对于其申诉或投诉请求能够最终获得寻求司法审查途径的救济十分敏感。从域外国家立法和实践来看,各国受理狱内罪犯诉讼请求的法院不尽相同,大体上可以划分为两种情况:有些国家由专门法院或专门法庭处理包括罪犯诉讼请求在内的监狱事务,有些国家由有权审查一般行政行为的行政法院受理罪犯的诉讼请求。前者如德国和瑞典等国,后者如法国和意大利等国。此外,英国、美国、加拿大和印度等国以及欧洲人权法院都确立了法院对罪犯诉讼请求进行司法审查的程序。

无论如何,罪犯在穷尽行政申诉途径救济自己受损的权利之后,将其申诉或投诉所涉争议提交法院进行司法审查,能够实现罪犯权利的全方位、多层次保护。就这一点而言,域外国家尤其是西方发达国家对罪犯权利救济请求进行司法审查的做法,是值得借鉴的。

附录二 服刑人员投诉制度运行 状况实证调查问卷

尊敬的先生/女士：

　　您好！

　　为了了解我国服刑人员就"监狱执法和狱政管理"方面的工作意见和建议，维护服刑人员基本权利，提升监狱执法规范化水平，并为进一步完善相关制度提供理论参考，西北师范大学课题组特向您就这一问题作一问卷调查。敬请合作。

　　非常感谢您的支持和参与！

西北师范大学课题组

　　一、调查对象基本情况（请在"□"中画"√"或在"＿"填写具体数字）

　　1. 性别：① 男□　　　　②女□

　　2. 民族：① 汉□　　　　②其他□

　　3. 年龄：① 14 周岁以上 16 周岁以下□

② 16 周岁以上 18 周岁以下□

③ 18 周岁以上 60 周岁以下□

④ 60 周岁以上 75 周岁以下□

⑤ 75 周岁以上□

4. 文化程度：①不识字□　　　　②小学□

　　　　　③初中□　　　　④高中□

　　　　　⑤大专、本科及以上□

5. 捕前职业：①国家与社会管理者□　②经理人员□

　　　　　③私营企业主□　　④专业技术人员□

　　　　　⑤办事人员□　　　⑥个体工商户□

　　　　　⑦商业服务业员工□　⑧产业工人□

　　　　　⑨农业劳动者□　　　⑩城乡无业、失业、半失业者□

6. 捕前政治面貌：①中共党员□　　　②民主党派□

　　　　　③无党派人士□　　②群众□

7. 已服刑期（年）_____年。

8. 剩余刑期（年）_____年。

二、调查基本问题（请在"□"中画"√"）

1. 您是否知道服刑期间所享有的基本权利和承担的义务？

①知道□　　　　②基本知道□　　　　③不知道□

2. 您所知道的服刑人员应当享有的权利包括哪些？（可以多选）

①人格不受侮辱权□　　　　②人身安全不受侵犯权□

③合法财产不受侵犯权□　　④辩护权□

⑤申诉权□　　　　　　　　⑥控告、检举权□

⑦维持正常生活的权利□　　⑧通信、会见权□

⑨受教育权□ ⑩劳动权□

⑪休息权□ ⑫行政、刑事奖励权□

⑬提出合理化建议权□ ⑭合法婚姻家庭不受侵犯权□

⑮未被剥夺政治权利的服刑人员的选举权□

3. 您认为服刑人员应当履行的义务包括哪些？（可以多选）

①遵守国家法律法规和监规纪律的义务□

②服从监狱人民警察管理的义务□

③接受思想、文化技术教育的义务□

④有劳动能力的服刑人员有积极参加生产劳动的义务□

⑤遵守服刑行为规范的义务□

⑥爱护国家财产、保护公共设施的义务□

⑦维护正常改造秩序、自觉接受改造的义务□

⑧检举违法犯罪活动的义务□

⑨法律法规规定的其他义务□

4. 您认为我国有关服刑人员权利及保护的法律规定：

①完善　□ ②基本完善□

③不完善□ ④说不清□

5. 您认为服刑人员最容易受到侵害的权利是：

①政治权利□ ②人身权利□

③财产权利□ ④社会经济文化权利□

⑤诉讼权利□ ⑥其他□

6. 您认为我国服刑人员权利保障的总体状况如何？

①很好　□ ②较好　□

③一般□ ④较差□

⑤差□

7. 您所在监狱(或监区)有关服刑人员权利享有和保护的状况：

①很好　□　　　　　　　②较好 □

③一般□　　　　　　　　④较差□

⑤差□

8. 您对监狱狱务公开的内容、形式、方法等是否满意?

①满意□　　　　　　　　②比较满意□

③不太满意□　　　　　　④不满意□

9. 您就监狱执法和狱政管理的工作有过投诉的经历吗?

①有过□　　　　　　　　②没有过□

10. 您投诉反映的主要问题包括:(可以多选)

①生活条件保障方面的问题(饭菜质量、监舍条件、购物消费额度等)□

②劳动任务的工作量及休息时间保证方面的问题□

③受教育和文化娱乐方面的问题□

④对日常计分考核结果的异议□

⑤对分级处遇决定的异议□

⑥对违纪行为的认定及其处罚的异议□

⑦受到打骂、体罚或虐待□

⑧监狱工作人员怠于履行法定职责□

⑨就医的便捷与保障方面的问题□

11. 您受到过"警告"处罚吗?

①有过□　　　　②没有过□

12. 您受到过"记过"处罚吗?

①有过□　　　　②没有过□

13. 您受到过"禁闭"处罚吗？

①有过□　　　　②没有过□

14. 如果您的权益受到侵犯,您一般会向谁反映？

①监区长□　　　　　　②监狱狱政管理部门□

③监狱长□　　　　　　④监狱管理局□

⑤司法厅(局)□　　　　⑥驻监检察室□

⑦律师□　　　　　　　⑧亲友□

⑨不反映□　　　　　　⑩其他□

15. 您更倾向于选择哪种方式进行投诉？

①口头方式□　　　　②书面(书信)方式□

16. 您投诉时遇到过困难吗？

①遇到过□　　　　②没有遇到过□

17. 您认为我国服刑人员投诉制度的规定：

①很完善□　　　　②比较完善□

③不完善□　　　　④很不完善□

18. 如果您自身的合法权益受损,您认为下列哪一种途径最有利于维权？

①当面向监狱长反映□

②向监狱管理局写信控告□

③向司法厅(局)写信反映□

④向驻监检察室反映□

⑤向检查或视察监狱的监督机构的代表反映□

⑥委托律师维权□

⑦委托亲友维权□

⑧直接向人民法院起诉□

19. 如果您有过投诉的经历,那么您对处理结果满意吗?

①满意□　　　　　②比较满意□

③不太满意□　　　④不满意□

责任编辑:赵圣涛
封面设计:胡欣欣

图书在版编目(CIP)数据

狱内罪犯权利救济制度研究/柴晓宇 著. —北京:人民出版社,
　　2023.11
ISBN 978－7－01－025949－9

Ⅰ.①狱…　Ⅱ.①柴…　Ⅲ.①监狱-犯罪分子-权利-研究-
　　中国　Ⅳ.①D926.7

中国国家版本馆 CIP 数据核字(2023)第 174991 号

狱内罪犯权利救济制度研究

YUNEI ZUIFAN QUANLI JIUJI ZHIDU YANJIU

柴晓宇　著

人民出版社 出版发行
(100706　北京市东城区隆福寺街 99 号)

北京汇林印务有限公司印刷　新华书店经销

2023 年 11 月第 1 版　2023 年 11 月北京第 1 次印刷
开本:710 毫米×1000 毫米 1/16　印张:19
字数:300 千字

ISBN 978－7－01－025949－9　定价:89.00 元

邮购地址 100706　北京市东城区隆福寺街 99 号
人民东方图书销售中心　电话 (010)65250042　65289539